小切手・手形の取引依頼（裏書）

● 小切手の裏書

大阪市中央区船場中央4-1-1
大阪倉庫株式会社
代表取締役社長 香川三郎

● 約束手形の裏書

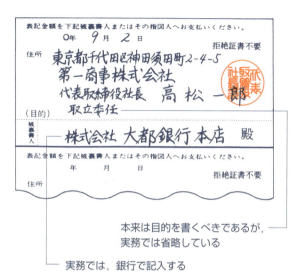

- 本来は目的を書くべきであるが，実務では省略している
- 実務では，銀行で記入する

証ひょう類の記入の注意

● 領収証

- ふつうチェックライタで記入
- 収入印紙を貼付　税額は p.203 を参照
- 領収証にはふつう実印を使わない　押印の位置は，社名のあとまたは㊞と書かれた上に押印する方法もある
- 品名・数量など領収金額の内容を記入
- 現金・小切手・振込など，支払いをうけた手段・方法を記入

資料-2　はがきの書き方

はがきの書き方の例

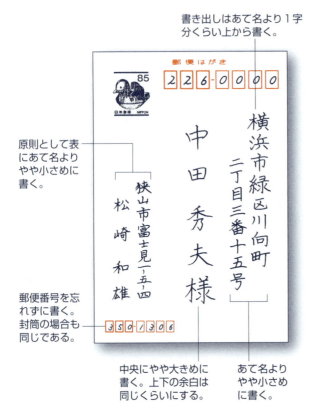

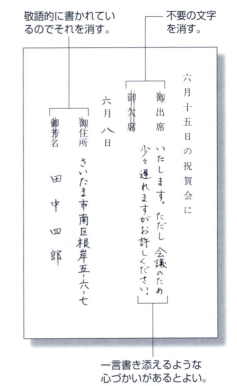

総合実践

企業取引を学ぶ

三訂版

実教出版

第Ⅰ編 基礎編

第1章 総合実践の学習 …………………… 2
1 学習の目標 ………………………… 2
2 学習の心得 ………………………… 3
3 学習の進め方 ……………………… 4

第2章 ビジネスマナー …………………… 6
1 社会人としての心得 ……………… 6
2 基本的なマナー …………………… 8
3 応対時のマナー …………………… 14
4 電話による応対 …………………… 18

第3章 ビジネス文書の作成 ……………… 20
1 ビジネス文書の役割と重要性 …… 20
2 ビジネス文書作成の基本 ………… 21
3 通信文書 …………………………… 22
4 封筒の書き方 ……………………… 24
5 社交文書の作成 …………………… 26
6 ビジネス文書の管理 ……………… 28
7 帳票 ………………………………… 30

第4章　基本取引 …………………………… 32

1　基本取引の準備 ………………………… 32
2　基本取引演習 …………………………… 38
　①見積もり依頼 ………………………………… 38
　②値段の見積もり ……………………………… 40
　③商品の発注 …………………………………… 42
　④商品の受注 …………………………………… 44
　⑤商品の発送 …………………………………… 46
　⑥商品の受け取り ……………………………… 50
　⑦代金の支払い ………………………………… 53
　⑧代金の受け取り ……………………………… 56
3　会計処理 ………………………………… 58
　①諸経費の支払い ……………………………… 58
　②会計伝票の集計と転記 ……………………… 60
　③決算事務 ……………………………………… 62

第5章　経営分析 …………………………… 70

1　経営分析の必要性とねらい …………… 70
2　経営分析の種類と方法 ………………… 71
　①収益性の分析 ………………………………… 71
　②安全性の分析 ………………………………… 71
　③経営分析の方法 ……………………………… 72

第Ⅱ編　実　践　編

第1章　模擬取引の学習 …………… 80
　1　模擬取引の概要 ………………… 80

第2章　模擬取引 …………………… 88
　1　開始業務 ………………………… 88
　2　経営計画 ………………………… 96
　3　売買業務（その1） …………… 100
　　①生産者からの商品の買い入れ ………100
　　②商品の保管（倉庫会社へ寄託する場合）……105
　　③他市場への商品の販売 ………………107
　　④代金の回収 ……………………………118
　4　売買業務（その2） …………… 120
　　①他市場からの商品の仕入 ……………120
　　②代金の支払い …………………………128
　　③小売商への商品の売り渡し …………130
　　④倉庫料金の支払い ……………………134
　5　月末業務 ……………………… 136
　6　期末業務（決算） ……………… 138
　　①決算手続き ……………………………138
　　②財務諸表の作成 ………………………142
　　③経営分析 ………………………………144

第3章　機関商業・管理部の業務……146

1　銀行の業務……………………………………146
2　保険会社の業務………………………………155
3　倉庫会社の業務………………………………160
4　運送会社の業務………………………………167
5　管理部の業務…………………………………170

第4章　模擬取引・取引事例演習……174

1　取引事例演習の概要…………………………174
　①取引事例を演習するために………………174
　②卸売商………………………………………175
　③機関商業……………………………………176
　④取扱商品……………………………………176
　⑤管理部………………………………………177
2　取引開始………………………………………178

―― 凡　例 ――

本書の第Ⅱ編　第2章　模擬取引　では，使用する書式類の種別を明確にするために，次のような記号を用いてある。

㊄ ──── 伝　票　　㊤ ──── 主要簿

㊥ ──── 書　類　　㊖ ──── 補助簿

付　録

料　率　表 ……………………………………197

1. 法人税率 ………………………………………197
2. 所得税の速算表 ………………………………197
3. 給与所得の源泉徴収税額表 …………………197
4. 事業税率・住民税率・固定資産税率 ………199
5. 登録免許税率 …………………………………199
6. 健康保険・厚生年金保険料率表 ……………200
7. 主な減価償却資産の耐用年数 ………………201
8. 雇用保険料率 …………………………………202
9. 印紙税率 ………………………………………203
10. 郵便・電報関係諸料金 ………………………204
11. 普通倉庫保管料率 ……………………………207
12. 普通倉庫荷役料率 ……………………………209
13. 火災保険の基本料率 …………………………211
14. 火災保険一般物件の建物構造の級別 ………212
15. 火災保険地域別明細表 ………………………212
16. 国内運送保険標準料率 ………………………213
17. 一般貨物自動車運送事業（積合せ）運賃料金表 …214
18. 銀行の手数料の例および利子所得についての税金 …216
19. 現行主要金利一覧表 …………………………216
20. 自動車路線営業キロ程表 ……………………216
21. 銀行為替手数料 ………………………………217
22. 有価証券売買委託手数料 ……………………217

就職活動の心得 ……………………………218

さくいん ……………………………………232

第Ⅰ編　基 礎 編

第1章　総合実践の学習

第2章　ビジネスマナー

第3章　ビジネス文書の作成

第4章　基本取引

第5章　経営分析

第1章 総合実践の学習

▶1 学習の目標

　私たちはこれまでにビジネスに関するいろいろな科目を学習してきた。これから学習する**総合実践**では，それらの知識や技術が実際のビジネス活動の中でどのように関連しているのかを実践的に学習する。つまり，総合実践の授業においては，オフィスにおけるビジネスマナーやビジネス文書の作成，帳簿記入，商品売買に伴う取引に関する手続きなどをできるだけ実務に近い形で学習し，ビジネスに関するいろいろな科目との関連を総合的に体験するのである。

　このようにして学習する総合実践の目標は，次のとおりである。

(1) 一連の商品売買の業務を実践的におこない，ビジネス活動に必要な基礎的，基本的な知識と技術を総合的に確実に身につける。

(2) 「自ら考え，実行し，自らの力で解決する」という自主的な学習活動をおこない，企業経営に必要な業務を合理的，能率的に処理する能力と態度を養う。

(3) 社会人としての心得や学習上の心得を守り，いろいろな業務に従事するために必要な積極性・責任感・誠実性・勤勉さを養い，さらに正しい言葉づかいやよりよいビジネスマナーを身につける。

2 学習の心得

　総合実践では，実践室全体を一つの経済社会として考え，生徒一人ひとりが経済社会の構成員であるという自覚が必要である。したがって，授業中は，実際の職場で働いているという気持ちを持ち，次のような心得を守り，学習を進めていくことが大切である。

❶ 売買取引やビジネス文書の作成

(1)　いままでに学習した「ビジネス基礎」，「簿記」，「情報処理」や「ビジネス実務」などの知識や技術を十分に活用する。

(2)　取引の順序や手続きに従い，仕事を自主的に計画し，実行する。また，つねに反省し，事務の改善に努力する。

(3)　各種の文書や帳簿などの記入に際しては，正確・迅速・ていねいに処理する。

❷ 授業中の態度

(1)　欠席・遅刻・早退をしない。

(2)　ていねいな言葉を使い，礼儀正しく，明るく誠実な態度で好感をもてる応対をする。

(3)　自分の机上や周囲はつねに整理・整頓し，能率的に仕事ができるようにする。

(4)　事務用備品や器具は大切に取り扱う。また，用紙などの消耗品類は節約して使用する。

(5)　仕事内容や手順を十分理解し，事務処理などをおこなう。人のまねはせず，わからない点は自分で調べる。

❸ 各自が用意するもの

(1)　本テキスト，第Ⅰ編基本取引演習セットおよびメモ用のノートを用意する。第Ⅱ編模擬取引では，必要に応じてバラ書式を用意する（模擬取引セットを使用してもよい）。

(2)　筆記用具・計算用具・印鑑・定規などをつねに用意し，他人から借用しないようにする。

▶3 学習の進め方

[1] 基礎編（第Ⅰ編）

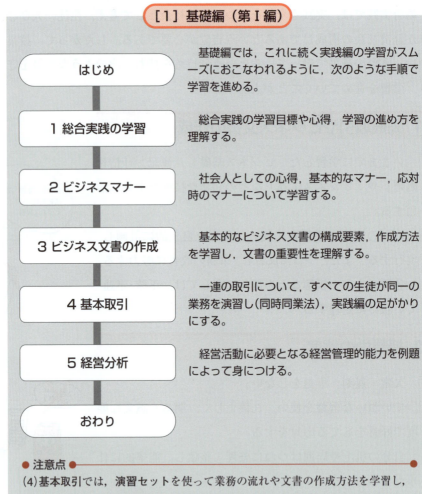

基礎編では，これに続く実践編の学習がスムーズにおこなわれるように，次のような手順で学習を進める。

1 総合実践の学習 総合実践の学習目標や心得，学習の進め方を理解する。

2 ビジネスマナー 社会人としての心得，基本的なマナー，応対時のマナーについて学習する。

3 ビジネス文書の作成 基本的なビジネス文書の構成要素，作成方法を学習し，文書の重要性を理解する。

4 基本取引 一連の取引について，すべての生徒が同一の業務を演習し（同時同業法），実践編の足がかりにする。

5 経営分析 経営活動に必要となる経営管理的能力を例題によって身につける。

●注意点●
(4)**基本取引**では，演習セットを使って業務の流れや文書の作成方法を学習し，その記録を残して模擬取引の参考資料とする。
(5)**経営分析**では，その必要性や種類と方法についての理解を深め，実践編につなげる。

[2] 実践編（第Ⅱ編）

はじめ	実践編では，模擬取引により一連の業務処理を体験的におこなうため，次のような手順で学習を進める。
1 模擬取引の学習	模擬取引の概要と作業の進め方を学習する。
2 模擬取引	卸売商を設立し，商品売買業務を例題にそって実践的に学習する。
3 機関商業・管理部の業務	卸売商の業務に対応した，機関商業・管理部の業務について学習する。
4 模擬取引・取引事例演習	取引事例を用いて，模擬取引をくり返しおこなう。
おわり	

●注意点●
(2)模擬取引，(4)模擬取引・取引事例演習では，バラ書式を使って作業を進める（模擬取引セットを使用してもよい）。

付　録
- 料　率　表
- 就職活動の心得

第2章 ビジネスマナー

▶1 社会人としての心得

企業では，数多くの人々が様々な業務に就いている。学校とは異なり，年配者から同期の新人まで年齢構成も幅広く，上下関係も厳密である。このような状況の中で，仕事がしやすい快適な職場にするためには，社員一人ひとりが，社会人としての心得，つまりビジネスマナーを身につけることが必要である。

また，お客様に会社のイメージを最も強く印象づけるのも，社員一人ひとりの身だしなみや言葉づかい，行動である。ビジネスマナーの知識がない社員の応対は，お客様に不快な思いをさせるだけではなく，会社のイメージを悪化させ，ひいては会社の業績にひびくことにもつながりかねない。したがって，社員一人ひとりがビジネスマナーを身につける積極的な姿勢が大切である。

❶ 先輩を見習う

新入社員に即戦力が求められている時代とはいえ，はじめから仕事の内容をすべて理解し，自分の能力を発揮してバリバリ仕事をこなしていくことはできない。まずは先輩社員を見習い，仕事に慣れていくことが大切である。あせらずに，まわりの人の仕事の様子をよく観察し，自分に与えられた仕事を着実にこなしていくことが重要である。

❷「ほう・れん・そう」に気をつける

「ほう・れん・そう」とは「報告・連絡・相談」のことである。自分勝手な判断や報告のし忘れなどは，仕事の進行に支障をきたすことにもなりかねない。上司や同僚とのチームワークは，日ごろの心がけが大切である。また，連絡事項は必ずメモをとって報告し，わからないことは必ず相談する習慣を身につけることが重要である。

3 時間を守る

　企業では，出勤時間や勤務時間，休憩時間などはもとより，会議や打ち合わせ，取引先との連絡などすべてが時間で区切られている。約束の時間を厳密に守ることは当然であり，時間にルーズな人は，社会人として失格である。よって，少なくとも5分前にはその場所にいる（5分前集合・5分前行動）という習慣を身につけることが大切である。

　もし，時間に間に合わない場合や，どうしても変更してほしいときには，必ず連絡をとることが重要である。

4 秘密を守る

　仕事上で知りえた秘密に関しては，家族や友人に対してであっても，決してそれを口外してはならない。2003年には，個人情報の適正な取り扱いについて定めた「個人情報保護法」が成立し，2005年から全面施行となった。これにより，顧客情報などの情報管理については，より厳密な運用が必要である。

　また，機密情報が記録されたUSBメモリやSDカードなどに入ったディジタル情報を勝手に社外に持ち出したりすると，盗難や紛失などの事態に遭遇する可能性がある。よって，これらの情報の持ち出しも厳禁である。

●注＞
正式名称は，「個人情報の保護に関する法律」である。3年を目途として見直しが行われ，2024年4月にも改正個人情報保護法が施行されている。

5 謙虚さと向上心を持つ

　はじめは緊張していた新入社員も，会社に慣れてくると，口のきき方がなれなれしくなったり，上司や同僚の忠告や注意を真剣に聞けなくなったりすることもある。このような態度は，社会人として決して許されるものではない。つねに自分を振り返り，立場をわきまえた素直で謙虚な気持ちを持つことが大切である。また，失敗にひるまず，何事にもプラス思考で考え，向上心を持って仕事に取り組む心がけも重要である。

　自分の机はつねに整理整頓し，仕事が効率的に行えるように心がける。さらに，私用電話の禁止，私用でのメール・インターネットへのアクセスの禁止，会社の備品や消耗品を勝手に使わないなど，公私混同をしないよう，十分注意する。

2 基本的なマナー

1 身だしなみ

　身だしなみとは，服装や頭髪，言葉遣いや態度など自分の身のまわりについての心がけのことである。社会人にとって身だしなみは，仕事をスムーズに処理するために重要であり，身だしなみがきちんとしていると仕事に対する意欲や誠意が感じられ，良い印象を与えることができる。
　身だしなみを考えるうえで基本となるのは，清潔感である。服装だけではなく，頭髪や爪(つめ)，ひげなど身体の清潔さを保つことが大切である。

1 服装

　流行やブランドに左右されず，職場での地位や年齢に応じたものを選ぶ。また，周囲に不快感を与えず，社風に合い，仕事をするのにふさわしい機能的なものを選ぶ。

【男性】シャツはきちんとアイロンをかけ，首や袖のまわりに汚れがついていないかを確認する。ネクタイは，スーツやシャツに合わせてセンスのよいものを選ぶ。

【女性】年齢に合わせて，品位の感じられるものを選ぶ。靴は自分のサイズに合った，疲れにくくシンプルなデザインのものを選ぶ。アクセサリーは控えめ，化粧は薄めにする。

【制服の場合】汚れやほころび，ボタンがとれていないかなどを確認する。制服を着て外出するときは，会社の看板を背負って歩いているということを忘れず，行動や言動に特に注意する。

2 頭髪や爪

　頭髪はまとまりのあるスタイルにする。毎日洗髪し，清潔にしておく。女性で長いヘアスタイルのときは，なるべくまとめるようにする。爪は短く切り，垢(あか)などがないように清潔に保つ。

❷ あいさつとおじぎ

1 あいさつ

　日常生活でも，あいさつは一日に何度となくくり返し行う。ビジネスにおいても，あいさつは仕事を進めるうえで欠くことのできないものである。あいさつは，相手の目を見て，気持ちをこめて大きな声でおこなうように心がける。

　出社時は「おはようございます」，昼時は「こんにちは」，退社時は「お疲れ様でした。お先に失礼します」ときちんとあいさつをする。仕事で外出するときは，行き先，帰社予定時間を伝えるとともに「行って参ります」，外出先から帰ってきたときは「ただいま戻りました」とあいさつする。あいさつはコミュニケーションの基本となるので，ていねいにおこなうように心がける。

　　※「お疲れ様」と「ご苦労様」の違いに注意※
　　　・お疲れ様→目下の者が目上の者に対して使うねぎらいの言葉
　　　・ご苦労様→目上の者が目下の者に対して言うねぎらいの言葉

2 おじぎ

　あいさつと同時に必要となるのがおじぎである。おじぎも気持ちをこめておこなう必要がある。頭だけを下げるとか，体を揺らしながらすることのないように，腰より上を安定させ，上体をまっすぐにして行う。おじぎには3種類があるが，それぞれの場面に応じて使い分ける。

①会釈・15度…軽いおじぎ
　上司や来客とすれ違うときや，同僚とのあいさつのときなど。

②普通礼（敬礼）・30度…普通のおじぎ
　上司とのあいさつのときなど。

③最敬礼・45度…丁寧なおじぎ
　改まった席でのあいさつや，お礼・おわびをするときなど。

「失礼いたします」

「おはようございます」
「いってらっしゃいませ」

「申し訳ございません」
「ありがとうございました」

❸ 話し方

【話し方の基本】
- その1　相手を見ながら話す。
- その2　話の順序を考える。
- その3　要点をまとめて簡潔に話す。
- その4　正しくわかりやすい言葉を使う。
- その5　適当な速さではっきりと話す。

　言葉は，人間のみがもつ基本的なコミュニケーションの手段である。話し方のよしあしが，取引先との交渉がまとまるかどうかの重要な要素にもなっている。話が長すぎて相手の気持ちをそこなったり，わかりにくい言葉を使って結局は話が通じなかったりすることもある。次のような話し方の基本を守り，じょうずな話し方を身につけよう。

❹ 言葉づかい

　言葉づかいは，その人の人柄をあらわしているといわれる。誤った言葉づかいはその人の品位をそこね，信用を失うことにもなりかねない。ここでは，次に示す**基本的な用語**や**敬語**の使い方を身につけ，正しい応対ができるようにしよう。

1 応対のための基本的な用語

　次にあげたものは，日常の応対の中でひんぱんに使われる慣用的な用語である。すぐに言えるようになる必要がある。

次の①～⑩の例を何度もくり返し練習してみよう。

① 当社の製品をご利用いただきまして，<u>ありがとうございます</u>。
② <u>おそれいりますが</u>（誠に恐縮ですが），今しばらく<u>お待ち下さい</u>。
③ <u>いらっしゃいませ</u>。何をお探しですか。
④ はい，<u>かしこまりました</u>（承知いたしました）。
⑤ 失礼ですが，<u>どちら様でいらっしゃいますか</u>。
⑥ 〔この本はありますか。〕→はい，<u>ございます</u>。
⑦ 木曜日（のご都合）は，<u>いかがでございますか</u>。
⑧ すでに先方様より，<u>うけたまわっております</u>。
⑨ わたしがそちらへ<u>うかがいます</u>。
⑩ お忙しいところ<u>申し訳ございませんが</u>…。

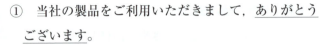

2 敬語の使い方

敬語は文字どおり相手を敬う心を表す言葉である。したがって，敬語がじょうずに使えないと，自分の気持ちを相手に十分に伝えることはできない。敬語には，次に示す三つの種類があり，それぞれの意味と使い方をよく理解して，正しい知識をもつことが大切である。

尊敬語

尊敬語は相手を敬う心を直接的に表現するものである。

① 基本形………相手の動作を表す動詞に「お」や「ご」をつけ，「お(ご)……になる」という表現方法。

[例] ・「社長が話す」→「社長がお話しになる」
　　・「先生が帰る」→「先生がお帰りになる」
　　・「会長が出発する」→「会長がご出発になる」

② 「れる」，「られる」をつける………基本形を簡潔な表現にしたもの。

[例] ・「お客様が休む」→「お客様が休まれる」
　　・「先生が述べる」→「先生が述べられる」
　　・「課長が出張する」→「課長が出張される」

③ 特別な言い方

[例] ・「部長がゴルフをする」→「部長がゴルフをなさる」
　　・「社長が絵を見る」→「社長が絵をごらんになる」
　　・「お客様が言う」→「お客様がおっしゃる」

●注＞①，②，③は重ねて用いてはいけない（二重敬語）。
　　×「社長がお話になられる」　×「お客様がおっしゃられる」

演習 2　　次の下線部を尊敬語に直しなさい。

① 社長が定例会議に出席した。
　（　　　　　）

② 10時に3人のお客様が来る。
　（　　　　　）

③ 皆様の言った内容には賛成できかねる。
　（　　　　　）

④ 朝食には何を食べましたか。
　（　　　　　）

⑤ 課長が所用で出かけた。
　（　　　　　）

謙譲語

謙譲語は，相手に対してへりくだって自分の動作を表現する場合に使う。この謙譲語と尊敬語の区別が敬語を正しく使ううえでのポイントである。**謙譲語は，自分用の言葉であるから，相手の動作を表す場合には使えない**ことに注意する。

① 基本形………自分の動作を表す動詞に「お」や「ご」をつけ，「お（ご）……する（いたす）」という表現方法。

[例] ・「カバンを持つ」→「カバンをお持ちする」
・「私が案内します」→「私がご案内いたします」

② 特別な言い方

[例] ・「書類を見る」→「書類を拝見する」
・「意見を言う」→「意見を申し上げる」
・「注文を聞く」→「注文をうけたまわる」
・「担当の者が行きます」→「担当の者が参り（うかがい）ます」
・「その件はよく知っています」→「その件はよく存じております」

演習 3　次の下線部を謙譲語に直しなさい。

① お客様を席にとおす。
　　　　　（　　　　　）

② 明日，母が学校へ行きます。
　　　　　（　　　　　）

③ この提案について，説明します。
　　　　　（　　　　　）

ていねい語

ていねい語は，先頭に「お」や「ご」をつけたり，「です」「ます」「ございます」でしめくくることにより，ていねいな表現にするものである。

[例] ・「名前」「住所」「電話」→「お名前」「ご住所」「お電話」
・「課長の名前は○○だ」→「課長の名前は○○です」
・「9時に開店する」→「9時に開店します」
・「満員です」→「満員でございます」

●注＞外来語には「お」や「ご」をつけない。
×「おコーヒー」 ×「おジュース」 ×「おトイレ」

特別な言い方に置き換える敬語の例

語例	尊敬語	謙譲語
する	なさる	いたす
言う	おっしゃる，仰せられる	申し上げる，申す
いる	いらっしゃる，おいでになる	おる
行く	いらっしゃる，おいでになる	伺う，参る
来る	いらっしゃる，おいでになる	参る
食べる	召し上がる，お食べになる	いただく，ちょうだいする
与える	賜る，くださる	差し上げる
見る	ご覧になる，ご覧ください	拝見する，見せていただく

●参考●─［敬称のつけ方］

外部の人に対して，社内の者や身内のことを話すときは，敬語表現は使わず，呼び捨てにするのが一般的である。

×間違った言い方の例	○正しい言い方の例
佐藤さんはいま，席におられません。	佐藤はただいま，席をはずしております。
部長さんは出張中でいらっしゃいます。	部長は出張中でございます。
（自分の）お父さんがよろしくとおっしゃっておりました。	父がよろしくと申しておりました。

演習 4　次の謙譲語の間違った使い方を，正しい尊敬語に直しなさい。

① 食べる
× どうぞお菓子をいただいて下さい。
⇩　「いただく」は謙譲語
○ どうぞお菓子を_____下さい。

② する
× あなたはテニスをいたしますか。
⇩　「いたす」は謙譲語
○ あなたはテニスを_____ますか。

③ いる
× 何時までおりますか。
⇩　「おる」は謙譲語
○ 何時まで_____ますか。

④ 言う
× あなたが申した内容は…。
⇩　「申す」は謙譲語
○ あなたが_____内容は…。

⑤ 来る
× 部長，△△様が参りました。
⇩　「参る」は謙譲語
○ 部長，△△様が_____ました。

⑥ 行く
× この車でうかがって下さい。
⇩　「うかがう」は謙譲語
○ この車で_____下さい。

▶3 応対時のマナー

1 応対の心得

　会社には毎日多数の来客があり，それぞれ立場の異なる人が多様な目的をもって来訪する。面会の予約のある人もない人もあり，感じのよい人もそうでない人もいる。どのような来訪者に対しても公平に誠意をもって，その人が自分の目的を達して気持ちよく帰ることができるように取りはからうことが，応対する者としての務めである。応対はそのよしあしが，ひいては会社全体の信用を高め，業績の向上に寄与する結果ともなる大切な仕事である。特に次のような点に注意する。

(1)　どのような客に対しても，正しい言葉づかいで礼儀正しく接する。
(2)　客の立場になって考え，できる限りの便宜をはかる努力をする。
(3)　親しみをもって温かい思いやりを感じさせるように気を配る。
(4)　用件は迅速，確実に処理し，いたずらに待たせない。もし，待たせる場合には，必ず途中で様子や見通しを連絡する。
(5)　客の名前と顔を覚える努力をする。

2 名刺のやり取り

　ビジネスにおいて，名刺は自分の顔であり，ビジネスツールとして重要な役割を果たしている。名刺は，なるべく名刺入れに入れて持ち歩き，汚れたり，折れたりすることのないように気をつける。名刺入れは，男性は背広の内ポケット，女性はバッグのわかりやすい場所に入れておき，取り出すときにまごつかないようにしておく。

　名刺を出すときは，目下の者から社名と名前を名乗り，必ず両手で相手に差し出す。名刺を出されたら，両手で胸の高さでていねいに受け取り，また，相手の社名や名前を復唱し，社名や名前が読めない（読み取りにくい）時には，「失礼ですが，なんとお読みすればよろしいのでしょうか」などとたずねる。受け取った後は，すぐにしまわず，机の隅に置いて社名や名前，肩書きなど，間違いのないように気をつけながら話すようにする。

3 席次

　来客や目上の人を応接室などに案内するときは，座る場所の順番（これを**席次**という）に注意する必要がある。その室内で，来客や目上の人が座る席を**上座**，もてなす側や目下の人が座る席を**下座**という。席次は，応接セットなどの配置や備品の置き方などによって会社ごとに異なるが，一般的には，出入り口から遠い奥の席が上座，出入り口に近い席が下座である。

■場所別の席次の例

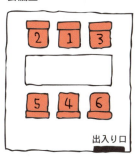
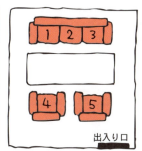

●**注**＞
図中の数字は席次の順番の一例をあらわす。1から順に上座→下座となる。たとえば，役職が上の者から1，2…の順に着席する。

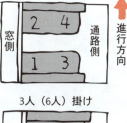
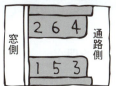

●**参　考**●──［お茶の出し方・入れ方］──
　お茶は，上座のお客様から順番に配る。茶托に茶碗をのせ，右手で茶托を持って左手を添える。お菓子も出すときには，お客様から見て左側にお菓子，右側に茶碗を置く。また，お茶を入れるときは，あらかじめ急須や茶碗を温めておく。なお，数人分のお茶を入れるときには，お茶の濃さが均等になるように，それぞれの茶碗に少しずつ順番に注いで入れる。

4 来客との応対

1 受付のマナー

受付は会社の顔とも呼ばれ，受付での応対が会社全体のイメージにもつながる。どんなときでも，臨機応変に応対ができるように心がける。

例題 1 受付のマナー

場面	態度・心得	言葉づかい
来客のとき	●親しみをもって，一礼してあいさつをする。	●「いらっしゃいませ」
相手を確かめ・用件をつかむ	●名刺を直接両手で受け取り，名前の読み方を確認する。 ☆名前の読み方がわからないときは，「失礼でございますが，何とお読みしたらよろしいでしょうか」などとたずねる。 ☆相手が名刺を出さないときは，「失礼でございますが，どちら様でしょうか」などとたずねる。 ●相手の用件を聞く。 ●用件をつかんだことを相手に伝える。	●「○○商事の○○様でいらっしゃいますね」 ●「どのようなご用件でしょうか」 ●「かしこまりました 少々お待ち下さい」
担当者への連絡（在社のとき）	●担当者にすみやかに連絡する。	●「○○様がお見えになりました」
担当者への連絡（不在のとき）	●担当者が不在であることを伝えて，ていねいにおわびするとともに，来客の希望を聞いて適切に処理する。 （待ってもらう 伝言する 再度来訪してもらうなど）	●「申し訳ございませんが，あいにく○○はただいま外出中でございます いかがいたしましょうか」

2 案内のマナー

案内の基本は，来客と歩調を合わせて歩くことである。
①**廊下・階段** 来客の斜め前を2，3歩先に歩く。廊下の場合，来客は廊下の中央，案内者は応接室側寄りを歩く。
②**エレベーター** すでに誰か乗っている場合は，来客を先に乗せ，誰もいない場合は，自分が先に乗り誘導する。どちらの場合も来客を先に降ろす。
③**応接室への案内** 必ずノックしてからドアを開ける。ドアが外開きの場合は，ドアノブを持って手前に引き，来客を先に通す。内開きの場合は，自分が先に入り，手を部屋内側のドアノブに持ち替えて来客を招き入れる。

例題 2　案内のマナー

場面	態度・心得		言葉づかい
案内	●客よりも2・3歩先に立って歩く。		●「ご案内いたします　どうぞこちらへ」 ●(応接室で)「ただいま○○が参ります　しばらくお待ち下さい」

3 見送りのマナー

エレベーターまで見送る場合は，来客が乗り込むまで一緒に待ち，ドアが閉まるまでおじぎを続ける。車まで見送る場合は，いったん荷物を預かり，来客が車に乗り込んでから荷物を渡す。ドアを閉め，車が動き出したらおじぎをする。

例題 3　見送りのマナー

場面	態度・心得		言葉づかい
来客が帰るとき	●軽く会釈をし，あいさつをする。		●「ありがとうございました」 ●「ごめん下さいませ」

演習 5

上記の例題1～3を次の役割分担に従って，実際に練習してみよう。

① 来客1人(石橋商事・田中，用件「新製品の販売計画の件」)
② 受付1人　③ 担当者1人(販売課・小泉)　④ 案内係1人

4 電話による応対

　人と直接に相対して話をする場合は，表情や身振りなどで言葉を補うことができるが，電話の場合は声だけであり，言葉づかいや発音・発声には特に注意する必要がある。電話応対は企業全体への好意と信頼につながる重要なキーポイントである。次に述べる応対の基本や心得に留意するとともに，実践を通して電話による応対のしかたをしっかり身につけよう。

１ 電話応対の基本

①相手が目の前にいるつもりで話す。

②簡潔に話す。

③落ちついた態度ではっきりした発音で話す。

④適当な速さで話す。

⑤社内だけで通用するような略語は使わない。

⑥同音異義語※や類音語※※などに注意する。

※生花と青果，工業と興業など　※※美容院と病院，一と七など

２ 電話をかけるときと受けるときの心得

かけるときの心得	受けるときの心得
〈かける前〉 ●相手の電話番号を確認しておく。 ●話す内容をまとめておく。 ●関連する資料等は手もとに準備しておく。 ●メモと筆記用具を用意しておく。 〈かけるとき〉 ●会社名・自分の名前を名のる。 ●必要に応じて，相手にメモの依頼をする。	●ベルが鳴ったらすぐに受話器をとり企業名を名のる。 ●先方が名のらないときは，「どちら様でしょうか」などとたずね，会社名や相手の名前を確かめる。 ●相手の用件をメモ書きなどして，しっかりつかむ。他の係に関する用件であれば，すみやかに担当者へまわす。 ●担当者が不在のときは，そのむねを伝え，適切に処理する。 ●最後に要点を復唱する。 ●先方が受話器を置いてから，こちらも置く。

❸ 一般的な会話例

例題 4 朝日商店の尾崎が，東京商事・営業課の青木に薄型液晶テレビの追加注文をする。

かける側	受ける側
（電話をかける）	❶「はい，東京商事でございます。」
❷「こちらは，朝日商店の尾崎です。いつもお世話になっております。」	❸「こちらこそ，いつもお引き立ていただきまして，ありがとうございます。」
❹「営業課の青木さんをお願いいたします。」	❺「かしこまりました。営業課の青木ですね。少々お待ち下さい。」
	（電話を取りつぐ）
	青木さん。朝日商店の尾崎様からお電話です。
	❻「お待たせいたしました。営業課の青木でございます。」
❼「朝日商店の尾崎です。いつもお世話になっております。」	❽「こちらこそ，毎度お引き立ていただいております。」
❾「実は，先日注文した薄型液晶テレビを，さらに5台ほど追加して欲しいのですが。」	❿「はい，5台追加でございますね。そうしますと，10日ご注文の8台と合わせまして，13台を25日にお届けするということでよろしいでしょうか。」
⓫「結構です。よろしくお願いいたします。」	⓬「かしこまりました。間違いなくお届けいたします。ありがとうございました。失礼します。」
（電話を切る）	（先方が切ってから電話を切る）

演習 6 上記の例題4を使って，次の役割分担で電話による応対を練習してみよう。

① かける側（玉川産業・山田，テレビ録画用ハードディスクを10台追加注文する。すでに一週間前に25台注文している。）

② 受ける側A（電話を取りつぐ）
　　　　　　B（大淀電機販売課・上岡）

第3章 ビジネス文書の作成

▶1 ビジネス文書の役割と重要性

企業が商品を生産したり，販売するなどの諸活動を合理的におこなうためには，いろいろな**情報**が必要となる。企業は適切な情報にもとづいて計画を立て，これを実施し，その活動を管理していかなければならない。

こうした情報は，口頭でも伝えることはできるが，その内容が複雑になると，伝達するときに誤りがおこりやすくなる。また，時間がたつと記憶も不正確になり，後日の証拠も残らない。このため，企業において情報を記録・伝達・保存する**媒体**(注)には書類が用いられることが多い。この書類を**文書**という。また，必ず文書によって情報を処理することを**文書主義の原則**という。

●注＞
企業では，情報を記録・伝達・保存する媒体として，いままでは書類を利用することが多かったが，最近ではCDやDVD，USBメモリやSDカードなどの電子媒体がかなり使われている（p.29参照）。

また，最近では，コンピュータシステムや通信ネットワークの進展により，文書をインターネット経由のeメールで出したり，社内における文書のやり取りを社内メール（イントラネットメール）でおこなう企業も増えてきている。

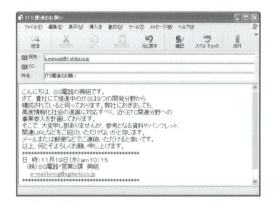

2 ビジネス文書作成の基本

❶ ビジネス文書の種類

　企業で扱う文書は，大きく通信文書と帳票に分けられる。このうち，通信文書は，社外文書(社交文書，取引文書など)と社内文書に分けられる。また，帳票は帳簿や伝票など，記入する形式が一定している文書のことである。

```
ビジネス文書
├ 通信文書
│　├ 社外文書
│　│　├ 社交文書
│　│　└ 取引文書
│　└ 社内文書
└ 帳　票
```

❷ ビジネス文書作成の要領

　ビジネスにおける文書は，個人的な手紙とちがい，企業の意思を伝達するものである。したがって，文書を受け取った人が，その内容を正確かつ容易に理解することができるよう，適切に作成する必要がある。

1 正確な文書の作成

　正確な文書を作成するには，内容の正確さと表現の正確さに注意する。

①内容を正確にする

　その文書の目的，すなわち相手に伝えたい内容を誤りなく，もれなく記載する必要がある。いつ(When)，どこで(Where)，誰が(Who)，何を(What)，なぜ(Why)，どのように(How)，どれくらい(How many)，いくらで(How much)という**5W3H**を活用して，内容を検討するとよい。

②表現を正確にする

　正しい用字・用語を使用する，誤解のない表現をする，正しい敬語を使用する，誤字・脱字がないようにする，などが重要である。

2 わかりやすい文書の作成

　わかりやすい文書を作成するには，表現上のわかりやすさと形式上のわかりやすさに注意する。

①わかりやすい表現にする

　なるべく文章を短くする(**短文主義**)，なるべくやさしい言葉を使用する，なるべく箇条書きにする(**簡潔主義**)，1通の文書には一つの用件だけを書く(**一件一葉主義**)，などが大切である。

②わかりやすい形式にする

　ビジネスの習慣として定まっている用語や形式により，文書の**構成要素**(次ページ参照)を配置して，見た目にわかりやすい文書を作成する。

3 通信文書

1 通信文書の基本形式

　事務用の通信文書は，横書きが多く，順序やそれぞれの構成要素の位置も一定の様式や習慣があり，一般に次のようになっている。

（A4縦長・1行30字・1ページ33行）

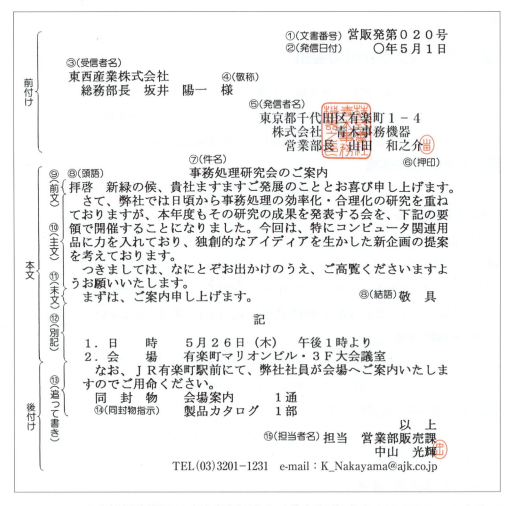

2 各構成要素とその意味

前付け

① 文書番号………発信する文書につける通し番号。番号のつけかたはそれぞれの会社によって異なる。この文例の場合は，営業部販売課が発した20番目の文書という意味である。(注)

●注＞
社交文書には文書番号をつけないのが一般的である。

② 発信日付………文書を発信した日付。
③ 受信者名………文書を受けとる会社名・個人名。
④ 敬　　称………個人あてに出す場合は「**様**」や「**殿**」，多数の人に同一文書を出す場合は「**各位**」，個人ではなく会社あてに出す場合は「**御中**」を用いる。
⑤ 発信者名………文書を発信する会社の所在地・社名など。
⑥ 押　　印………その文書の責任者の印。社印と個人印は組み合わせて使われることもある。

〔印章の種類と押印〕
(ア) 職　　印……**代表印**ともいい，ふつう**社長印**が使われる。契約書など重要な文書に用いる。印影は丸型が多い。「株式会社山本商事代表取締役之印」などとほられている。
(イ) 社　　印……**会社印**のことであり，会社名で外部に出す文書に用いる。角型が多い。「株式会社山本商事之印」などとほられている。
(ウ) 個人印………一般の文書に個人の署名とともに用いられる。印鑑登録してあるものを**実印**，していないものを**認印**という。

本　文

⑦ 件　　名………文書の用件，表題。行の中央に配置する。
⑧ 頭語・結語……文章の始めと終わりに書くことば。頭語が「**拝啓**」，「**拝復（返事の場合）**」の場合，結語には「**敬具**」・「**敬白**」を用いる。特にあらたまった場合には頭語に「**謹啓**」を用い，結語は「**謹言**」・「**謹白**」でしめくくる。
⑨ 前　　文………文書の書き始めの文。時候のあいさつなどを書く。
⑩ 主　　文………文書の用件の具体的な内容。（注）
⑪ 末　　文………文書のしめくくりの文。
⑫ 別　　記………主文の内容で特に強調したい項目（日時，場所など）を箇条書きにまとめたもの。「**記**」で始め，「**以上**」で終わる。

後付け

⑬ 追って書き……本文の補足や注意事項などがあるときに書く文。
⑭ 同封物指示……発信した文書に同封したものを示す文。
⑮ 担当者名………文書についての問い合わせのために，担当者の部課名・名前・電話番号・メールアドレスなどを書いておく。

〔敬称の例〕
① 様，殿
　糸井五郎様，経理部長様
　斉藤洋子殿，人事課長殿
② 各位
　お得意様各位，会員各位
③ 御中
　株式会社北洋商事御中
　財団法人愛虎会御中

〔押印のしかたの例〕
① 社印・職印両用の場合
　株式会社　山本商事
　　代表取締役　矢野明夫
　　　（社印）　　（職印）
② 社印だけを使用する場合
　株式会社　山本商事
③ 職印か個人印を使用する場合
　株式会社　山本商事
　　総務部長　青木和夫

〔時候のあいさつに用いる慣用語の例〕
1月…厳寒の候，新春の候
2月…余寒の候，春寒の候
3月…早春の候，春分の候
4月…陽春の候，春暖の候
5月…新緑の候，薫風の候
6月…初夏の候，向暑の候
7月…盛夏の候，酷暑の候
8月…晩夏の候，残暑の候
9月…清涼の候，初秋の候
10月…清秋の候，秋冷の候
11月…向寒の候，深冷の候
12月…霜寒の候，寒冷の候
なお，「時下」は季節にかかわらず使用できる。

●注＞
前文あいさつの次に改行して，「さて」ということばで始める。「さて」「つきましては」ということばは，そこで文意を改める意味で使うので，必ず改行して文頭から1字あけて書き出す。

4 封筒の書き方

❶ 縦書き封筒

　封筒の表裏の記入は，略字を使わず，楷書でていねいに心をこめて作成する。縦書きの場合，数字は漢数字を使う。

例題 1　縦書き封筒の作成

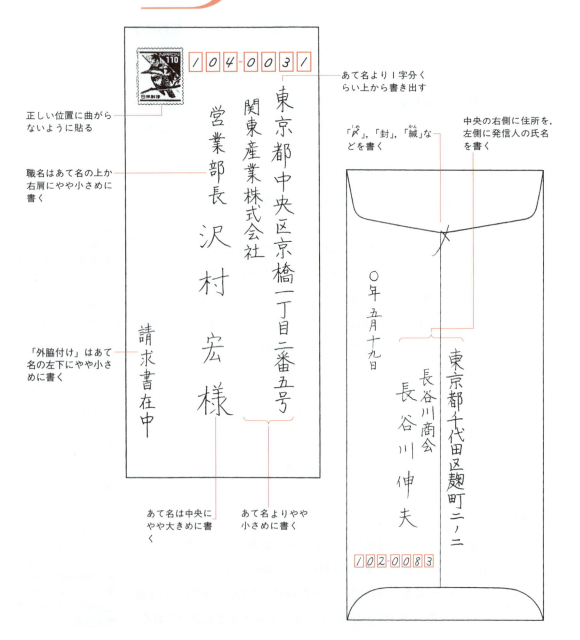

2 横書き封筒

　横書きの場合，数字は原則として算用数字を使うが，地名や名称など固有名詞で成語になっているものは，つねに漢数字を使う。

例題 2　　横書き封筒の作成

■横長封筒の場合（料金別納の例）

料金別納　同一料金の郵便物を同時に10通（個）以上発送するときに利用できる。料金はまとめて別に支払う。

■窓付封筒の場合（料金後納の例）

料金後納　郵便物を毎月50通（個）以上発送するときに利用できる。料金はその月の分を翌月20日までにまとめて支払う。

料金計器別納　郵便料金計器に郵便物を差し込み，料金・差し出し日付などをスタンプして発送する。料金の集計は計器によって自動的におこなわれる。なお，料金はあらかじめおさめておくか，または後納する。

●参考●　[書留]

　郵便物の引き受けから配達までの全行程を個別に記録し，万一，郵便物が壊れたり，届かなかった場合には，実損額が賠償される制度。現金を内容とする**現金書留**と，その他の**一般書留**がある。

　また，引き受けと配達のみを記録し，万一の場合の賠償額が原則として5万円までの**簡易書留**もある。

5 社交文書の作成

通信文書のうち，社外文書は**社交文書**と**取引文書**に分けられる。社交文書は取引に直接かかわらないが，企業間の交際のうえで必要なものである。これに対して取引文書は直接業務にかかわる，各種の依頼，照会や回答，売買や契約，確認，請求や督促，苦情や賠償などの文書である。

① 案内状

案内状は，たとえば新しい商品の発表会や展示会・説明会など，比較的宣伝的な要素を含んだ催しを知らせるために出されるものである。

例題 3　新製品展示会の案内状
（A4縦長・1行30字・1ページ29行）

```
                                         ○年4月5日

    お 得 意 様 各 位

                              東京都港区海岸一丁目2番3号
                              中央工業株式会社
                                 取締役社長　佐藤　雄一

            新製品発表展示会のお知らせ

拝啓　春暖の候、ますますご清栄のこととお喜び申し上げます。日
頃から当社製品について格別のご愛顧を賜り、心から御礼申し上げ
ます。
　さて、このたび当社の技術陣が、長年にわたり総力を結集して研
究開発をしておりました新製品○○が完成いたしました。
　つきましては、○○の初の発表展示会を下記のとおり開催いたし
ますので、ぜひこの機会にご覧いただき、ご意見を賜り、またご用
命いただければ幸いでございます。
　まずは、ご案内申し上げます。                    敬　具

                        記

  1．日　時　　5月1日（土）～5日（水）9時～17時
  2．場　所　　日本貿易センター大ホール
　なお、ご来場の折りは本状を受付にお示しの上、記念品をお受
け取りください。
    同封物：会場案内図　1通                      以　上

                              担当：営業課　田中二郎
                        TEL. 03(3364)2809　e-mail：J_Tanaka@ckk.co.jp
```

●注＞
　前文の一般的なあいさつに用いる慣用語でご清栄は相手が個人である場合に使用する。個人あてでは，このほか，ご清祥・ご健勝などがある。

　また，会社あての場合には，ご盛栄・ご隆盛・ご隆昌・ご発展などがある。

演習 1 例題1，3を参考にして，次の内容で案内状（書式設定は各自）と縦書き封筒を作成しよう。

① 発信日付：5月15日　② 受信者名：取引先（お得意様）
③ 発信者名：東京都港区六本木3－6－4，夕陽産業株式会社，
　　営業部長　白鳥俊太郎
④ 件名：OA機器展示即売会のお知らせ
⑤ 日時：6月10日～14日，場所：渋谷OA会館
⑥ 担当：営業部営業課　日下部健二
　　　　03(5994)4126　e-mail：K_Kusakabe@ysk.co.jp
⑦ 郵送先：例題－3の発信者あて

2 祝賀状

祝賀状は，取引先や知人の慶事（祝典・昇任・叙勲・出版など）に対し，お祝いの気持ちを述べるものである。

例題 4　取引先の創立20周年に対する祝賀状
（A4縦長・1行30字・1ページ18行）

```
　　　　　　　　　　　　　　　　　○年3月20日
横浜交易株式会社
　取締役社長　浅井　洋介　様
　　　　　　　　　千葉市中央区松波二丁目2番1号
　　　　　　　　　千葉商事株式会社
　　　　　　　　　　　取締役社長　松本　和雄
謹啓　早春の候、貴社ますますご隆盛のこととお喜び申し上げます。
　貴社におかれましては、このたび創立20周年をお迎えになりましたこと、誠におめでとうございます。急激な社会変化のなかで幾多の困難を乗り越え、今日、業界で揺るぎない地位を占められたことに対し、心から尊敬申し上げる次第であります。
　貴社のさらなるご発展を念願いたしますとともに、今後一層のご指導をお願い申し上げます。
　まずは、略儀ながら書中をもってお祝い申し上げます。
　　　　　　　　　　　　　　　　　　　　　謹　言
```

●注＞
お祝いを述べるとき，使ってはならない忌みことばに注意する。
たとえば「落ちる」「焼ける」「流れる」「傾く」などがある。
個人の慶事の場合には，このほか，「去る」「帰る」「離れる」「われる」などがある。

 例題2，4を参考にして，次の内容で祝賀状（書式設定は各自）と横書き封筒を作成しよう。

① 発信日付：6月23日
② 受信者名：神戸物産株式会社，取締役社長　長谷真徳
③ 発信者名：大阪市中央区道頓堀2－10－6，関西商会株式会社，代表取締役社長　中山義助　④ 内容：開業30周年のお祝い
⑤ 郵送先：神戸市垂水区星陵台4－3－1

6 ビジネス文書の管理

　企業では毎日数多くの文書が作成されている。これらは社外に発送したり，社内で使用されたりしている。また，郵送されてくる文書も数多くある。最近では，インターネットを利用したeメールや社内メールも利用されている。このため，受発信の記録を残したり，分類・整理や保管・保存，廃棄について考えることが重要となる。

1 文書の受発信

　文書を受け取ったときには，次のような点に注意して処理する。

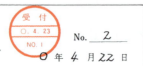

(1) 郵送された文書のあて名を調べて，誤配がないかどうかを点検する。もし，誤配があれば返送の手続きをする。
(2) 郵便物の種類ごとに，分類してから開封し，開封した文書と封筒は他にまぎれないようにクリップなどでとめる。
(3) 開封した文書の一定の箇所に**受付印**を押し，受信番号・受信年月日を記入する。
(4) 受付印を押した文書は，すべて**受信簿**に記入する。なお，受信番号は，受信簿の受信番号と照合する。
(5) 受信簿に記入した文書を，関係担当部課に配付する。

ワープロで作成した受信簿の例

●注＞
受信簿の備考欄にはその後の処理について記入する。

受　信　簿　　　　　　　　　　株式会社　山本商店

受信番号	受信日付		発信者名	住　所	用　件	種別	添付書類	備　考
401	4	1	大阪商事（株）	大阪市西淀川区小舟2-1-15	新社屋落成の案内	普通	地図、はがき	4/2 参加申込書発送
402	〃		(有)斉藤商店	名古屋市東区徳川3-4-3	着任のあいさつ状	普通		
403		3	安田商会（株）	東京都港区海岸1-6-24	新製品の案内	速達	製品カタログ	

　文書を発送するときには，次のような点に注意して処理する。
(1) 文書封入前に，押印もれや内容の記入に誤りがないかどうかを十分に点検する。
(2) **発信簿**に必要事項を記入してから封入する。
(3) **書留・速達**などの特殊取り扱いを要するものはその指定を表示する。
(4) **封印**をする(p.24参照)とともに，切手の貼りつけを確認する。
(5) ポストに投かんする。

ワープロで作成した発信簿の例

発 信 簿　　　　　　　　　　　株式会社　山本商店

題番号	題日付	あて先	住　　　所	用　件	種別	添付書類	備　　考
401	4　2	四国北部銀行	松山市旭町７１	信用調査の依頼	簡易書留		総発第001号
402	〃	大阪商事（株）	大阪市西淀川区小舟2-1-15	落成式典参加申込	はがき		

●注＞
発信簿の備考欄には文書番号を記入する。

❷ ファイリングシステム

　文書を利用したいときに，すぐ使えるように分類・整理し保管することをファイリング(Filing)という。

1　バーチカルファイリング（垂直式整理方法）

　バーチカルファイリングは，文書をとじないでフォルダ（紙ばさみ）にはさみ，キャビネットなどの引き出しに縦に並べる方法である。バーチカルファイリングの特徴は，図のように文書を入れるフォルダとカード状のガイドによって構成されている。ガイドは厚いカードで，その上部に見出し部分をつけたものである。見出しはフォルダの分類を表し，ガイドはフォルダをささえる役割をしている。

↑フォルダとガイド

2　その他のファイリングシステム

　整理棚にフォルダを横に並べるホリゾンタルファイリング，文書をバインダにとじ台帳式に整理するバインダファイリング，文書をファイルボックスに入れキャビネットや棚におさめるボックスファイリングなどがある。

3　ディジタル情報のファイリング

　パソコンを利用して作成した文書は，あとで再利用や共有がしやすいように，ハードディスクやCD，DVDなどの記録媒体に保存する。この場合も通常の紙の場合と同様に，分類するための電子的なフォルダを記録媒体内に作成しておくと，あとで検索するときに効率的である。

↓階層フォルダの例

❸ 文書の保存と廃棄

（1）　文書の保存……保管された文書を定期的に整理し，**移し換えや置き換え**の作業により，文書を管理すること。

（2）　文書の廃棄……保存期限のすぎたものや不用な文書を処分すること。秘密文書などはシュレッダを用いて廃棄する。

演習　3　第4章基本取引に使用する受信簿・発信簿を，例を参考にして作成しなさい。（用紙はＡ４・横長）

↓シュレッダ

紙を細かく裁断する機器。

7 帳票

1 帳票の発達

　取引に用いられる見積依頼や注文などに関する文書は，以前は手紙の形をとることが多かった。しかし，手紙を書くためには相当な作文力を必要とするばかりでなく，時間がかかったり，記入もれなどをおこしやすい。このため，標準的な通信文書の文例をいくつか用意しておいたり，よく使う文を集めたパラグラフ集を参考にするなど様々な工夫がなされてきた。

　また，標準的な表現の通信文書などでは，数か所に空白をあけて印刷しておき，必要に応じて空白に字句を入れると文書が完成する**フォームレター**も利用されてきた。

フォームレターの例（A４縦長・１行30字・１ページ16行）

```
                                   経発第_____号
                              ___年___月___日

_____
_____ 様

                      東京都中野区上鷺宮５－１１－１
                      株式会社ヨツヤ・フローリスト

              送金のご案内

拝啓　時下ますますご発展のこととお喜び申し上げます。
　さて，___月___日付け貴請求書（No.___）にてご請求のあり
ました___月分の仕入代金￥_____は，本日_____銀行
_____店の貴口座宛て，___扱いにて振り込みをいたしましたの
でご確認下さい。
　まずは，送金のご案内まで。            敬　具
```

●注>
　現在では多くの企業でパソコンを利用して文書を作成している。フォームレターの場合でも，手書きで空白部分を埋めるのではなく，機器を利用している。
　また，ワンライティングシステムによる帳票作成の場合でも，ドットプリンタを利用することにより，機器を使って複写をとることができる。

　さらに事務の効率化をはかるため，日常ひんぱんに使用される文書については，一歩進めて見積書や注文書のような**帳票**が使われるようになった。

　帳票には次のような利点がある。

(1) 記入項目や記入欄が決められているので，記入もれがない。
(2) 必要な字句を簡潔に記入するだけでいいから，作成が早く，しかも容易である。
(3) 文書を受け取る側でも，作業が能率的になり，誤りも少ない。

　このため，実務において常例的に作成される取引用の文書は，ほとんどが帳票化されているのである。

■ 帳票の例

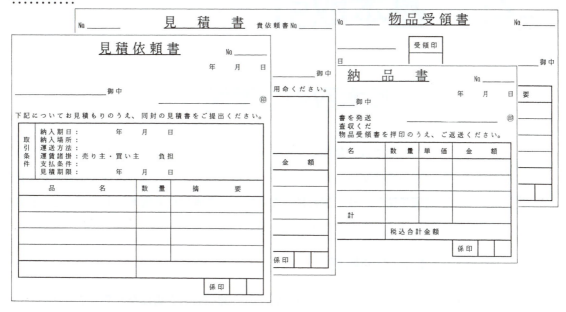

2 ワンライティングシステム

　現在では，見積依頼書と見積書，注文書と注文請書，納品書と物品受領書・請求書などのように，一連の手続きの中で必要となる帳票は，記入のまちがいを防止するために，一度の記入で複写により作成することが多い。この方法を**ワンライティングシステム**（one writing system）という。

●注＞
対外的な発信文書は，控えをとるのが普通である。

■ ワンライティングで作成した例

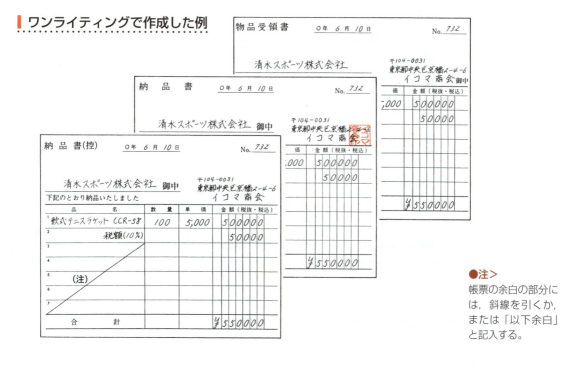

●注＞
帳票の余白の部分には，斜線を引くか，または「以下余白」と記入する。

第4章 基本取引

▶1 基本取引の準備

●注＞
ここでは，個人企業を前提とした会計をおこなうものとする。

　この章では，第Ⅱ編実践編への足がかりとして，一連の取引についてすべての生徒がいっせいに同一の業務を演習する。このような学習形態を同時同業法という。演習にあたっては，**基本取引演習セット**を用意し，例題を参考にしながら作業を進めることにする。

1 取引の概要

　例題と各自がおこなう演習では，卸売商の立場になりそれぞれ次の取扱商品を製造会社から仕入れ，小売商へ販売する。特に，仕入業務と販売業務を同時におこなうので，十分注意をする。なお，会計処理は1月1日からおこなわれているが，ここでは12月の営業取引について処理する。(注)

●注＞
会計期間は1/1～12/31とする。

2 取扱商品

　例題・演習とも電気製品を扱う卸売商（商事会社）とし，品目はそれぞれ3種類とする。

例題	商　品　名		取引単位
	ICレコーダー	ICR3	1 台
	BDプレーヤー	BDP7	1 台
	小型液晶テレビ	KET5	1 台

演習	商　品　名		取引単位
	DVDビデオカメラ	DVC7	1 台
	ドラム式洗濯乾燥機	DSK2	1 台
	ノートパソコン	NPC6	1 台

3 流通経路

　例題・演習ともすべて卸売商の立場で商品を製造業者から仕入れ，小売商に販売する。また，商品の運送にはすべて運送業者を利用する。

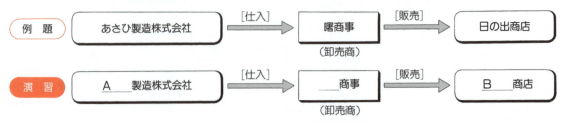

4 企業の名称・所在地・取引銀行

演習に必要なそれぞれの名称等は，各自（または先生の指示）で決定する。

1 卸売商

会社名…………		商事	電話	
所在地…………	〒			
取引銀行………		銀行	店	口座番号 当座
銀行所在地……	〒			

2 製造業者

会社名…………	A	製造株式会社	電話	
所在地…………	〒			
取引銀行………		銀行	店	口座番号 当座
銀行所在地……	〒			

3 小売商

会社名…………	B	商店	電話	
所在地…………	〒			
取引銀行………		銀行	店	口座番号 当座
銀行所在地……	〒			

5 帳簿組織と勘定科目

1 主要簿──総勘定元帳

2 補助簿┬補助記入帳………現金出納帳，当座預金出納帳，
　　　　│　　　　　　　　　売上帳，仕入帳
　　　　└補助元帳…………売掛金元帳，買掛金元帳，商品有高帳，
　　　　　　　　　　　　　販売費及び一般管理費元帳

●注＞
取引の数が多くなるときは，日計表も用意する。

3 伝票・集計表──入金伝票・出金伝票，振替伝票，仕訳集計表

4 勘定科目

科目コード	勘 定 科 目
1	現　　　　　　　金
2	当　座　預　金
3	受　取　手　形
4	売　　掛　　金
5	貸　倒　引　当　金
6	繰　越　商　品
7	建　　　　　　　物

科目コード	勘 定 科 目
8	建物減価償却累計額
9	備　　　　　　　品
10	備品減価償却累計額
11	土　　　　　　　地
21	支　払　手　形
22	買　　掛　　金
31	資　　本　　金

科目コード	勘 定 科 目
32	引　　出　　金
41	売　　　　　　　上
51	仕　　　　　　　入
52	販売費及び一般管理費
53	貸倒引当金繰入
54	減　価　償　却　費
61	損　　　　　　　益

6 各勘定残高

例題・演習における卸売商・曙商事と卸売商・_____商事の○年1月1日の貸借対照表と，○年11月30日現在の合計残高試算表は，次のとおりとする（例題と演習の各勘定残高は同一であるものとする）。

1 貸借対照表

貸借対照表

曙商事・____商事　○年1月1日

資産		金額	負債および純資産	金額
現　　金		522,000	支払手形	948,000
当座預金		5,118,000	買掛金	2,184,000
受取手形	2,105,000		資本金	55,943,100
貸倒引当金	105,250	1,999,750		
売掛金	2,803,000			
貸倒引当金	140,150	2,662,850		
商　　品		5,335,000		
建　　物	15,000,000			
減価償却累計額	2,250,000	12,750,000		
備　　品	1,100,000			
減価償却累計額	412,500	687,500		
土　　地		30,000,000		
		59,075,100		59,075,100

2 合計残高試算表

合計残高試算表

曙商事・____商事　○年11月30日

借方残高	借方合計	元丁	勘定科目	貸方合計	貸方残高
227,330	1,842,650	1	現　　　　金	1,615,320	
3,778,500	6,825,600	2	当　座　預　金	5,804,710	
4,783,000	21,805,000	3	受　取　手　形	17,022,000	
3,983,000	16,811,000	4	売　　掛　　金	12,828,000	
	180,000	5	貸倒引当金	245,400	65,400
5,335,000	5,335,000	6	繰　越　商　品		
15,000,000	15,000,000	7	建　　　　物		
		8	建物減価償却累計額	2,250,000	2,250,000
1,100,000	1,100,000	9	備　　　　品		
		10	備品減価償却累計額	412,500	412,500
30,000,000	30,000,000	11	土　　　　地		
	10,050,000	21	支　払　手　形	11,605,000	1,555,000
	12,201,000	22	買　　掛　　金	13,850,000	1,649,000
		31	資　　本　　金	55,943,100	55,943,100
3,051,770	3,051,770	32	引　　出　　金		
		41	売　　　　上	87,420,000	87,420,000
81,220,400	81,220,400	51	仕　　　　入		
816,000	816,000	52	販売費及び一般管理費		
149,295,000	261,238,420			261,238,420	149,295,000

■合計残高試算表の勘定の一部と在庫商品の明細

	内訳	例題 曙商事		演習 ___商事	
1	売掛金	日の出商店 その他の得意先	¥2,153,000 ¥1,830,000	B___商店 その他の得意先	¥2,153,000 ¥1,830,000
2	買掛金	あさひ製造株式会社 その他の仕入先	残高なし ¥1,649,000	A___製造株式会社 その他の仕入先	残高なし ¥1,649,000
3	販売費及び一般管理費（共通）	発送費 ¥325,600　通信費 ¥185,000　消耗品費 ¥38,400 水道光熱費 ¥208,000　租税公課 ¥38,000　雑費 ¥21,000			
4	在庫商品	ICレコーダー　ICR3　63台 @¥6,000 BDプレーヤー　BDP7　2台 @¥17,000 小型液晶テレビ　KET5　46台 @¥30,500		DVDビデオカメラ DVC7 38台 @¥85,000 ドラム式洗濯乾燥機 DSK2 22台 @¥123,000 ノートパソコン NPC6 30台 @¥93,000	

7 基本取引の流れ

例題と演習で取り扱われる文書と基本取引の流れを図で示すと次のようになる。

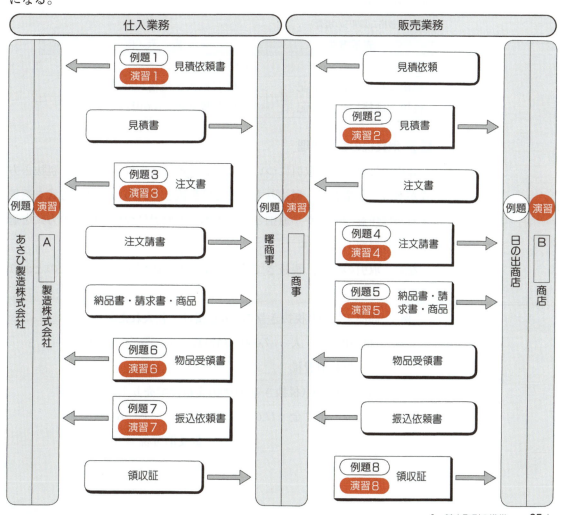

8 消費税の取り扱い

1 消費税とは

　消費税は，消費に対して広く公平に負担を求める間接税である。消費税の税率は7.8％であるが，その他に地方消費税が別途消費税の78分の22（消費税率換算で2.2％）課税され，合計で10％となる。平成16年4月1日から消費税法の一部が改正され，消費者に商品を販売する際には，消費税込みの総額表示が義務付けられるようになった。

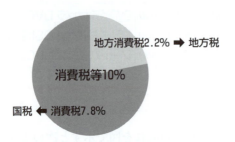

■いろいろな総額表示の例

（税抜き価格1,000円の場合）

表示方法	表 示 例
総額のみ	1,100円
総額に税抜き価格併記	1,100円（税抜き価格1,000円）
税抜き価格に総額併記	1,000円（税込み1,100円）

2 消費税の会計処理

　課税の対象となる取引についての会計処理には，税込み方式と税抜き方式がある。事業者が，税込み方式または税抜き方式のいずれの方式を選択するかは任意であるが，原則としてすべての取引について同一の方式を適用する必要がある。

　なお，取引のつど，税抜きで仕訳をする方法の例を示すと，次のとおりである。

　〔例〕　商品￥7,700（税抜き￥7,000）を掛けで仕入れた。
　　　　（借）仕　　　　入　　7,000　（貸）買　掛　金　　7,700
　　　　　　　仮払消費税　　　　700

　〔例〕　商品￥11,000（税抜き￥10,000）を掛けで売り上げた。
　　　　（借）売　掛　金　　11,000　（貸）売　　　　上　10,000
　　　　　　　　　　　　　　　　　　　　　仮受消費税　　1,000

3 税込み方式・税抜き方式の会計処理の仕訳例

取引例		方式	（ 借 方 ）		（ 貸 方 ）	
1	商品￥11,000（税抜き￥10,000）を掛けで仕入れた。	税込	仕　　　入	11,000	買　掛　金	11,000
		税抜	仕　　　入 仮払消費税	10,000 1,000	買　掛　金	11,000
2	商品￥33,000（税抜き￥30,000）を掛けで売り上げた。	税込	売　掛　金	33,000	売　　　上	33,000
		税抜	売　掛　金	33,000	売　　　上 仮受消費税	30,000 3,000
3	備品￥5,500（税抜き￥5,000）を小切手を振り出して購入した。	税込	備　　　品	5,500	当座預金	5,500
		税抜	備　　　品 仮払消費税	5,000 500	当座預金	5,500
4	消耗品￥550（税抜き￥500）を現金で購入した。	税込	消耗品費	550	現　　　金	550
		税抜	消耗品費 仮払消費税	500 50	現　　　金	550
5	売買の仲介をおこない，手数料￥2,200（税抜き￥2,000）を現金で受け取った。	税込	現　　　金	2,200	受取手数料	2,200
		税抜	現　　　金	2,200	受取手数料 仮受消費税	2,000 200
6	運送料￥3,300（税抜き￥3,000）を小切手を振り出して支払った。	税込	運　送　料	3,300	当座預金	3,300
		税抜	運　送　料 仮払消費税	3,000 300	当座預金	3,300
7	期末に仮払消費税の合計が￥1,850，仮受消費税の合計が￥3,200であったので，消費税の未納額￥1,350を計上した。	税込	租税公課	1,350	未払消費税	1,350
		税抜	仮受消費税	3,200	仮払消費税 未払消費税	1,850 1,350
8	期末に仮払消費税の合計が￥3,000，仮受消費税の合計が￥2,000であったので，消費税の未収額￥1,000を計上した。	税込	未収消費税	1,000	雑　収　入（注）	1,000
		税抜	仮受消費税 未収消費税	2,000 1,000	仮払消費税	3,000

●注＞「雑益」で処理する場合もある。

4 消費税の本書での取り扱い

　本書では，学習の便宜を考え，原則として消費税の取り扱いを省略する。取り扱うときは，上記の取引例を参考に，仕訳や決算をおこなう。

2 基本取引演習

❶ 見積もり依頼

例題 1

12月1日　あさひ製造株式会社へ下記の商品について見積もりを依頼するため，見積依頼書に見積依頼状を添えて郵送する。(注)

　　　ICレコーダー　　　　　　　　　　　ICR3　　100台
　　　ブルーレイディスク（BD）プレーヤー　BDP7　　60台
　　　小型液晶テレビ　　　　　　　　　　KET5　　50台

納入期日　12月16日　納入場所　買い主店頭
運賃諸掛　売り主負担
支払条件　着荷後3日以内振込

●注＞
特にことわりのない場合は，普通郵便で送るものとする。また，切手代は，あらかじめ購入済みのものを使用することとするので記帳の必要はない。

見積依頼状の例

```
　　　　　　　　見 積 も り の ご 依 頼

拝啓　初冬の候、ますますご繁栄のこととお喜び申し上げます。
　さて、貴社の商品を入手いたしたいので、別紙見積依頼書の取引
条件をご検討の上、１２月１０日までに見積書をご送付下さいます
ようお願い申し上げます。
　なお、お値段によりましては、今後とも引き続きご注文ができる
見込みでございます。
　まずは、お願い申し上げます。　　　　　　　　　　敬　具


　同封書類　　見積依頼書　１通　　　　　　　　　　以　上
```

✚作成上の留意事項
　見積依頼書を同封するので，商品の内容や取引条件などを書く必要はないが，次のような点について述べておく。
① 何日までに見積もってほしいかをはっきりと書く。
② 将来の購入見込みについて書いておく。

見積依頼書の例

見　積　依　頼　書

No. 30
○年 12月 1日

東京都新宿区百人町1-1
あさひ製造株式会社　御中
（見積期限　○年 12月 10日）

〒100-0000　東京都千代田区幸町1
曙商事

下記についてお見積もりのうえ，期限までに同封の見積書をご提出ください。

納入期日	○年 12月 16日	運送方法	自動車運送（積合せ）	支払条件	着荷後3日以内振込
納入場所	買い主店頭	運賃諸掛	売り主・買い主 負担		

品　　　　名	数　量	摘　　　　要
ICレコーダー　ICR3	100台	
BDプレーヤー　BDP7	60台	
小型液晶テレビ　KET5	50台	
合　　　　　計		

係印　　㊞北野

➕作成上の留意事項

① 見積書の一部分を，同時に複写で記入し，見積依頼書といっしょに送付する場合には，「買い主店頭」と書く。
② 特に，期限を指定しない場合もあるが，いくつかの取引先に，同じ見積もりを依頼するときには「見積期限」を必ず記入し，省略してはならない。

演習 1

12月2日

A_____製造株式会社へ下記の商品について見積もりを依頼するため，見積依頼書に見積依頼状を添えて郵送する。

　　　DVDビデオカメラ　　DVC7　　50台
　　　ドラム式洗濯乾燥機　DSK2　　30台
　　　ノートパソコン　　　NPC6　　40台

納入期日　12月18日　　納入場所　買い主店頭
運賃諸掛　売り主負担
支払条件　着荷後3日以内振込　　見積期限　12月11日
（対外事務）見積依頼状No.87・見積依頼書No.38・封筒
（内部事務）発信簿

2 値段の見積もり

例題 2

12月4日　日の出商店から，下記の取引条件による見積もり依頼を受けたので，ICレコーダーは@¥8,200，小型液晶テレビは@¥33,600として見積書を作り，見積案内状を添えて速達で郵送する。

　　　　　ICレコーダー　　　ICR3　　　60台
　　　　　小型液晶テレビ　　KET5　　　40台
　　納入期日　12月21日　納入場所　買い主店頭
　　運賃諸掛　売り主負担
　　支払条件　25日締切り月末払い

見積案内状の例

見積書送付のご案内

　拝復　歳末の候、いつもお引き立てをいただき、ありがとうございます。
　さて、１２月１日付けでＩＣレコーダー等の見積もりのご依頼をいただき、誠にありがとうございました。早速、別紙見積書のとおりお見積もりをいたしました。お値段につきましては、特別に勉強してございますので、なにとぞご用命を賜りますようお願い申し上げます。
　まずは、ご案内申し上げます。　　　　　　　　　　　　敬　具

　同封書類　　見積書　１通　　　　　　　　　　　　　　以　上

●注＞
速達扱いのときは，封筒の上端に速達の印を押す。

✚作成上の留意事項
　見積もりの依頼を受けたら，取引条件などを検討し，なるべく早く見積もりをする。一般には，見積書という帳票を用いるが，その際，次の要領で書いた見積案内状を同封する。
① 見積依頼に対する感謝の言葉を述べる。
② 値段などが他よりも有利なことを強調し，注文をうながす。同封する見積書には値段や取引条件とともに，見積書有効期限を記入する。

見積書の例

No. 35	（見積依頼書）No. 15

見 積 書

0年12月4日　　　　　　　　　　　　　　　　　　　　　0年12月1日

東京都千代田区幸町1-1
　　　曙 商 事 ㊞

〒110-0005　東京都台東区上野1-1
　　　日の出商店 御中

下記のとおりお見積もり申し上げますので，なにとぞご用命くださるようお願いいたします。

納入期日	0年12月21日	運送方法	自動車運送（積合せ）	支払条件	25日締切り月末振込
納入場所	買い主店頭	運賃諸掛	売り主・買い主 負担		

品　　　　名	数　量	単　価	金　　額
ICレコーダー　ICR3	60台	8,200円	492,000
小型液晶テレビ　KET5	40台	33,600	1,344,000
以下余白			
合　　　　計			1,836,000

本見積書有効期限　0年12月30日まで　　　係印

演習 2

12月6日

B　　　　商店から，下記の取引条件による見積もり依頼を受けたので，DVDビデオカメラは@¥98,000，ノートパソコンは@¥148,000として見積書を作り，見積案内状を添えて速達で郵送する（見積依頼書12月3日付け　No.37）。

　　　DVDビデオカメラ　　DVC7　　35台
　　　ノートパソコン　　　NPC6　　20台

納入期日　　12月23日　　納入場所　　買い主店頭
運賃諸掛　　売り主負担
支払条件　　25日締切り月末振込　　見積書有効期限　12月30日
（対外事務）　見積案内状No.91・見積書No.103・封筒
（内部事務）　受信簿・発信簿

3 商品の発注

例題 3

12月10日　あさひ製造株式会社から，速達で見積書が送られてきたので，注文書(注文請書付き)に注文状を添えて郵送する。

見積書		
No. 51　　0年12月9日		見積依頼書 No. 30　　0年12月1日
東京都新宿区百人町1-1　あさひ製造株式会社㊞		〒100-0000　東京都千代田区幸町1-1　曙商事 御中

下記のとおりお見積もり申し上げますので，なにとぞご用命くださるようお願いいたします。

納入期日	0年12月16日	運送方法	自動車運送(積合せ)	支払条件	着荷後3日以内振込
納入場所	買い主店頭	運賃諸掛	売主・買い主 負担		

品名	数量	単価	金額
ICレコーダー　ICR3	100台	7,800円	780,000
BDプレーヤー　BDP7	60台	18,500	1,110,000
小型液晶テレビ　KET5	50台	30,000	1,500,000
合計			3,390,000

本見積書有効期限　0年12月20日まで　　係印　　森田㊞

注文状の例

　　　　　　　　　　注文書の送付について

拝啓　初冬の候、貴社ますますご発展のこととお喜び申し上げます。
　さて、このたびは早速見積書をお送りくださいましてありがとうございます。また、お値段について、特にご高配をいただき感謝申し上げます。
　つきましては、別紙注文書のとおりご注文申し上げますので、なにとぞ期日までにご納入くださいますようお願い申し上げます。
　まずは、ご注文申し上げます。　　　　　　　　　　　　　　敬具

同封書類　注文書（注文請書付き）　1通

　　　　　　　　　　　　　　　　　　　　　　　　　　　　以　上

✚作成上の留意事項
① 一般には、「注文書」という帳票だけが用いられるが、ていねいにする場合には、注文書のほかに添状を送付する。
② 口頭や電話で注文する場合も、確認のために改めて注文書を作成して送付するようにする。

注文書・注文請書の例

No._____　　**注　文　請　書**　　（ご注文書 No. _30_ ）

注　文　書　　No. _30_

〇年 _12_ 月 _10_ 日

東京都新宿区百人町1-1
　　あさひ製造株式会社　御中　　〒100-0000　東京都千代田区幸町

下記のとおり注文いたします。　　　　　　　　　　曙商事 ㊞

納入期日	〇年 12月 16日	運送方法	自動車運送（積合せ）	支払条件	着荷後3日以内振込
納入場所	買い主店頭	運賃諸掛	売り主・買い主 負担		

品　　　　　名	数　量	単　価	金　　額
ICレコーダー　ICR3	100台	7,800円	780,000
BDプレーヤー　BDP7	60台	18,500	1,110,000
小型液晶テレビ　KET5	50台	30,000	1,500,000
合　　　　　計			3,390,000

係印　　㊞北野

演習 3

12月11日

A_____製造株式会社から，速達で見積書（No.42）が送られてきたので，注文書（注文請書付き）に注文状を添えて郵送する。価格その他の取引条件は下記のとおりである。

　　　DVDビデオカメラ　　DVC7　　50台　　@¥ 84,000
　　　ドラム式洗濯乾燥機　DSK2　　30台　　@¥122,000
　　　ノートパソコン　　　NPC6　　40台　　@¥ 91,000

納入期日　12月18日　　納入場所　買い主店頭
運賃諸掛　売り主負担
支払条件　着荷後3日以内振込
（対外事務）注文状No.88・注文書No.32・封筒
（内部事務）受信簿・発信簿

4 商品の受注

例題 4

12月16日　日の出商店から次の注文書（注文請書付き）が送られてきたので，折り返し，注文請書に注文礼状を添えて速達で郵送する。

```
No._____    注 文 請 書    （ご注文書 No. 15 ）
```

注　文　書　　No. 15

　　　　　　　　　　　　　　　〇年12月14日

東京都千代田区幸町1-1

　　　曙　商　事　御中　　　〒110-0005 東京都台東区上…

　　　　　　　　　　　　　　　　日の出商店　印

下記のとおり注文いたします。

納入期日	〇年12月21日	運送方法	自動車運送（積合せ）	支払条件	25日締切り月末払い
納入場所	買い主店頭	運賃諸掛	売り主・買い主 負担		

品　　名	数　量	単　価	金　　額
ICレコーダー　ICR3	60台	8,200円	492,000
小型液晶テレビ　KET5	40台	33,600	1,344,000
以下余白			
合　　計			1,836,000

係印　　　　明石㊞

注文礼状の例

　　　　　　　　ご注文の御礼

拝啓　歳末の候、ますますご盛栄のこととお喜び申し上げます。
　さて、12月14日付けのご注文書（No. 15）により、ICレコーダー等のご注文をいただき、心から感謝申し上げます。ここに注文請書を同封いたしましたのでご査収ください。なお、期日までには間違いなく納入いたしますのでご安心ください。
　まずは、御礼かたがたご返事申し上げます。
　　　　　　　　　　　　　　　　　　　　　　敬　具

✚作成上の留意事項
　注文を受けた場合，注文承諾の意思表示として，売り主が注文請書を発行する。しかし，一般には，買い主が注文書を作成するとき，ワンライティングシステムによって複写で同時に注文請書も作成し，これを注文書とともに売り主に送付する方法がおこなわれている。この際，売り主は，注文承諾の意思表示として，注文請書に押印する。
① 注文礼状は，初めての取引や大口注文の場合などに作成する。
② 注文に対する感謝の言葉を述べる。
③ 注文請書を返送するむねを書く。

注文請書の例

```
No. 35        注 文 請 書  (ご注文書No.  15  )
  ○年12月16日                    (ご注文書日付   ○年12月14日)
  東京都千代田区幸町1-1
       曙商事 ㊞
                              〒110-0005 東京都台東区上野1-1
                                              日の出商店 御中
  下記のとおりご注文をおうけいたします。
```

納入期日	○年12月21日	運送方法	自動車運送(積合せ)	支払条件	25日締切り月末振込
納入場所	買い主店頭	運賃諸掛	売り主・買い主 負担		

品　　　　名	数量	単価	金額
ICレコーダー ICR3	60台	8,200円	492,000
小型液晶テレビ KET5	40台	33,600	1,344,000
以下余白			
合　　　　計			1,836,000

係印

演習 4

12月17日

B___商店から，注文書(12月15日付け No.20 注文請書付き)が送られてきたので，折り返し，注文請書に注文礼状を添えて速達で郵送する。価格その他の取引条件は下記のとおりであり，当店の提示した価格と同一である。

　　　DVDビデオカメラ　　DVC7　　35台
　　　ノートパソコン　　　NPC6　　20台

納入期日　12月23日　　納入場所　買い主店頭
運送方法　自動車運送(積合せ)　　運賃諸掛　売り主負担
支払条件　25日締切り月末振込
(対外事務)　注文礼状No.92・注文請書No.28・封筒
(内部事務)　受信簿・発信簿

5 商品の発送

例題 5

12月18日　日の出商店から注文を受けた下記の商品の発送を桜運送店に依頼し，納品書（物品受領書・請求書付き）に出荷案内状を添えて速達で郵送する。なお，運賃￥18,500は現金で支払う。

　　　　　ICレコーダー　　ICR3　　60台
　　　　　小型液晶テレビ　KET5　　40台

出荷案内状の例

出荷のご案内

拝啓　初冬の候、毎度お引き立てをいただき、誠にありがとうございます。
　さて、１２月１４日付けでご注文をいただいた商品につきまして、本日自動車便にて発送いたしました。遅くとも１２月２１日までには到着する予定でございますので、ご検収ください。
　なお、お手数ですが同封の物品受領書にご押印の上、ご返送くださいますようお願い申し上げます。
　まずは、ご案内申し上げます。　　　　　　　　　　　　敬　具

同封書類　　納品書（物品受領書・請求書付き）　　１通
　　　　　　　　　　　　　　　　　　　　　　　　　　以　上

✚作成上の留意事項
　商品を発送した場合，通常は納品書を作成して送付するが，その際に，買い主の商品受け取りを確認する物品受領書と請求書を納品書とともに複写で同時に作成し，これを買い主に送付する方法が一般的である。
① いつ注文された商品であるかを明示する。
② 商品を受け取ったら，物品受領書を送ってほしいむねを明記する。

納品書・物品受領書・請求書の例

```
ご注文書 No. 15          請　求　書         No. 35
　　　ご注文書 No. 15      物 品 受 領 書      No. 35
　　　　　ご注文書 No. 15     納　品　書      No. 35
```

〒 ○年 12月 18日

東京都台東区上野1-1
日の出商店　御中

下記のとおりご注文品を発送いたしましたからご査収ください。なお，同封の物品受領書にご押印のうえご返送ください。

〒100-0000　東京都千代田区曙町1
曙商事

品　　　名	数　量	単　価	金　　額
ICレコーダー　ICR3	60台	8,200	492,000
小型液晶テレビ　KET5	40台	33,600	1,344,000
以下余白			
合　　　計			1,836,000

備考　　　　　　　　　　　　　　　係印　　北野

〈会計処理〉

振替伝票

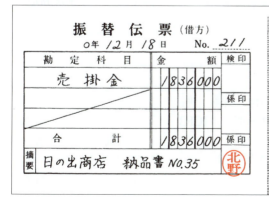
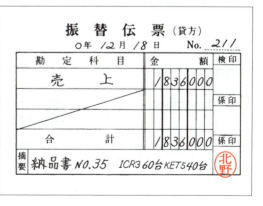

出金伝票

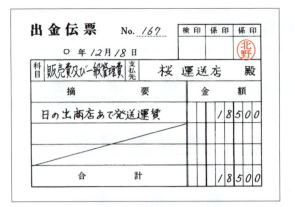

売掛金元帳

売 掛 金 元 帳

日の出商店　　　　　　　　　　1

○年		摘要	借方	貸方	借/貸	残高
月	日					
12	1	前月繰越	2,153,000		借	2,153,000
	18	売り上げ	1,836,000		〃	3,989,000

売上帳

売　　上　　帳

　　　　　　　　　　　　　　　　1

○年		摘要		内訳	金額
月	日				
12	18	日の出商店	掛け		
		ICレコーダー ICR3　60台 @¥8,200		492,000	
		小型液晶テレビ KET5　40台 @¥33,600		1,344,000	1,836,000

商品有高帳

(先入先出法)　　商 品 有 高 帳

1　　　　　　　(品名) ICレコーダー ICR3　　　　　単位　台

○年		摘要	受入			払出			残高		
月	日		数量	単価	金額	数量	単価	金額	数量	単価	金額
12	1	前月繰越	63	6,000	378,000				63	6,000	378,000
	18	日の出商店				60	6,000	360,000	3	6,000	18,000

●注＞「払出」時の「単価」は，売上の「売価」で記入するのではなく，あくまでも「受入」時の「単価」で記入する。

（先入先出法）

3　　　　　　　　　　　（品名）小型液晶テレビ　KET5　　　　　単位　　　台

○年		摘要	受入			払出			残高		
月	日		数量	単価	金額	数量	単価	金額	数量	単価	金額
12	1	前月繰越	46	30,500	1,403,000				46	30,500	1,403,000
	18	日の出商店				40	30,500	1,220,000	6	30,500	183,000

■現金出納帳

現　金　出　納　帳

1

○年		摘　　要	収入	支出	残高
月	日				
12	1	前月繰越	227,330		227,330
	18	日の出商店あて発送運賃		18,500	208,830

■販売費及び一般管理費元帳

販売費及び一般管理費元帳

1

○年		摘要	金額	内訳					
月	日			発送費	通信費	消耗品費	水道光熱費	租税公課	雑費
		累計	816,000	325,600	185,000	38,400	208,000	38,000	21,000
12	18	日の出商店あて発送運賃	18,500	18,500					

演習 5

12月18日

B_____商店から注文を受けた下記の商品の発送を椿運送店に依頼し，納品書（物品受領書・請求書付き）に出荷案内状を添えて速達で郵送する。なお，運賃¥18,500は現金で支払う。

　　　DVDビデオカメラ　　DVC7　　35台
　　　ノートパソコン　　　NPC6　　20台

（対外事務）　出荷案内状No.93・封筒
　　　　　　　納品書No.86・物品受領書No.86・請求書No.86
（内部事務）　振替伝票No.175・出金伝票No.103・売掛金元帳・
　　　　　　　売上帳・商品有高帳・現金出納帳・
　　　　　　　販売費及び一般管理費元帳・発信簿

6 商品の受け取り

例題 6

12月19日　あさひ製造株式会社から，注文した商品が送られてきたので，納品書・請求書によって検収し，物品受領書に着荷案内状を添えて郵送する。

請　求　書　　ご注文書 No. 30　　No. 51

物 品 受 領 書　　ご注文書 No. 30　　No. 51

納　品　書　　ご注文書 No. 30　　No. 51

東京都千代田区革町1-1
　　曙商事　御中

〇年 12月 15日

下記のとおりご注文品を発送いたしましたからご査収ください。なお，同封の物品受領書にご押印のうえご返送ください。

〒169-0073 東京都新宿区百人町
あさひ製造株式会社

品　　　名	数　量	単　価	金　　額
ICレコーダー ICR3	100台	7,800	780,000
BDプレーヤー BDP7	60台	18,500	1,110,000
小型液晶テレビ KFT5	50台	30,000	1,500,000

➕作成上の留意事項

注文した商品が到着したときは，現品と納品書，注文書控えなどと照合し，品質・数量，破損の有無などを確認し，問題がなければ着荷の通知をする。一般には，売り主から納品書とともに送られてくる物品受領書に，記名・押印して返送する方法が広くおこなわれている。

① 注文した商品を何日に受け取ったかを明示する。
② 物品受領書が送られてきた場合は，それを同封するむねを書いておく。

▮着荷案内状の例

　　　　　　　　　注文商品到着のご連絡

拝啓　歳末の候、貴社ますますご繁栄のこととお喜び申し上げます。
　さて、12月15日付けでご送付いただきました商品は、本日無事に検収いたしましたのでご安心ください。
　なお、物品受領書を同封いたしましたのでお受け取りください。
　まずは、ご連絡申し上げます。
　　　　　　　　　　　　　　　　　　　　　　　　　　　敬　具

同封書類　物品受領書　1通　　　　　　　　　　　　　以　上

■ 物品受領書の例

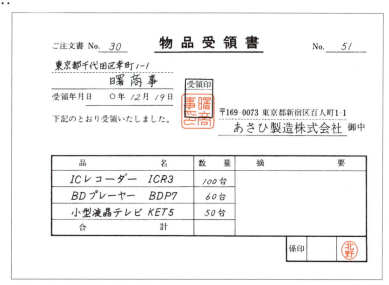

〈会計処理〉

■ 振替伝票

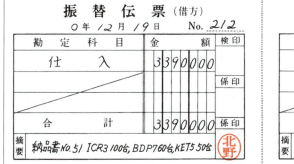

■ 仕入帳

仕　入　帳

1

○年 月 日	摘　　　　　　　要	内　訳	金　額
12 19	あさひ製造株式会社　　　　掛　け		
	ICレコーダー　ICR3　100台　@¥7,800	780,000	
	BDプレーヤー　BDP7　60台　@¥18,500	1,110,000	
	小型液晶テレビ KET5　50台　@¥30,000	1,500,000	3,390,000

■ 買掛金元帳

買 掛 金 元 帳

あさひ製造株式会社

1

○年 月 日	摘　　　要	借　方	貸　方	借/貸	残　高
12 19	仕入れ		3,390,000	貸	3,390,000

2. 基本取引演習

商品有高帳 （先入先出法）

1　（品名）ICレコーダー　ICR3　単位　台

○年		摘要	受入			払出			残高		
月	日		数量	単価	金額	数量	単価	金額	数量	単価	金額
12	1	前月繰越	63	6,000	378,000				63	6,000	378,000
	18	日の出商店				60	6,000	360,000	3	6,000	18,000
	19	あさひ製造	100	7,800	780,000				{ 3	6,000	18,000
									100	7,800	780,000

2　（品名）BDプレーヤー　BDP7　単位　台

○年		摘要	受入			払出			残高		
月	日		数量	単価	金額	数量	単価	金額	数量	単価	金額
12	1	前月繰越	2	17,000	34,000				2	17,000	34,000
	19	あさひ製造	60	18,500	1,110,000				{ 2	17,000	34,000
									60	18,500	1,110,000

3　（品名）小型液晶テレビ　KET5　単位　台

○年		摘要	受入			払出			残高		
月	日		数量	単価	金額	数量	単価	金額	数量	単価	金額
12	1	前月繰越	46	30,500	1,403,000				46	30,500	1,403,000
	18	日の出商店				40	30,500	1,220,000	6	30,500	183,000
	19	あさひ製造	50	30,000	1,500,000				{ 6	30,500	183,000
									50	30,000	1,500,000

演習 6

12月19日

　A_____製造株式会社から，注文した商品が送られてきたので，別便で受け取った12月15日付けの納品書・請求書によって検収し，物品受領書に着荷案内状を添えて郵送する。

　　　DVDビデオカメラ　　DVC7　　50台
　　　ドラム式洗濯乾燥機　DSK2　　30台
　　　ノートパソコン　　　NPC6　　40台

（対外事務）　着荷案内状No.89・物品受領書No.397・封筒
（内部事務）　振替伝票No.176・仕入帳・買掛金元帳・商品有高帳・
　　　　　　　受信簿・発信簿

7 代金の支払い

例題 7

12月20日　あさひ製造株式会社に対する買掛金¥3,390,000を支払うため，小切手を振り出し，当店の取引銀行である東金銀行南支店に振り込みを依頼し，送金案内状を送付する。なお，振込手数料¥800は現金で支払う。

振込方法　　　　　電信扱い
受取人取引銀行　　東北銀行西支店
受取人預金口座　　当座預金　No.123397

送金案内状の例

> 　　　　　　　　　　送金のご案内
> 　拝啓　初冬の候、ますますご繁栄のこととお喜び申し上げます。
> 　さて，１２月１５日付けでご請求のありました商品の仕入代金につきまして，本日東金銀行南支店より，東北銀行西支店の貴口座に振り込みましたのでご連絡いたします。
> 　なお，お手数ですがご入金を確認後，折り返し領収証をお送りくださいますようお願い申し上げます。
> 　まずは，送金のご案内を申し上げます。
> 　　　　　　　　　　　　　　　　　　　　　　　　　　敬　具
>
> 　　　　　　　　　　　　記
>
> 　１．振込金額　　¥３，３９０，０００−
> 　　　　　　　　　　　　　　　　　　　　　　　　　以　上

作成上の留意事項
① どの商品の代金であるかや送金額，送金方法などを明示する。
② 折り返し，領収証を送ってほしいむねを明記する。
③ 送金案内状に手形や小切手を同封して送るときには，書留扱いにする。

小切手の例

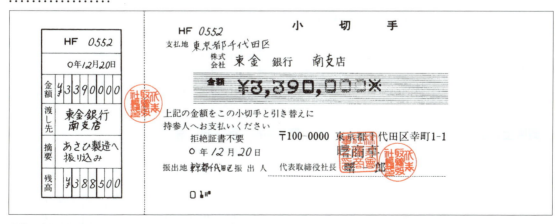

●注＞小切手の記入要領については，前見返しを参照すること。

2. 基本取引演習

振込依頼書の例

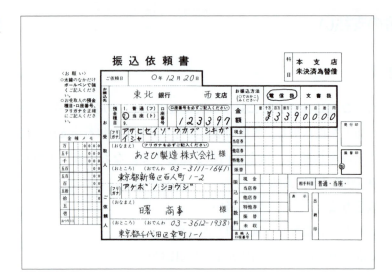

〈会計処理〉

振替伝票

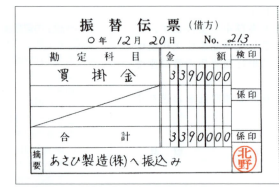
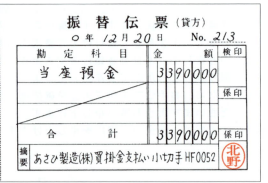

出金伝票

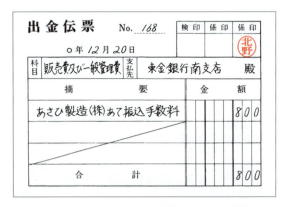

買掛金元帳

買 掛 金 元 帳

あさひ製造株式会社　　　　1

○年月日		摘　要	借　方	貸　方	借/貸	残　高
12	19	仕入れ		3390000	貸	3390000
	20	支払い	3390000			0

当座預金出納帳

当座預金出納帳
東金銀行南支店
1

○年 月日	摘要	預入	引出	借/貸	残高
12 1	前月繰越	3,778,500		借	3,778,500
20	あさひ製造株式会社買掛金 HF0552		3,390,000	〃	388,500

販売費及び一般管理費元帳

販売費及び一般管理費元帳
1

○年 月日	摘要	金額	内訳 発送費	通信費	消耗品費	水道光熱費	租税公課	雑費
	累計	816,000	325,600	185,000	38,400	208,000	38,000	21,000
12 18	日の出商店あて発送運賃	18,500	18,500					
20	あさひ製造株式会社振込手数料	800						800

現金出納帳

現金出納帳
1

○年 月日	摘要	収入	支出	残高
12 1	前月繰越	227,330		227,330
18	日の出商店あて発送運賃		18,500	208,830
20	あさひ製造株式会社あて振込手数料		800	208,030

演習 7

12月20日

A_____製造株式会社に対する買掛金の一部¥1,122,000を支払うため，小切手を振り出し，当店の取引銀行である_____銀行_____店に振り込みを依頼し，送金案内状を送付する。なお，振込手数料¥800は現金で支払う。

振込方法　　　　　電信扱い
受取人取引銀行　　_____銀行_____店
受取人預金口座　　当座預金No._____

（対外事務）送金案内状No.90・小切手No.HF034・振込依頼書・封筒
（内部事務）振替伝票No.177・出金伝票No.104・買掛金元帳・
　　　　　　当座預金出納帳・販売費及び一般管理費元帳・
　　　　　　現金出納帳・発信簿

8 代金の受け取り

例題 8

12月28日 「日の出商店より、当店の預金口座に、¥3,989,000の入金があった。」という電話連絡を東金銀行南支店から受けたので、ただちに領収証に送金礼状を添えて郵送する。

┃送金礼状の例

送金の御礼

拝啓　歳末の候、毎度お引き立てにあずかり、厚く御礼申し上げます。

　さて、このたびは、掛け残金全額 ¥3,989,000 の振り込みをいただき、誠にありがとうございました。ここに領収証を同封いたしましたのでお改めください。

　なお、今後とも多少にかかわらず、ご用命いただきますようお願い申し上げます。

　まずは、御礼申し上げます。　　　　　　　　　　　　　　敬　具

同封書類　　領収証　1通　　　　　　　　　　　　　　　以　上

+作成上の留意事項
① 送金があったらただちに礼状とともに領収証を送付する。
② どの商品の代金であるか、どんな方法で受け取ったかを明示する。
③ 領収証を同封するので、確かめてほしいむねを書く。
④ 多少にかかわらず、今後とも注文してほしいむねを書く。

┃領収証の例

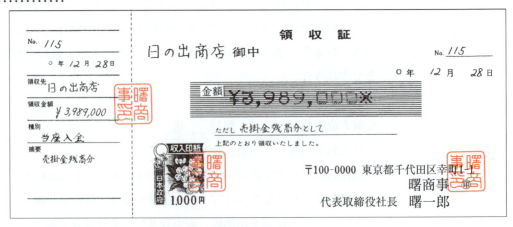

●注＞収入印紙の金額は、各自料率表で調べること。なお、必ず消印すること。

〈会計処理〉

振替伝票

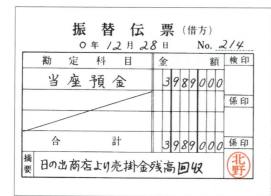
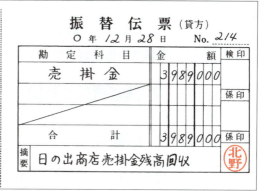

当座預金出納帳

当座預金出納帳
東金銀行南支店　　1

○年 月日		摘要	預入	引出	借/貸	残高
12	1	前月繰越	3,778,500		借	3,778,500
	20	あさひ製造株式会社買掛金HF0552		3,390,000	〃	388,500
	28	日の出商店売掛金残高回収	3,989,000		〃	4,377,500

売掛金元帳

売掛金元帳
日の出商店　　1

○年 月日		摘要	借方	貸方	借/貸	残高
12	1	前月繰越	2,153,000		借	2,153,000
	18	売り上げ	1,836,000		〃	3,989,000
	28	回収		3,989,000		0

演習 8

12月29日

「B_____商店より，当店の預金口座に入金があった。」という電話連絡を＿＿＿銀行＿＿＿店から受けたので，ただちに領収証に送金礼状を添えて郵送する。

　　入金金額　　　￥1,235,000

（対外事務）　送金礼状No.94・領収証No.103・封筒

（内部事務）　振替伝票No.178・当座預金出納帳・売掛金元帳・発信簿

3 会計処理

　ここでは，これまでの取引の活動によって生じた諸経費の支払いと，会計伝票の集計および決算事務について学習する。

❶ 諸経費の支払い

例題 9

12月30日　今月分の諸経費を下記のとおり支払う。

| 水道料金 | ￥10,270 | 現金払い | ガス料金 | ￥7,350 | 小切手払い |
| 電気料金 | ￥12,800 | 自動支払い(注) | 電話料金 | ￥19,490 | 自動支払い |

出金伝票

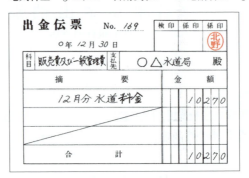

振替伝票

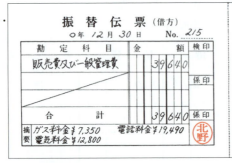

販売費及び一般管理費元帳

販売費及び一般管理費元帳

○年		摘要	金額	内訳					
月	日			発送費	通信費	消耗品費	水道光熱費	租税公課	雑費
		累計	816000	325600	185000	38400	208000	38000	21000
12	18	日の出商店あて発送運賃	18500	18500					
	20	あさひ製造株式会社 振込手数料	800						800
	30	水道料金	10270				10270		
	〃	ガス・電気・電話料金	39640		19490		20150		

現金出納帳

現金出納帳

○年 月日	摘　要	収　入	支　出	残　高
12/1	前月繰越	227,330		227,330
18	日の出商店あて発送運賃		18,500	208,830
20	あさひ製造株式会社あて振込手数料		800	208,030
30	12月分水道料金		10,270	197,760

当座預金出納帳

当座預金出納帳
東金銀行南支店

○年 月日	摘　要	借　方	貸　方	借貸	残　高
12/1	前月繰越	3,778,500		借	3,778,500
20	あさひ製造株式会社買掛金 HF0552		3,390,000	〃	388,500
28	日の出商店売掛金残高回収	3,989,000		〃	4,377,500
30	12月分ガス料金 HF0553		7,350	〃	4,370,150
〃	12月分電気・電話料金 口座振替		32,290	〃	4,337,860

小切手の例

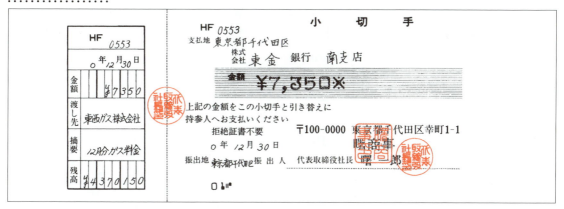

● **注＞** 自動支払い口座振替は，毎月の支払いを銀行に委託して預金口座から支払ってもらう方法で，電気，ガス，水道などの公共料金のほか，各種税金，保険料，授業料などの支払いに利用できる。なお，銀行にこの手続きをしておくと，小切手を振り出さなくても，当座預金から自動的に支払いがおこなわれる。

演習 9

12月30日

今月分の諸経費を下記のとおり支払う。

水道料金	¥10,270	現金払い（□×水道局）
ガス料金	¥ 7,350	小切手払い（○○ガス株式会社）
電気料金	¥12,800	自動支払い（領収証受領済み）
電話料金	¥19,490	自動支払い（　　〃　　）

（対外事務）　小切手No.HF035

（内部事務）　出金伝票No.105・振替伝票No.179・
　　　　　　販売費及び一般管理費元帳・現金出納帳・
　　　　　　当座預金出納帳

2 会計伝票の集計と転記

例題 10

12月31日　今月分の会計伝票から仕訳集計表を作成して，総勘定元帳に転記する。

仕訳集計表

仕 訳 集 計 表
○年 12月31日　　　　　　　　12

借　　方	元丁	勘 定 科 目	元丁	貸　　方
		現　　　　金	1	29570
3989000	2	当 座 預 金	2	3429640
1836000	4	売 掛 金	4	3989000
3390000	22	買 掛 金	22	3390000
		売　　　　上	41	1836000
3390000	51	仕　　　　入		
69210	52	販売費及び一般管理費		
12674210				12674210

総勘定元帳

現　　金　　　　1

○年 月日	摘　要	仕丁	借　方	貸　方	借貸	残　高
			1842650	1615320	借	227330
12 31	仕訳集計表	12		29570	〃	197760

当 座 預 金　　　　2

○年 月日	摘　要	仕丁	借　方	貸　方	借貸	残　高
			61825600	58047100	借	3778500
12 31	仕訳集計表	12	3989000		〃	7767500
〃	〃	〃		3429640		4337860

売 掛 金　　　　4

○年 月日	摘　要	仕丁	借　方	貸　方	借貸	残　高
			16811000	12828000	借	3983000
12 31	仕訳集計表	12	1836000		〃	5819000
〃	〃	〃		3989000	〃	1830000

買　　掛　　金
22

○年 月日	摘　　要	仕丁	借　方	貸　方	借/貸	残　高
			12,201,000	13,850,000	貸	1,649,000
12 31	仕訳集計表	12		3,390,000	〃	5,039,000
〃	〃	〃	3,390,000		〃	1,649,000

売　　　　　上
41

○年 月日	摘　　要	仕丁	借　方	貸　方	借/貸	残　高
				87,420,000	貸	87,420,000
12 31	仕訳集計表	12		1,836,000	〃	89,256,000

仕　　　　　入
51

○年 月日	摘　　要	仕丁	借　方	貸　方	借/貸	残　高
			81,220,400		借	81,220,400
12 31	仕訳集計表	12	3,390,000		〃	84,610,400

販売費及び一般管理費
52

○年 月日	摘　　要	仕丁	借　方	貸　方	借/貸	残　高
			816,000		借	816,000
12 31	仕訳集計表	12	69,210		〃	885,210

演習 10

12月31日

今月分の会計伝票から仕訳集計表を作成して，総勘定元帳に転記する。

（内部事務）仕訳集計表No.12・総勘定元帳

3 決算事務

例題 11

12月31日　○年1月1日の貸借対照表と○年11月30日現在の合計残高試算表(p.34)および例題1〜10で記帳した帳簿により決算をおこなう。

【決算整理事項】
(1) 期末商品棚卸高　¥3,625,000（例題でおこなった商品を含む）
(2) 貸倒見積高　　　受取手形および売掛金の5％（差額補充法）。
(3) 減価償却高　　　〈償却資産〉〈耐用年数〉〈残存価額〉
　　（定額法・　　　建　物　　20年　　　零（0）
　　間接法による）　備　品　　 8年　　　零（0）
(4) 引出金の整理　　引出金残高を資本金から減らす。

【決算の手順】
(1) 各種補助簿と関連する総勘定元帳の記入を照合する。
(2) **試算表**を作成して，総勘定元帳の記入を検証する。
(3) **精算表**を作成して，帳簿決算の見通しを立てる。
(4) **決算整理仕訳**によって，総勘定元帳の記入を整理する。
(5) **決算振替仕訳**によって，総勘定元帳の収益・費用の各勘定の残高を損益勘定に振り替え，つづいて損益勘定の残高を資本金勘定に振り替える。
(6) 総勘定元帳を締め切り，つづいて各種補助簿を締め切る。
(7) 総勘定元帳の記入から，**損益計算書**と**貸借対照表**を作成する。

試算表

合計残高試算表

曙商事　〇年12月31日

借方 残高	借方 合計	元丁	勘定科目	貸方 合計	貸方 残高
197,760	1,842,650	1	現　　　　金	1,644,890	
4,337,860	6,581,460.0	2	当 座 預 金	6,147,6740	
4,783,000	21,805,000	3	受 取 手 形	17,022,000	
1,830,000	18,647,000	4	売 掛 金	16,817,000	
	180,000	5	貸 倒 引 当 金	245,400	65,400
5,335,000	5,335,000	6	繰 越 商 品		
15,000,000	15,000,000	7	建　　　　物		
		8	建物減価償却累計額	2,250,000	2,250,000
1,100,000	1,100,000	9	備　　　　品		
		10	備品減価償却累計額	412,500	412,500
30,000,000	30,000,000	11	土　　　　地		
	10,050,000	21	支 払 手 形	11,605,000	1,555,000
	15,591,000	22	買 掛 金	17,240,000	1,649,000
		31	資 本 金	55,943,100	55,943,100
3,051,770	3,051,770	32	引 出 金		
		41	売　　　　上	89,256,000	89,256,000
84,610,400	84,610,400	51	仕　　　　入		
885,210	885,210	52	販売費及び一般管理費		
151,131,000	273,912,630			273,912,630	151,131,000

精算表

精算表

曙商事　〇年12月31日

勘定科目	残高試算表 借方	残高試算表 貸方	整理記入 借方	整理記入 貸方	損益計算書 借方	損益計算書 貸方	貸借対照表 借方	貸借対照表 貸方
現　　　　金	197,760						197,760	
当 座 預 金	4,337,860						4,337,860	
受 取 手 形	4,783,000						4,783,000	
売 掛 金	1,830,000						1,830,000	
貸 倒 引 当 金		65,400		265,250				330,650
繰 越 商 品	5,335,000		3,625,000	5,335,000			3,625,000	
建　　　　物	15,000,000						15,000,000	
建物減価償却累計額		2,250,000		750,000				3,000,000
備　　　　品	1,100,000						1,100,000	
備品減価償却累計額		412,500		137,500				550,000
土　　　　地	30,000,000						30,000,000	
支 払 手 形		1,555,000						1,555,000
買 掛 金		1,649,000						1,649,000
資 本 金		55,943,100	3,051,770					52,891,330
引 出 金	3,051,770			3,051,770				
売　　　　上		89,256,000				89,256,000		
仕　　　　入	84,610,400		5,335,000	3,625,000	86,320,400			
販売費及び一般管理費	885,210				885,210			
貸倒引当金繰入			265,250		265,250			
減 価 償 却 費			887,500		887,500			
当 期 純 利 益					897,640			897,640
	151,131,000	151,131,000	13,164,520	13,164,520	89,256,000	89,256,000	60,873,620	60,873,620

振替伝票
（決算整理仕訳）

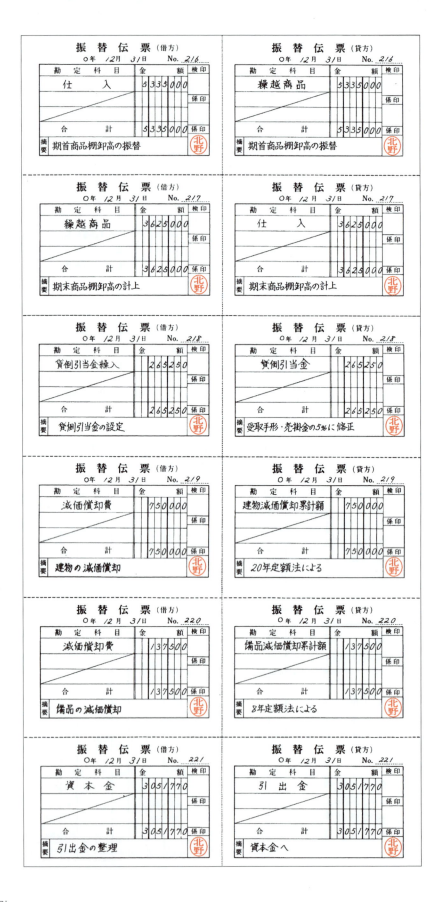

振替伝票
（決算振替仕訳）

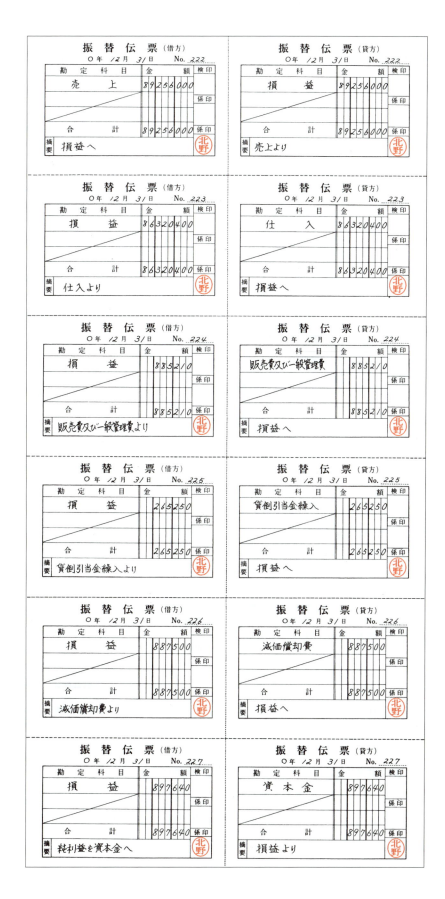

総勘定元帳

現　　金　　　1				当座預金　　　2			
227,330	12/31 仕訳集計表	29,570		3,778,500	12/31 仕訳集計表	3,429,640	
	〃 次期繰越	197,760		12/31 仕訳集計表 3,989,000	〃 次期繰越	4,337,860	
227,330		227,330		7,767,500		7,767,500	

受取手形　　　3				売掛金　　　4			
4,783,000	12/31 次期繰越	4,783,000		3,983,000	12/31 仕訳集計表	3,989,000	
				12/31 仕訳集計表 1,836,000	〃 次期繰越	1,830,000	
				5,819,000		5,819,000	

貸倒引当金　　　5				繰越商品　　　6			
12/31 次期繰越 330,650		65,400		5,335,000	12/31 仕　入	5,335,000	
	12/31 貸倒引当金繰入	265,250		12/31 仕　入 3,625,000	〃 次期繰越	3,625,000	
330,650		330,650		8,960,000		8,960,000	

建　　物　　　7				建物減価償却累計額　　　8			
15,000,000	12/31 次期繰越	15,000,000		12/31 次期繰越 3,000,000		2,250,000	
					12/31 減価償却費	750,000	
				3,000,000		3,000,000	

備　　品　　　9				土　　地　　　11			
1,100,000	12/31 次期繰越	1,100,000		30,000,000	12/31 次期繰越	30,000,000	

備品減価償却累計額　　　10				買掛金　　　22			
12/31 次期繰越 550,000		412,500		12/31 仕訳集計表 3,390,000		1,649,000	
	12/31 減価償却費	137,500		〃 次期繰越 1,649,000	12/31 仕訳集計表	3,390,000	
550,000		550,000		5,039,000		5,039,000	

支払手形　　　21				引出金　　　32			
12/31 次期繰越 1,555,000		1,555,000		3,051,770	12/31 資本金	3,051,770	

資本金　　　31				売　　上　　　41			
12/31 引出金 3,051,770		55,943,100		12/31 損　益 89,256,000		87,420,000	
〃 次期繰越 53,788,970	12/31 損　益	897,640			12/31 仕訳集計表	1,836,000	
56,840,740		56,840,740		89,256,000		89,256,000	

仕　　入　　　51				損　　益　　　61			
81,220,400	12/31 繰越商品	3,625,000		12/31 仕　入 86,320,400	12/31 売　上	89,256,000	
12/31 仕訳集計表 3,390,000	〃 損　益	86,320,400		〃 販売費及び一般管理費 885,210			
〃 繰越商品 5,335,000				〃 貸倒引当金繰入 265,250			
89,945,400		89,945,400		〃 減価償却費 887,500			
				〃 資本金 897,640			
				89,256,000		89,256,000	

販売費及び一般管理費　　　52			
816,000	12/31 損　益	885,210	
12/31 仕訳集計表 69,210			
885,210		885,210	

貸倒引当金繰入　　　53			
12/31 貸倒引当金 265,250	12/31 損　益	265,250	

減価償却費　　　54			
12/31 諸　口 887,500	12/31 損　益	887,500	

補助簿

現 金 出 納 帳　　　1

○年 月日	摘要	収入	支出	残高
12/1	前月繰越	227,330		227,330
18	日の出商店あて発送運賃		18,500	208,830
20	あさひ製造株式会社あて振込手数料		800	208,030
30	12月分水道料金		10,270	197,760
31	次月繰越		197,760	
		227,330	227,330	

当 座 預 金 出 納 帳　　　1
東北銀行西支店

○年 月日	摘要	預金	引出	借/貸	残高
12/1	前月繰越	3,778,500		借	3,778,500
20	あさひ製造株式会社買掛金 HF0552		3,390,000	〃	388,500
28	日の出商店売掛金残高回収	3,989,000		〃	4,377,500
30	12月分ガス料金 HF0553		7,350	〃	4,370,150
〃	12月分電気・電話料金口座振替		32,290	〃	4,337,860
31	次月繰越		4,337,860		
		7,767,500	7,767,500		

●注＞
なお，その他の得意先に前月からの繰り越しが¥1,830,000あり，そのまま次月に繰り越すものとする。

売 掛 金 元 帳　　　1
日の出商店

○年 月日	摘要	借方	貸方	借/貸	残高
12/1	前月繰越	2,153,000		借	2,153,000
18	売り上げ	1,836,000		〃	3,989,000
28	回収		3,989,000		0
		3,989,000	3,989,000		

●注＞
なお，その他の仕入先に前月からの繰り越しが¥1,649,000あり，そのまま次月に繰り越すものとする。

買 掛 金 元 帳　　　1
あさひ製造株式会社

○年 月日	摘要	借方	貸方	借/貸	残高
12/19	仕入れ		3,390,000	貸	3,390,000
20	支払い	3,390,000			0
		3,390,000	3,390,000		

売 上 帳　　　1

○年 月日	摘要	内訳	金額
12/18	日の出商店　　　　　　　　掛け		
	ICレコーダー　ICR3　60台　@¥8,200	492,000	
	小型液晶テレビ　KET5　40台　@¥33,600	1,344,000	1,836,000
31	純売上高		1,836,000

仕 入 帳　　　1

○年 月日	摘要	内訳	金額
12/19	あさひ製造株式会社　　　　　掛け		
	ICレコーダー　ICR3　100台　@¥7,800	780,000	
	BDプレーヤー　BDP7　60台　@¥18,500	1,110,000	
	小型液晶テレビ　KET5　50台　@¥30,000	1,500,000	3,390,000
31	純仕入高		3,390,000

(先入先出法)

商品有高帳

1 (品名) ICレコーダー ICR3　　単位　台

○年月日		摘要	受入			払出			残高		
			数量	単価	金額	数量	単価	金額	数量	単価	金額
12	1	前月繰越	63	6,000	378,000				63	6,000	378,000
	18	日の出商店				60	6,000	360,000	3	6,000	18,000
	19	あさひ製造	100	7,800	780,000				{ 3	6,000	18,000
									100	7,800	780,000
	31	次月繰越				3	6,000	18,000			
						100	7,800	780,000			
			163		1,158,000	163		1,158,000			

2 (品名) BDプレーヤー BDP7　　単位　台

○年月日		摘要	受入			払出			残高		
			数量	単価	金額	数量	単価	金額	数量	単価	金額
12	1	前月繰越	2	17,000	34,000				2	17,000	34,000
	19	あさひ製造	60	18,500	1,110,000				{ 2	17,000	34,000
									60	18,500	1,110,000
	31	次月繰越				{ 2	17,000	34,000			
						60	18,500	1,110,000			
			62		1,144,000	62		1,144,000			

3 (品名) 小型液晶テレビ KET5　　単位　台

○年月日		摘要	受入			払出			残高		
			数量	単価	金額	数量	単価	金額	数量	単価	金額
12	1	前月繰越	46	30,500	1,403,000				46	30,500	1,403,000
	18	日の出商店				40	30,500	1,220,000	6	30,500	183,000
	19	あさひ製造	50	30,000	1,500,000				{ 6	30,500	183,000
									50	30,000	1,500,000
	31	次月繰越				{ 6	30,500	183,000			
						50	30,000	1,500,000			
			96		2,903,000	96		2,903,000			

損益計算書

●注＞ 販売費及び一般管理費については、その内訳を明記して作成した。

損益計算書

曙商事　　○年1月1日から○年12月31日まで (単位：円)

費用	金額	収益	金額
売上原価	86,320,400	売上高	89,256,000
発送費	344,100		
貸倒引当金繰入	265,250		
減価償却費	887,500		
通信費	204,490		
消耗品費	38,400		
水道光熱費	238,420		
租税公課	38,000		
雑費	21,800		
当期純利益	897,640		
	89,256,000		89,256,000

販売費及び一般管理費元帳

○年 月日	摘要	金額	内訳 発送費	通信費	消耗品費	水道光熱費	租税公課	雑費
	累計	816000	325600	185000	38400	208000	38000	21000
12 18	日の出商店あて発送運賃	18500	18500					
20	あさひ製造株式会社振込手数料	800						800
30	水道料金	10270				10270		
〃	ガス・電気・電話料金	39640		19490		20150		
	計	69210	18500	19490		30420		800
	累計	885210	344100	204490	38400	238420	38000	21800

貸借対照表

貸借対照表
曙商事　　○年 12月 31日　　　　（単位：円）

資産		金額	負債および純資産	金額
現金		197760	支払手形	1555000
当座預金		4337860	買掛金	1649000
受取手形	4,783,000		資本金	52891330
貸倒引当金	239,150	4543850	当期純利益	897640
売掛金	1,830,000			
貸倒引当金	91,500	1738500		
商品		3625000		
建物	15,000,000			
減価償却累計額	3,000,000	12000000		
備品	1,100,000			
減価償却累計額	550,000	550000		
土地		30000000		
		56992970		56992970

演習 11

12月31日

○年1月1日の貸借対照表と○年11月30日現在の合計残高試算表（p.34）および演習1〜10で記帳した帳簿により決算をおこなう。

【決算整理事項】

(1) 期末商品棚卸高　　¥15,391,000（演習でおこなった商品を含む）

(2) 貸倒見積高　　受取手形および売掛金の5％（差額補充法）

(3) 減価償却高（定額法・間接法による）

　　〈償却資産〉　〈耐用年数〉　〈残存価額〉
　　建物　　　　20年　　　　零（0）
　　備品　　　　8年　　　　　零（0）

(4) 引出金の整理　　引出金残高を資本金から減らす。

（対外事務）　損益計算書・貸借対照表

（内部事務）　仕訳集計表No.13〜14・試算表・精算表・
　　　　　　　振替伝票No.180〜・総勘定元帳・各種補助簿

第5章 経営分析

1 経営分析の必要性とねらい

　私たちの社会にはいろいろな企業がある。それぞれの企業は，材料を購入し，人を雇い入れ，モノを作って販売したり，仕入れた商品を販売したりして，収益をあげている。これらの活動をくり返しおこなうことにより，企業経営が順調にいくように運営される。この経営活動が順調に推移していれば良いが，損失が生じたりすると企業の存続にも影響する。

　そこで，企業は一定期間を区切りその期間の**決算**をおこなっている。決算では，この期間の**経営成績**がどのようになっているかを知るために，**損益計算書**を，また，決算時の企業の**財政状態**が，どのようになっているのかを知るために**貸借対照表**を作成する。企業経営者は損益計算書や貸借対照表をもとに売上の伸びがどうか，借入の額は正常かなどを調べて経営活動が順調であるかどうかを判断する。このように**財務諸表**の計数を分析して経営活動の評価をすることを**経営分析**という。

　企業の経営者はもちろん，企業で働く従業員やその企業に融資をしている金融機関，取引先，資本を提供している株主などは，企業がどのように経営されているか，業績はどうかなどについてつねに正しい情報を把握しておかねばならない。つまり，これらの財務諸表をもとに経営分析をおこない，その企業の状況を具体的，客観的に把握することが大切である。

2 経営分析の種類と方法

　経営分析の代表的なものとしては，企業が順調に利益をあげているかどうかを分析する**収益性の分析**と，企業が健全な財政状態であるかどうかを分析する**安全性の分析**がある。

❶ 収益性の分析

　企業は利益をあげて成長をはかるので，その利益の程度はどれだけかを知る必要がある。100万円の利益と，200万円の利益とでは，明らかに200万円のほうが収益があるといえる。このように利益の面から分析することを**収益性の分析**という。

❷ 安全性の分析

　貸借対照表は借方が資産，貸方は負債及び純資産で表されている。これを資金という面からみると，貸方は資金の調達を，借方はその資金の運用を表しているとみることができる。資金を固定資産にあまり多く投下すると，運転資金は少なくなり，健全な資金の運用とはいえなくなる。また，借入金が多すぎたり，在庫が多すぎたりすると経営が不安定になり，安全性があるとはいえなくなる。このように企業が健全であるかどうかを分析することを**安全性の分析**という。

3 経営分析の方法

損益計算書，貸借対照表をもとに，具体的な経営分析の方法を学習しよう。なお，ここでは株式会社を前提とした会計処理とする。

　次のような損益計算書と貸借対照表により，いろいろな経営分析をしてみよう。

損益計算書（単位：百万円）	
売上高	1,500
売上原価	1,200
売上総利益	300
販売費及び一般管理費	200
営業利益	100
営業外収益	10
営業外費用	30
経常利益	80
特別利益	0
特別損失	0
当期純利益	80

貸借対照表（単位：百万円）	
Ⅰ 流動資産	
現金預金	200
売上債権	600
棚卸資産	400
その他の流動資産	10
Ⅱ 固定資産	
有形固定資産	500
その他の固定資産	200
資産合計	1,910
Ⅰ 流動負債	500
Ⅱ 固定負債	410
負債合計	910
Ⅰ 資本金	920
Ⅱ 利益剰余金	80
純資産合計	1,000
負債および純資産合計	1,910

1 収益性の分析

ある企業が決算の結果，利益が100万円であるとき，この金額は妥当なものであるかどうかを考えてみる。しかし，この金額だけでは利益が多いのか少ないのかは何ともいえない。そこで，一つの方法としては，その企業の前期の利益と比べて妥当な利益であるかどうかを判断することができる。

また，同じ利益でも資本金の多い企業と少ない企業とでは判断が異なる。このように過去の業績や他の企業との比較をしながら分析するのが収益性の分析であり，次のような方法がある。

①総資本利益率

貸借対照表の貸方は，負債＋純資産で，これを**総資本**という。この総資本に対してどの程度の利益があったかをみるのが**総資本利益率**である。

$$総資本利益率(\%) = \frac{当期純利益}{総資本} \times 100$$

総資本10,000,000円に対して500,000円の利益がある場合，総資本利益率は5％となる。これは，会社が投下している総資本でどの程度の利益をあげたかを示すものである。この比率は高いほどうまく利益をあげていることになる。

[例題の計算]　　総資本利益率　$\dfrac{80}{1,910} \times 100 = 4.1\%$

●注＞
$\dfrac{500,000}{10,000,000} \times 100 = 5$

●注＞
パーセントの小数第2位を切り捨てている（以下，求めるパーセントに端数が生じる場合も同様）。

②自己資本利益率

総資本から負債を引いた資本を**自己資本**という。この自己資本に対して，どの程度の利益があったかを示すものとして**自己資本利益率**がある。

$$自己資本利益率(\%) = \dfrac{当期純利益}{自己資本} \times 100$$

この比率も総資本利益率と同じように高いほうがよい。

[例題の計算]　　自己資本利益率　$\dfrac{80}{1,000} \times 100 = 8\%$

③売上高利益率

売上高に対してどの程度の利益があったかを示すものとして**売上高利益率**があるが，利益には売上高から売上原価を差し引いた**売上総利益**，企業の経常的な利益を表す**経常利益**，さらに**当期純利益**などがあり，それぞれ**売上高総利益率**，**売上高経常利益率**，**売上高純利益率**などの比率が使われる。

$$売上高総利益率(\%) = \dfrac{売上総利益}{売上高} \times 100$$

$$売上高経常利益率(\%) = \dfrac{経常利益}{売上高} \times 100$$

$$売上高純利益率(\%) = \dfrac{当期純利益}{売上高} \times 100$$

売上総利益は**粗利益**ともいわれ，原価80円の商品を100円で売れば，売上高総利益率は20％となる。売上高利益率は高ければ高いほどよいが，たとえば宝石などのように単価の高い商品を扱っている業種の場合と，日用品のように単価の安い商品を扱っている業種の場合とでは大きく異なってくるので，同業種間で比較する場合に有効である。

●注＞
$\dfrac{20}{100} \times 100 = 20$

[例題の計算]　売上高総利益率　$\dfrac{300}{1,500} \times 100 = 20\%$

　　　　　　　売上高経常利益率　$\dfrac{80}{1,500} \times 100 = 5.3\%$

　　　　　　　売上高純利益率　$\dfrac{80}{1,500} \times 100 = 5.3\%$

④ 総資本回転率

企業は資本を投入して利益をあげている。すなわち，資金を元手にして人を雇い，商品を仕入れ，これを得意先に販売し，その代金を回収して利益をあげる。この1サイクルを資本の1回転という。そして，1年間にこのサイクルが何回あるかをみるのが**総資本回転率**である。

$$総資本回転率(回) = \dfrac{売上高}{総資本}$$

同じ資本であれば回転数が多ければ多いほど資本が有効に利用されていることになる。したがって，総資本回転率は高いほうがよい。

● 注＞
回数の小数第3位を切り捨てている（以下，求める回数に端数が生じる場合も同様）。

[例題の計算]　総資本回転率　$\dfrac{1,500}{1,910} = 0.78$回

⑤ 流動資産回転率・固定資産回転率

総資産のなかの流動資産や固定資産に対する回転率をみる方法として，流動資産回転率・固定資産回転率がある。

$$流動資産回転率(回) = \dfrac{売上高}{流動資産}$$

$$固定資産回転率(回) = \dfrac{売上高}{固定資産}$$

● 注＞
$\dfrac{60,000,000}{50,000,000} = 1.2$

流動資産が5,000万円で，売上高が6,000万円であれば流動資産回転率は1.2回となる。この回転率が高ければ高いほど流動資産の回転がよいことになる。

同様に固定資産と売上高との結びつきがうまくいっているかどうかをみるために固定資産回転率が使われる。固定資産回転率も流動資産回転率と同様に高いほど固定資産が効率よく利用されていることになる。

[例題の計算]　流動資産回転率　$\dfrac{1,500}{1,210} = 1.23$回

　　　　　　　固定資産回転率　$\dfrac{1,500}{700} = 2.14$回

⑥商品回転率

流動資産のなかでも特に商品についてその回転率をみるのが**商品回転率**（注）である。

$$商品回転率(回) = \frac{売上高}{商品}$$

●注＞
ここでは期末の棚卸高で計算する。

売上が不振になると在庫が増え、商品回転率を低下させる。売上が*1,000*万円で商品在庫が*100*万円であれば商品回転率は10回となる。

●注＞
$\frac{10,000,000}{1,000,000} = 10$

［例題の計算］　　商品回転率　$\frac{1,500}{400} = 3.75回$

なお、この商品の回転期間を計算すると、

$$\frac{商品(100万円)}{売上高(1,000万円)} \times 365日 = 36.5日$$

となり、この商品の1回転にかかる日数は36.5日であることがわかる。

⑦損益分岐点分析

企業の収益性をみるもう一つの方法として**損益分岐点分析**がある。これは損益がゼロのときの売上高をもとにして、収益性をみる方法である。損益分岐点売上高は、次の計算式で求めることができる。

$$損益分岐点売上高(円) = \frac{固定費}{1 - \frac{変動費}{売上高}}$$

固定費9,600万円、変動費8,000万円、売上高20,000万円の場合、損益分岐点売上高は次のようになる。

$$損益分岐点売上高　\frac{9,600}{1 - \frac{8,000}{20,000}} = 16,000万円$$

損益分岐点はグラフで表すこともできる。これを**損益分岐点図表**といい、売上高、固定費、変動費などをこの図表で表す。縦軸に費用、横軸に売上高をとり、左下から右上に対角線を引く。これに総費用線を引き、その交わる点を**損益分岐点**という。この交点よりも多く売上があれば利益が生じ、少なければ損失となる。上記の例により損益分岐点図表で表すと右の図のようになる（単位：円）。

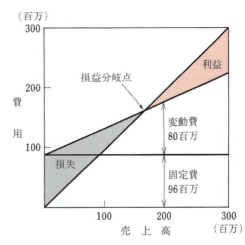

2 安全性の分析

　安全性の分析は企業の資金の運用が健全におこなわれているかどうかの分析である。過剰の在庫を抱えたり，借入金が多すぎたり，また，自己資本が少なすぎた場合には安全性が問題になる。安全性の分析は貸借対照表を中心におこなう。なお，貸借対照表では，資産は流動資産・固定資産・繰延資産に区分され，負債は固定負債・流動負債に分けられる。流動資産は1年以内に現金化できる資産であり，流動負債は1年以内に支払う予定の負債である。

　安全性の分析には，次のようなものがある。

①流動比率

　短期（1年以内）の支払い能力をみる指標として**流動比率**がある。

$$流動比率(\%) = \frac{流動資産}{流動負債} \times 100$$

　流動資産が5,000万円で，流動負債が4,000万円であれば，流動比率は125%となる。流動資産は1年以内に現金化できる資産のことで，現金・受取手形・売掛金などがある。流動負債には支払手形・買掛金などがある。この流動比率が高いほど支払い能力があり安全性が高いことになり，200%以上が望ましい。

　［例題の計算］　　流動比率　$\dfrac{1,210}{500} \times 100 = 242\%$

●注＞
$\dfrac{5,000}{4,000} \times 100 = 125$

②当座比率

　流動資産のうち特に現金化の早い現金預金，受取手形，売掛金などの当座資産により，即時の支払い能力をみる指標が**当座比率**である。この比率も高いほど安全であり，100%以上が望ましい。

$$当座比率(\%) = \frac{当座資産}{流動負債} \times 100$$

　［例題の計算］　　当座比率　$\dfrac{800}{500} \times 100 = 160\%$

③固定長期適合率

　固定資産をどれだけ長期的な資本（固定負債と自己資本）でまかなっているかを示す指標として，**固定長期適合率**がある。

$$固定長期適合率(\%)^{(注)} = \frac{固定資産}{固定負債 + 自己資本} \times 100$$

　固定資産は長期間にわたって収益獲得に貢献する。したがってどれだけ

●注＞
固定長期適合率と同様に，固定比率(%)
＝$\dfrac{固定資産}{自己資本}\times 100$が用いられることもある。この比率は，100%未満であることが望ましい。

長期の資本でまかなっているかはその企業の安全性に大きく関わってくる。長期資本の運用が効率よくおこなわれていれば，この比率は低くなるので，100％未満であれば望ましい状態であるといえる。

［例題の計算］　固定長期適合率　$\dfrac{700}{410+1,000} \times 100 = 49.6\%$

④自己資本比率

自己資本は返済の必要がない。そこで企業は総資本のうち自己資本が多ければ多いほど安全性が高いことになる。この自己資本の状態をみるのが**自己資本比率**である。この比率は高いほど安全であるといえる。

$$自己資本比率(\%) = \dfrac{自己資本}{総資本} \times 100$$

［例題の計算］　自己資本比率　$\dfrac{1,000}{1,910} \times 100 = 52.3\%$

⑤負債比率

負債が多くなれば利息の支払いなども増えてくる。また，借入金は返済しなければならないので資金が必要になる。この負債の状態をみるのが**負債比率**である。この比率は小さいほうが安全であり，100％未満が望ましい。

$$負債比率^{(注)}(\%) = \dfrac{負債}{自己資本} \times 100$$

［例題の計算］　負債比率　$\dfrac{910}{1,000} \times 100 = 91\%$

●注＞
負債比率のかわりに，資本負債比率(％) ＝ $\dfrac{自己資本}{負債} \times 100$ が用いられることもある。この比率は，100％以上であることが望ましい。

次の財務諸表により，(1)各種の比率を求め，(2)この会社の損益分岐点売上高を求めなさい。

損　益　計　算　書　（単位：百万円）

売上高	5,000
売上原価	3,700
売上総利益	1,300
販売費及び一般管理費	800 (注)
営業利益	500
受取利息	20
受取配当金	10
支払利息	15
手形売却損	3
経常利益	512
固定資産売却益	35
固定資産除却損	12
税引前当期純利益	535
法人税等	260
当期純利益	275

貸　借　対　照　表　（単位：百万円）

現金預金	200	支払手形	320
受取手形	300	買掛金	280
売掛金	400	前受金	77
有価証券	60	未払金	66
商品	250	長期借入金	155
消耗品	10	退職給付引当金	22
短期貸付金	30	負債合計	920
建物	250	資本金	725
車両運搬具	120	利益剰余金	275
土地	300	純資産合計	1,000
資産合計	1,920	負債及び純資産合計	1,920

●注＞
販売費及び一般管理費800の内訳（単位：百万円）
　固定費　500
　変動費　300
なお，売上原価はすべて変動費とする。

(1) 各種比率

①　自己資本利益率……　　　　　　　　　％

②　売上高経常利益率…　　　　　　　　　％

③　総資本回転率………　　　　　　　　　回

④　商品回転率…………　　　　　　　　　回

⑤　流動比率……………　　　　　　　　　％

⑥　当座比率……………　　　　　　　　　％

⑦　自己資本比率………　　　　　　　　　％

⑧　負債比率……………　　　　　　　　　％

(2) 損益分岐点売上高……　　　　　　　　円

第Ⅱ編　実践編

第1章　模擬取引の学習

第2章　模擬取引

第3章　機関商業・管理部の業務

第4章　模擬取引・取引事例演習

第1章 模擬取引の学習

▶1 模擬取引の概要

●注▷
ここからは，株式会社を前提とした会計をおこなうものとする。

　第Ⅰ編基礎編では，市場を１つとし，卸売商が生産者（製造業者）から商品を仕入れ，小売商に販売する基本的な取引の手続きについて学習してきた。ここでは，基本取引での学習をもとにして，市場を**東京市場**と**大阪市場**の２つに分け，東京市場の卸売商と大阪市場の卸売商が，それぞれの相手市場の卸売商と商品を売買する取引を模擬的におこなうこととし，売買手続きの手順や文書・帳票等の作成方法について総合的に学習する。

1 模擬取引の特色

●注▷
他市場との売買取引については，仕入・販売という用語を使い，同一市場との売買取引には買い入れ・売り渡しという用語を使い，それぞれを区別している。

　模擬取引における売買取引では，卸売商が生産者より商品を**買い入れ**，相手市場の卸売商に**販売**する。相手市場の卸売商は，**仕入れた**商品を小売商に**売り渡して**取引が完結する。この流れを東京市場，大阪市場それぞれについて図で示すと次のようになる。

1 東京市場の卸売商の売買取引

　東京市場の卸売商は，❶東京市場の生産者から大豆を買い入れ，❷大阪市場の卸売商に販売する。これと並行して，❸大阪市場の卸売商から冷蔵庫を仕入れ，❹東京市場の小売商に売り渡す。

2 大阪市場の卸売商の売買取引

　大阪市場の卸売商は，❶大阪市場の生産者から冷蔵庫を買い入れ，❷東京市場の卸売商に販売する。これと並行して，❸東京市場の卸売商から大豆を仕入れ，❹大阪市場の小売商に売り渡す。

2 市場の構成

模擬取引では，東京市場の卸売商と大阪市場の卸売商が売買取引をおこなうために，**機関商業**（銀行・保険・倉庫・運送会社）や**管理部**を利用することが必要となる。市場の構成全体を図で示すと次のようになる。

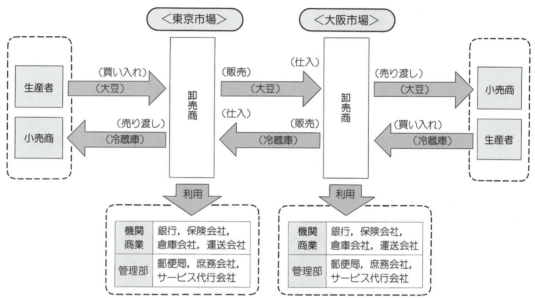

●注＞生産者，小売商は学習の便宜上，管理部に含めて取引を進めることが多い。また，生産者と小売商を合わせて物産会社という場合もある。

3 取扱商品と流通経路

1 取扱商品

模擬取引における取扱商品は，学校の所在する地域の特色を考えて選定されることも多いが，ここでは次の2品目とする。

品　名	銘柄・種類	荷造り	純量	総量	建	取引単位
大　豆	米国・カリフォルニア産	袋（麻袋）	60kg	61kg	1kg	1袋
冷蔵庫	5ドア400ℓ・いつでも氷機能つき	ダンボール	65kg	70kg	1台	1台

2 商品の流通経路

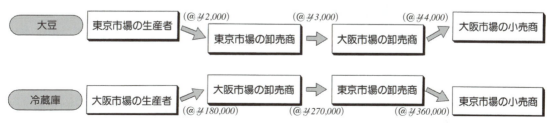

4 卸売商・機関商業・管理部の業務内容

1 卸売商(各2人)

① 企業形態は売買取引のみをおこなう株式会社とし，**社長兼経理係**，**販売兼仕入係**等により業務を分担する。

　(ア) 同一市場の生産者より商品を買い入れ，他市場の卸売商に販売する。

　(イ) 他市場の卸売商より商品を仕入れ，同一市場の小売商に売り渡す。

② 仕入れた商品は倉庫会社に預ける。

③ 他市場に販売する商品は，運送会社に依頼して発送する。このとき，商品に運送保険をかける。

④ 商品売買に先だって利益計画・販売計画・仕入計画・資金計画などの各種の計画表を作成する。

2 機関商業(8人)

① 銀行(2人)

　(ア) 預金，貸出，為替の業務をおこなう株式会社とし，**預金係**，**貸出・為替係**等により業務を分担する。

　(イ) 同一市場の卸売商，保険会社，倉庫会社，運送会社の申し込みにより，当座勘定の開設，当座貸越契約，預金の受け入れ・払い戻し，手形の割引，当座振込，手形代金の取り立て等の業務をおこなう。

② 保険会社(2人)

　(ア) 火災保険・運送保険の業務をおこなう株式会社とし，**営業係**，**証券係**等により業務を分担する。

　(イ) 同一市場の卸売商からの申し込みにより，運送会社が運送中の商品について運送保険契約をする。

　(ウ) 同一市場の卸売商等の申し込みにより，建物・備品等について，火災保険契約をおこなう。

③ 倉庫会社(2人)

　(ア) 貨物の保管と貨物の入・出庫の業務をおこなう株式会社とし，**入庫係**，**出庫係**等により業務を分担する。

　(イ) 卸売商から寄記された商品の保管，それにともなう入・出庫をおこなう。

④ 運送会社(2人)

　(ア) 自動車運送の業務をおこなう株式会社とし，**発送係**，**到着係**等に

より業務を分担する。

　(イ)　卸売商より依頼を受け，商品を他市場の倉庫に送りとどける。

3　管理部(3人)………窓口業務のみをおこなう

その他の業務をまとめておこなうために**管理部**を設置する。なお，管理部に保険会社の業務を含めることもある。

① **生産者(小売商を兼ねて1人)**
　(ア)　東京市場の生産者は大豆をアメリカから輸入し，東京市場の卸売商へ売り渡す。
　(イ)　大阪市場の生産者は電気冷蔵庫を生産し，大阪市場の卸売商へ売り渡す。

② **小売商(生産者を兼ねて1人)**
　(ア)　東京市場の小売商は，大阪市場で生産・販売された電気冷蔵庫を，東京市場の卸売商より買い入れる。
　(イ)　大阪市場の小売商は，東京市場で生産・販売された大豆を，大阪市場の卸売商より買い入れる。

③ **郵便局(庶務会社を兼ねて1人)**
　(ア)　同一市場の卸売商等から投函された郵便物を，他市場の郵便局まで輸送する。
　(イ)　切手，印紙類の販売をする。
　(ウ)　他市場から郵送されてきた郵便物を配達する。

④ **庶務会社(郵便局を兼ねて1人)**
　(ア)　各種事務用品を販売する。
　(イ)　広告・宣伝の業務をおこなう。
　(ウ)　市場調査等の業務をおこなう。
　(エ)　印刷物を作成する。

⑤ **サービス代行会社(1人)**
　(ア)　卸売商が従業員に支払う給料の徴収を代行する。
　(イ)　卸売商が電話会社に支払う電話料金の徴収を代行する。
　(ウ)　卸売商が支払う水道光熱費(電気・ガス・水道)の徴収を代行する。

5 業務分担一覧と所在地

東京市場，大阪市場をそれぞれ35人（2クラス合併で計70人）として人員を配置する。

(1)卸売商12社①～⑫ ········社長兼経理係，販売兼仕入係（各2人）	
卸売商①・株式会社銀座商事 　代表取締役社長　北野武史 　〒104-0061　東京都中央区銀座1-1 　　　☎03（3939）0594	卸売商①・株式会社難波商事 　代表取締役社長　赤井和英 　〒542-0076　大阪市中央区難波1-1 　　　☎06（6728）1212
卸売商②・株式会社品川商事 　〒104-0061　東京都中央区銀座1-2 　　　☎03（3939）0595	卸売商②・株式会社浪速商事 　〒542-0076　大阪市中央区難波1-2 　　　☎06（6728）1213
〳	〳
卸売商⑫・株式会社文京商事 　〒104-0061　東京都中央区銀座1-12 　　　☎03（3939）0605	卸売商⑫・株式会社淀川商事 　〒542-0076　大阪市中央区難波1-12 　　　☎06（6728）1223
(2)機関商業········①銀行，②保険会社，③倉庫会社，④運送会社	
①銀行········預金係，貸出・為替係（2人）	
株式会社日本橋銀行本店 　〒103-0027　東京都中央区日本橋2-1 　　　☎03（3939）0810	株式会社道頓堀銀行本店 　〒542-0071　大阪市中央区道頓堀2-1 　　　☎06（6728）1313
②保険会社········営業係，証券係（2人）	
株式会社八重洲火災 　〒104-0028　東京都中央区八重洲3-1 　　　☎03（3939）0954	株式会社千日前火災 　〒542-0074　大阪市中央区千日前3-1 　　　☎06（6728）1414
③倉庫会社········入庫係，出庫係（2人）	
株式会社八丁堀倉庫 　〒104-0032　東京都中央区八丁堀4-1 　　　☎03（3939）1134	株式会社南船場倉庫 　〒542-0081　大阪市中央区南船場4-1 　　　☎06（6728）1515
④運送会社········発送係，到着係（2人）	
株式会社月島運輸 　〒104-0052　東京都中央区月島5-1 　　　☎03（3939）1242	株式会社北浜運輸 　〒541-0041　大阪市中央区北浜5-1 　　　☎06（6728）1616
(3)管理部········①生産者，②小売商，③郵便局，④庶務会社，⑤サービス代行会社	
東京管理部代表電話　☎03（3939）1422	大阪管理部代表電話　☎06（6728）1717
①生産者········生産した商品の売り渡し（小売商を兼ねて1人）	
JA築地支店　　　　　　　　　　　　　　内線1番 　支店長　朝日十郎 　〒104-0045　東京都中央区築地6-1東京管理部ビル1F	株式会社高津電器産業　　　　　　　　　内線1番 　代表取締役社長　松下幸助 　〒542-0072　大阪市中央区高津6-1大阪管理部ビル1F
②小売商········商品の買い入れ（生産者を兼ねて1人）	
築地電機商店　　　　　　　　　　　　　内線2番 　〒104-0045　東京都中央区築地6-1東京管理部ビル2F	高津食料商店　　　　　　　　　　　　　内線2番 　〒542-0072　大阪市中央区高津6-1大阪管理部ビル2F
③郵便局········切手・収入印紙の販売，郵便物の配達（庶務会社を兼ねて1人）	
築地郵便局　　　　　　　　　　　　　　内線3番 　〒104-0045　東京都中央区築地6-1東京管理部ビル3F	高津郵便局　　　　　　　　　　　　　　内線3番 　〒542-0072　大阪市中央区高津6-1大阪管理部ビル3F
④庶務会社········事務用品販売，広告・宣伝，市場調査，印刷（郵便局を兼ねて1人）	
株式会社築地庶務　　　　　　　　　　　内線4番 　〒104-0045　東京都中央区築地6-1東京管理部ビル4F	株式会社高津庶務　　　　　　　　　　　内線4番 　〒542-0072　大阪市中央区高津6-1大阪管理部ビル4F
⑤サービス代行会社········給料徴収，電話料金徴収，水道光熱費徴収（1人）	
株式会社築地サービス代行　　　　　　　内線5番 　〒104-0045　東京都中央区築地6-1東京管理部ビル5F	株式会社高津サービス代行　　　　　　　内線5番 　〒542-0072　大阪市中央区高津6-1大阪管理部ビル5F

6 総合実践室の配置の一例

先生2／先生3

【東京卸売商部・24人】

[東京市場]

卸売商❿(2)	卸売商❼(2)		卸売商❹(2)	卸売商❶(2)
荒川商事	大田商事		渋谷商事	銀座商事

卸売商⓫(2)	卸売商❽(2)		卸売商❺(2)	卸売商❷(2)
江東商事	墨田商事		新宿商事	品川商事

卸売商⓬(2)	卸売商❾(2)		卸売商❻(2)	卸売商❸(2)
文京商事	台東商事		豊島商事	目黒商事

【東京機関商業部・8人】　【東京管理部・3人】

運送会社(2)	倉庫会社(2)	保険会社(2)	銀　行(2)	東京管理部(3)
月島運輸	八丁堀倉庫	八重洲火災	日本橋銀行本店	❶JA築地(生産者) ❷築地電機(小売商) ❸築地郵便局 ❹築地庶務 ❺築地サービス代行

大阪管理部(3)

❶高津電器(生産者)
❷高津食料(小売商)
❸高津郵便局
❹高津庶務
❺高津サービス代行

運送会社(2)	倉庫会社(2)	保険会社(2)	銀　行(2)
北浜運輸	南船場倉庫	千日前火災	道頓堀銀行本店

【大阪機関商業部・8人】　【大阪管理部・3人】

先生1

[大阪市場]

卸売商⓬(2)	卸売商❾(2)		卸売商❻(2)	卸売商❸(2)
淀川商事	城東商事		西成商事	天王商事

卸売商⓫(2)	卸売商❽(2)		卸売商❺(2)	卸売商❷(2)
安倍商事	此花商事		生野商事	浪速商事

卸売商❿(2)	卸売商❼(2)		卸売商❹(2)	卸売商❶(2)
住吉商事	福島商事		大正商事	難波商事

【大阪卸売商部・24人】

先生4／先生5

1. 模擬取引の概要　85

7 取引全体に関する諸規定

(1) 授業への欠席等により取引の進行が遅れるなどの迷惑を取引相手にかけることがないように誠意をもって意欲的に取り組む。
(2) 取引は，口頭・文書または電話によりおこなう。
(3) 言葉はていねいに，文書は正しく・美しく，計算は正確におこなう。
(4) 作成した書類は，すべて検印を受け，学習進度表にも捺印を受ける。
(5) 設立手続きは，すでに終了していることとする。
(6) 所有する備品などには，火災保険をかける。
(7) 実践日ごとに，仕事の計画をたて，取引内容・反省・感想などを営業日誌に記入する。
(8) 指示された諸経費を毎月，月末に管理部に支払う。
(9) 毎月末に試算表を作成する。
(10) 事業年度末に決算をおこなうとともに，経営分析や自らたてた経営計画との比較もおこなう。学習結果を自己評価し，改善に生かす。

8 営業日誌の例

卸売商の例

営業日誌		月 日( )天候	
会社名		記入者	
取引事項 指示伝達事項			
学習内容			
自己評価	全員で能率的な作業ができたか 書類は正確に作成できたか 作業や学習の内容が理解できたか 本時の目標は達成できたか	はい わから いいえ ない 1 2 3 1 2 3 1 2 3 1 2 3	
反省・感想			
次回の予定			
欠席者氏名		社内確認印	検印

個人の例

営業日誌		年 組 番 名 前
会社名		
日 時	年 月 日 曜日 天候	
取引事項 指示伝達事項		
学習内容		
反省・感想		
次回の予定		
備 考		検印

❾ 学習進度表(検印表)の例

【学習進度表】

年度　　　期　　　株式会社　　商事　　　組　番　氏名

内　　容	第1回	第2回	第3回
①②［開始業務と経営計画］			
1. 期首貸借対照表の作成と帳簿設定			
2. 当座取引の開始			
3. 火災保険契約			
4. 消耗品の購入と受信簿・発信簿			
5. 広告と開店披露			
6. 経営計画			
③［売買業務(その1)…販売取引］			
7. 生産者からの商品の買い入れ			
8. 商品の保管			
9. 他市場への商品の販売			
10. 販売した商品の代金回収			

内　　容	第1回	第2回	第3回
④［売買業務(その2)…仕入取引］			
11. 他市場からの商品の仕入			
12. 仕入れた商品の代金支払い			
13. 小売商への商品の売り渡し			
14. 倉庫料金の支払い			
⑤［月末業務］			
15. 会計処理			
⑥［期末業務］(決算)			
16. 合計残高試算表の作成			
17. 棚卸表の作成			
18. 決算整理仕訳と精算表の作成			
19. 各帳簿の締め切り			
20. 損益計算書の作成			
21. 貸借対照表の作成			
22. 経営分析			

第2章 模擬取引

▶1 開始業務

　企業が会社を設立し営業を開始するにあたっては、資金の調達、施設・設備の購入、社員の採用、金融機関との取引、登録手続きなどさまざまな開始業務が必要となる。ここでは、期首貸借対照表の作成、帳簿組織の整備、当座取引の開始、火災保険の申し込みなどの手続きについて学習しよう。

1 期首貸借対照表の作成

　営業開始にあたっては、開始時の財政状態を明らかにする必要がある。そのために、**期首貸借対照表**を作成する。

伝 入金伝票，振替伝票

書 期首貸借対照表

例題 1-1　4/1　株式会社銀座商事（発行可能株式総数1,600株　1株あたりの払込金額￥50,000　発行済株数400株）は、次の財政状態で開業するものとする。開始仕訳をおこない、期首貸借対照表を作成しなさい。

（現　金）　12,500,000　（建　物）　6,000,000　（備　品）　1,500,000
（資本金）　20,000,000

期　首　貸　借　対　照　表

株式会社銀座商事　　　　　　　　〇年4月1日　　　　　　　　（単位：円）

資　　産	金　　額	負債および純資産	金　　額
現　　金	12,500,000	資　本　金	20,000,000
建　　物	6,000,000		
備　　品	1,500,000		
	20,000,000		20,000,000

演習 1-1　4/1　株式会社難波商事（発行可能株式総数1,800株　1株あたりの払込金額￥50,000　発行済株数450株）は、次の財政状態で開業するものとする。開始仕訳をおこない、期首貸借対照表を作成しなさい。

（現　金）　13,000,000　　（建　物）　8,000,000　　（備　品）　1,500,000
（資本金）　22,500,000

2 帳簿組織と勘定科目

　卸売商は企業規模や業務組織などに応じて，最適な**帳簿組織**と**勘定科目**を設定することが大切である。本書で用いる卸売商の帳簿組織と勘定科目は，次のとおりとする。

1 帳簿組織（3伝票制）

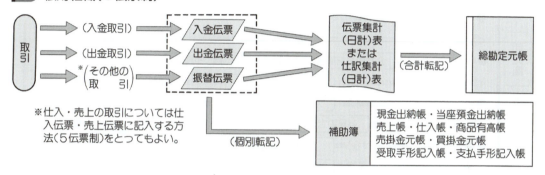

2 勘定科目

勘定科目	勘定科目	勘定科目	勘定科目
現　金	支払手形	売　上	広告料
当座預金	買掛金		支払手数料
受取手形	未払倉庫料	仕　入	水道光熱費
売掛金	貸倒引当金	給　料	減価償却費
繰越商品		運送料（注）	貸倒引当金繰入
前払保険料	資本金	倉庫料	消耗品費
建　物	繰越利益剰余金	通信費	雑　費
備　品		租税公課	
減価償却累計額		保険料	損　益

●注＞
運送料のかわりに発送費勘定を用いてもよい。

例題 1-2　4/1　銀座商事の期首貸借対照表により，総勘定元帳や現金出納帳などの各種帳簿の設定と開始記入をしなさい。

主｜総勘定元帳
補｜現金出納帳など

現金出納帳

現　金　出　納　帳

1

○年 月日	摘　　要	収　入	支　出	残　高
4 / 1	出資開業（開始記入）	12,500,000		12,500,000

1．開始業務

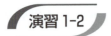
4/1 難波商事の期首貸借対照表により，総勘定元帳や現金出納帳などの各種帳簿の設定と開始記入をしなさい。

3 銀行との当座取引の開始

売買取引にともなって，発生する代金の受け払いや，諸経費の支払いにそなえて，銀行と当座取引契約をして，**当座取引**を開始する。

■当座取引の開設

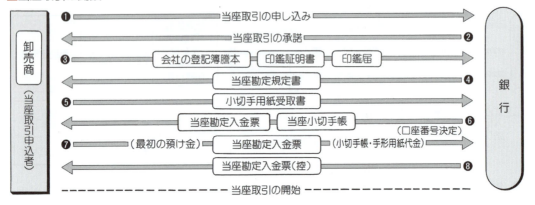

●手続きの説明●

❶ 銀行に，当座取引の開設を口頭で申し込む。
❷ 銀行の承諾を受ける。
❸ **印鑑届**に必要事項を記入・押印し，銀行に提出する。
●注＞実務では，会社の**登記簿謄本**と**印鑑証明書**が必要だが，授業では省略してよい。
❹ 銀行から**当座勘定規定書**を受け取り，開設の契約をする。
❺ **小切手用紙受取書**に，氏名などの必要事項を記入・押印して提出する。
❻ 当座勘定入金票と口座番号記入ずみの**当座小切手帳**を受け取る。
❼ **当座勘定入金票**に預金額や日付・口座番号・氏名などの必要事項を記入し，預け金を添えて提出する。また，小切手帳代金￥400と手形用紙代金￥20も同時に支払う。
❽ 銀行から，入金ずみの出納印を押した当座勘定入金票(控)を受け取る。

以後，現金や受取小切手などを当座預金に預け入れる場合は，**当座勘定入金票・同控え**に預金額・口座番号・氏名などの必要事項を記入して提出する。

また，小切手を振り出す場合には，当座預金の現在高を確認し，不渡小切手にならないようにするとともに，**線引小切手**にするなど事故防止の配慮も必要である。

例題1-3　4/2　銀座商事(代表取締役社長　北野武史)は、日本橋銀行本店と当座取引を開始し、現金￥10,980,000を預け入れた。なお、小切手帳の代金￥400と約束手形用紙2枚(No.G1001, G1002)の代金￥20は現金で支払い、口座番号は「4282194(よつやにいくよ)」と決定の通知を受けた。

伝　出金伝票

補　当座預金出納帳、現金出納帳

書　印鑑届、当座勘定入金票、小切手・手形用紙受取書

仕　訳　(借)当座預金　10,980,000　(貸)現　金　10,980,000
　　　　　　　雑　費　　　　　420　　　　現　金　　　　420

当座預金出納帳

○年		摘　　要	預　入	引　出	借/貸	残　高
月	日					
4	2	現金預け入れ	10 980 000		借	10 980 000

当座預金出納帳　日本橋銀行本店　1

印鑑届・当座勘定入金票・小切手手形用紙受取書の例

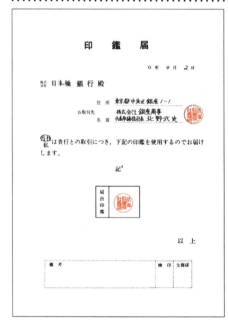

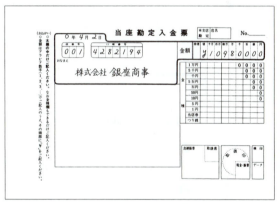

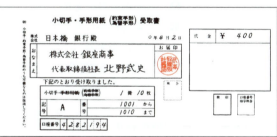

● 注1＞実務では、1冊50枚つづりであるが、ここでは10枚とした。
● 注2＞難波商事の小切手番号はNo.B2001～B2010とする。

演習1-3　4/2　難波商事(代表取締役社長　赤井和英)は、道頓堀銀行本店と当座取引を開始し、現金￥12,480,000を預け入れた。なお、小切手帳の代金￥400と約束手形用紙2枚(No.N2001, N2002)の代金￥20は現金で支払い、口座番号は「7284141(なにわよいよい)」と決定の通知を受けた。

❹ 火災保険の契約

万一の災害や事故に備えて，建物や備品について**保険**をかけることにする。

■火災保険の契約手続き

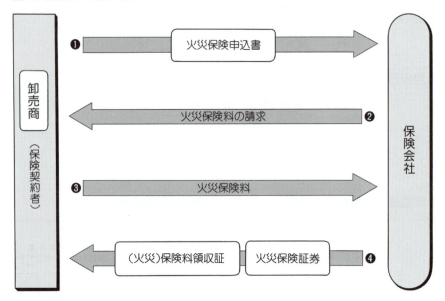

● 手続きの説明 ●

❶ **火災保険申込書**に必要事項を記入・押印して，保険会社またはその代理店に提出する（申込書の控えを渡された場合は，大切に保管する）。
❷ 保険会社から火災保険料の請求をうける。
❸ 火災保険料を支払う。
❹ 保険会社から**火災保険料領収証・火災保険証券**を受け取る。保険証券は，大切に保管する。

●注＞実務では保険証券は，後日送付されるので，それまでの証拠として領収証を大切に保管する必要がある。

伝｜振替伝票

補｜当座預金出納帳

書｜小切手，
　　火災保険申込書

→p.156参照

例題1-4　4／5　銀座商事は，八重洲火災と火災保険契約を結び，建物に¥6,000,000　備品に¥1,500,000の保険をかけ，保険料1か年分¥3,000を小切手で支払った。

仕　訳　（借）保　険　料　3,000　（貸）当座預金　3,000

●注＞本書では便宜上，¥1,000を超える支払いのときは小切手を用い，¥1,000以下のときは現金で支払うものとする。

小切手の例

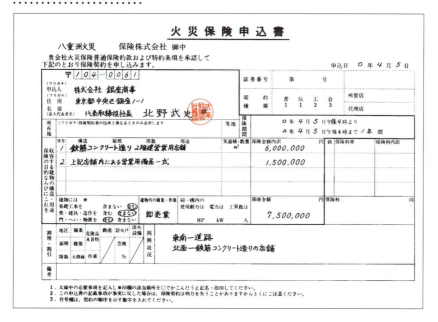

火災保険申込書の例

記入上の注意

① 事実を正確に記入する。
② 保険をつける対象物を**保険の目的**という。
③ 保険金額は，保険の目的の時価の範囲内で決める。
④ 保険期間は，短期の場合は１年であるから，申込日の午後４時から，翌年の相当日の午後４時までとなる。
⑤ 同じ保険の目的に，他の保険会社と火災保険契約を結んでいる場合には，保険会社に必ずそのむねを申し出る。

演習 1-4 4/5 難波商事は，千日前火災と火災保険契約を結び，建物に¥8,000,000 備品に¥1,500,000の保険をかけ，保険料１か年分¥3,740を小切手で支払った。

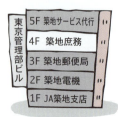

❺ 消耗品の購入

営業を開始するにあたって，当座必要となる消耗品を購入する。

伝 振替伝票

補 当座預金出納帳

書 小切手

例題1-5 4/5　銀座商事は，営業開始に必要となる消耗品 ¥10,000を築地庶務(東京管理部)より購入し，代金は小切手を振り出して支払った。

仕　訳　(借)消耗品費　10,000　　(貸)当座預金　10,000

演習1-5 4/5　難波商事は，営業開始に必要となる消耗品 ¥10,000を高津庶務(大阪管理部)より購入し，代金は小切手で支払った。

❻ 受信簿・発信簿の作成

文書の受発信の記録を記す**受信簿・発信簿**を第Ⅰ編第3章ビジネス文書の作成(p.28～29)を参考に作成する。

書 受信簿，発信簿

例題1-6 4/5　銀座商事では文書の受発信の記録を残すために，受信簿・発信簿を作成した。

受信簿の例

発信簿の例

演習1-6 4/5　難波商事では文書の受発信の記録を残すために，受信簿・発信簿を作成した。

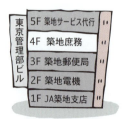

❼ 広告と開店披露

営業開始の準備が整ったら，テレビ・新聞などの広告媒体を使って開店の広告をしたり，開店披露状を取引先に郵送し取引を依頼したりする。

例題 1-7　4/6　銀座商事は，新聞に載せる開店広告の広告料¥200,000を築地庶務（東京管理部）に小切手を振り出して支払った。

仕 訳　（借）広 告 料　200,000　（貸）当座預金　200,000

例題 1-8　4/7　銀座商事は，難波商事他数社に取引依頼のために開店披露状を郵送した。その際，封筒10枚¥200，郵便切手10枚¥1,100を築地郵便局（東京管理部）より現金で購入した。

仕 訳　（借）消耗品費　　200　（貸）現　　金　　200
　　　　　　　通 信 費　1,100　　　　現　　金　1,100

伝 | 振替伝票
補 | 当座預金出納帳
書 | 小切手

伝 | 出金伝票
補 | 現金出納帳
書 | 開店披露状，封筒，発信簿

開店披露状の例（A4・1行30字・1ページ27行）

```
                                    営発第００１号
                                    ○年４月７日
株式会社難波商事
    代表取締役社長　赤井和英　様

                        東京都中央区銀座１－１
                            株式会社銀座商事
                            代表取締役社長　北野武史

                  開 業 の お 知 ら せ
拝啓　貴社ますますご発展のこととお喜び申し上げます。
    さて、弊社はかねてより開業の準備を進めてまいりましたが、こ
のたびようやく準備が完了し、来る４月１５日より営業を開始する
運びとなりました。弊社は、同封の製品カタログにもありますよう
に、大豆・精糖をはじめとして数多くの商品の卸売を手掛ける予定
になっております。
    つきましては、誠心誠意で真心のサービスを社訓として、日々営
業活動に邁進する所存でございますので、何卒お取引を願えますよ
うお願い申し上げます。
    まずは、開業のお知らせまで。               敬　具

    同封物　　製品カタログ１通
                                            以　　上

                            担当：販売課　伊集院
                            ☎03-3939-0594(代)
```

例題 1-9　4/9　銀座商事は，難波商事から開店披露状を受けとった。

書 | 受信簿

演習 1-7　4/6　難波商事は，新聞に載せる開店広告の広告料¥200,000を高津庶務（大阪管理部）に小切手を振り出して支払った。

演習 1-8　4/7　難波商事は，銀座商事他数社に取引依頼のために開店披露状を郵送した。その際，封筒10枚¥200，郵便切手10枚¥1,100を高津郵便局（大阪管理部）より現金で購入した。

演習 1-9　4/9　難波商事は，銀座商事から開店披露状を受け取った。

2 経営計画

　経営計画は，企業の経営活動の方向とよりどころを示すもので，営業年度当初に作成される。企業の規模拡大と経営活動の多様化にともない，その内容は多岐に渡っているが，計画のよしあし，経営戦略のよしあしが企業経営の重要なポイントになる。ここでは，**利益計画・販売計画・仕入計画・資金計画**の作成手続きについて学習しよう。

① 利益計画

　利益計画は，自社や同業他社の前年度実績などを参考にして，年度当初に作成するものである。

【利益計画作成の手順】

① 総資本の何％を年間の**目標利益**とするか（総資本利益率）を決める。
② 年間売上高の何％を年間利益とすることができるか（売上高純利益率）を検討し，目標利益を達成するために，**必要な売上高**を決定する。

例題2-1　4/10　銀座商事は，次の条件で利益計画を作成することにした。目標利益と必要な売上高を求めなさい。

総資本　¥20,000,000　総資本利益率　10%　売上高純利益率　5%

〔解答〕① 目標利益＝総資本×総資本利益率
　　　　　　　　　＝20,000,000×0.1＝2,000,000

$$総資本利益率 = \frac{純利益}{総資本} \times 100$$
$$売上高純利益率 = \frac{純利益}{売上高} \times 100$$

　　　　② 必要売上高＝目標利益÷売上高純利益率
　　　　　　　　　　＝2,000,000÷0.05＝40,000,000

　∴年間の目標利益を¥2,000,000とすると，必要な売上高は¥40,000,000となる。

演習2-1　4/10　難波商事は，次の条件で利益計画を作成することにした。目標利益と必要な売上高を求めなさい。

総資本　¥22,500,000　総資本利益率　10%　売上高純利益率　5%

② 販売計画

　販売計画は，先の利益計画にもとづき，取扱商品，販売数量，販売価格，販売先，販売方法などについて月別・商品別に分けて計画するものである。

例題2-2　4/11　銀座商事は，利益計画によって求められた必要売上高¥40,000,000を月別に割りふることにした。月別販売計画表を作成しなさい。

販売計画表の例

（品名）大豆　　　　　　　　　　〇年度月別販売計画表（No.1）　　　　　　　　株式会社銀座商事

	4月	5月		3月	合　計
目　標　額	4,500,000	3,500,000		3,000,000	40,000,000
販　売　実　績					
前　年　比（％）					
前　年　実　績	3,600,000	3,200,000		2,800,000	36,000,000

演習2-2　4/11　難波商事は，利益計画によって求められた必要な売上高を月別に割りふることにした。月別販売計画表を作成しなさい。

3 仕入計画

　仕入計画は，すでに作成した利益計画・販売計画にもとづいて仕入商品，仕入数量，仕入価格，仕入期日，仕入先，仕入方法などを月別・商品別などに分けて計画するものである。

例題2-3　4/12　銀座商事は，利益計画によって求められた必要売上高￥40,000,000を利幅率20％で仕入れることとし，販売計画とも関連させて月別に割りふることにした。月別仕入計画表を作成しなさい。

仕入目標額＝必要売上高×（1－利幅率）
　　　　　＝40,000,000×（1－0.2）＝32,000,000

●注＞
期首，期末とも在庫はないものとする。利幅率は値入率ともいう。

仕入計画表の例

（品名）大豆　　　　　　　　　　〇年度月別仕入計画表（No.1）　　　　　　　　株式会社銀座商事

	4月	5月		3月	合　計
目　標　額	3,600,000	2,800,000		2,400,000	32,000,000
仕　入　実　績					
前　年　比（％）					
前　年　実　績	2,900,000	2,600,000		2,300,000	27,000,000

演習2-3　4/11　難波商事は，利益計画によって求められた必要な売上高を利幅率20％で仕入れることとし，販売計画とも関連させて月別に割りふることにした。月別仕入計画表を作成しなさい。

❹ 資金計画

資金計画は，企業の売買活動にあたって，どのように資金を調達し，いかにして資金を運用し，どの程度の資金を手持ちにするかを計画することである。資金計画を設定するためには，**資金繰表**や**資金運用表**などが利用される。

1 資金繰表の作成

将来の一定期間における現金・預金の収入と支出を予定して，収支の調節をはかるために作成する表を**資金繰表**という。

■ 資金繰表の例

株式会社 銀座商事　　資　金　繰　表　　〇年 4月 /日作成

月	4月		5月	
項目	予定	実績	予定	実績
前月繰越金(A)	0			
収入　現金売上	1,300,000			
売掛金回収	1,200,000			
受取手形期日到来	400,000			
収入合計(B)	2,900,000			
支出　現金仕入	1,200,000			
買掛金支払	900,000			
支払手形期日到来	200,000			
給料	110,000			
販売費及び一般管理費	170,000			
支出合計(C)	2,580,000			
差引収支過不足(A+B-C)	320,000			
調達　借入金				
手形割引				
その他				
合計				
運用　借入金返済	100,000			
定期預金など	50,000			
備品購入	100,000			
合計	250,000			
翌月繰越金	70,000			

● 資金繰表の作成手順 ●

① 手持資金の確認

　現金預金の前月の「翌月繰越高」をそのまま記入する。

② 収入の見込み

　現　金　売　上 ⎫
　売　掛　金　回　収 ⎭
　上記は実績で予測する。

　受取手形期日到来 ⎫
　手　形　割　引　高 ⎭
　上記は帳簿残高で求める。

　臨　時　収　入 ⎫
　利益計画から見積もる。

③ 支出の見込み

　現　金　仕　入 ⎫
　給　　　　料 ⎬
　販売費及び一般管理費 ⎭
　上記は実績で予測する。

　買　掛　金　支　払 ⎫
　支払手形期日到来 ⎬
　借入金・その他 ⎭
　上記は帳簿残高で求める。

2 資金運用表の作成

　一定期間における企業の運転資金を源泉と使途に区分して示す表を**資金運用表**という。

資金運用表の例

```
　　　　　　　資　金　運　用　表
１．資金の源泉
　①　見 積 当 期 利 益　　　800
　②　減 価 償 却 費　　　　 20
　③　新 株 発 行　　　　　　 0
　④　社 債 発 行　　　　　　 0
　⑤　借 入 金　　　　　　 200
　⑥　固定資産の処分　　　　 0　　1,020
２．資金の運用
　⑦　法 人 税　　　　　　 300
　⑧　配 当 金　　　　　　 200
　⑨　固 定 資 産 購 入　　 100
　⑩　借 入 金 返 済　　　 100
　⑪　社 債 償 還　　　　　　 0　　 700
　　(ｱ)　差引正味運転資金の増加(減少)　 320
３．正味運転資金の増加(減少)の原因
　⑫　流動資産の増加
　　　現 金　　　　100
　　　売 掛 金　　　350
　　　有価証券　　　 50　　500
　⑬　流動負債の減少
　　　支払手形　　　200
　　　未 払 金　　　260　　460　　960
　⑭　流動資産の減少
　　　受取手形　　　240
　　　商 品　　　　 60　　300
　⑮　流動負債の増加
　　　買 掛 金　　　240
　　　借 入 金　　　100　　340　　640
　　(ｲ)　差引正味運転資金の増加(減少)　 320
```

記入上の注意

1. 資金の源泉
   ①　利益計画や実績から判断する。
   ②　固定資産台帳から求める。
   ③・④　増資・社債発行の計画がある場合に記入する。
   ⑤　借入金による資金調達の場合に記入する。
   ⑥　遊休・不要の固定資産を，処分して資金調達する場合に記入する。

2. 資金の運用
   ⑦・⑧　前年度実績から判断して，予定されている法人税，経営責任としての配当金の必要額を記入する。
   ⑨　設備投資などでの固定資産の購入計画によって記入する。
   ⑩　借入金の返済予定額を記入する。
   ⑪　社債の償還予定額を記入する。

3. 正味運転資金の明細
   ⑫・⑬・⑭・⑮　利益計画と資金繰表から判断して記入する。
   (ｲ)＝(⑫＋⑬)−(⑭＋⑮)＝(ｱ)

3 売買業務(その1)

●注＞
本節では，第4節「売買業務(その2)」と同時進行の取引を想定して日付を設定している。

1 生産者からの商品の買い入れ

　卸売商(売り手)は，買い手との売買活動(販売活動)をおこなうまえに，まえもって，地元の生産者から商品を買い入れておく必要がある。その手続きは，次のような順序でおこなう。

●注＞実務では商品の買い入れにあたって，見積書を取りよせるなどの手続きをおこなうが，ここでは，これらの手続きは省略し，売買契約書により買い入れをおこなうものとする。

■生産者からの商品買い入れ手続き

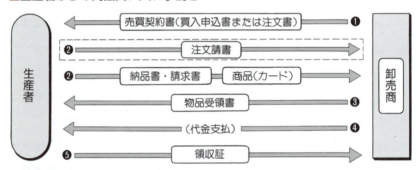

● 手続きの説明 ●

❶　**売買契約書**は，正副2通を作成し，割印を押す(次回の取引からは**買入申込書または注文書**〔注文請書つき〕によっておこなってもよい)。
❷　商品は，売買契約書の控えや納品書と照合して受け取る。
❹　商品代金は，売買契約書に記載した支払条件によって，小切手や約束手形などで支払う。

1 売買契約書の作成

　大量の商品を売買するときや，契約から受け渡しまでの期間が長期にわたる場合などには，**売買契約書**が作成される。

例題3-1　4/20　銀座商事は，大豆の生産者であるJA築地支店(東京管理部)と売買契約を結び，売買契約書を作成し，商品を買い入れることにした。

大豆(米国産，1袋60kg・総量61kg)　1,600袋　@￥2,000
受渡期限：4月30日　受渡場所：買い主店頭　運送方法：自動車運送(積合せ)
支払条件：30日後手形払い　運賃諸掛：売り主負担

売買契約書

売買契約書の例

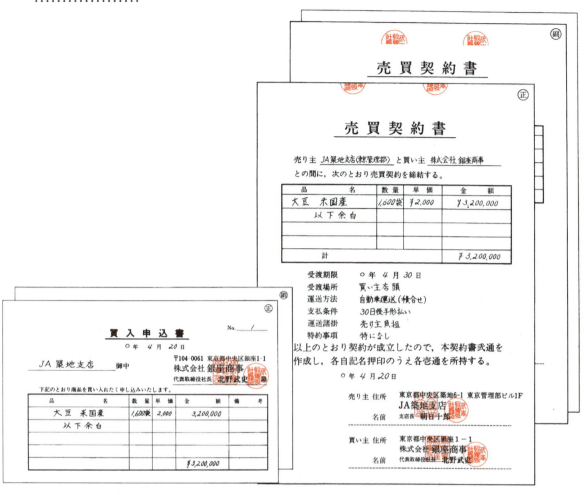

◎ 記入上の注意 ◎

① 売買契約書は，正副とも本文・取引条件・買い主の記名・押印など買い主の立場で作成する。
② 売り主は記名・押印をする。
③ 正と副に当事者の契印をする(副を売り主に渡す)。

2 納品書・商品の受け取り

生産者(売り主)から**納品書**と**商品(商品カード)**(注)を受け取る。

例題 3-2 　4/20　銀座商事は，JA築地支店から納品書(物品受領書・請求書つき)と商品を受け取った。

仕 訳　(借)仕　入　3,200,000　(貸)買掛金　3,200,000

● 注＞商品の品名や種類，重量や金額などの詳細が記入されたカード（→p.102）。ここでは，実際の商品のかわりにこのカードを用いるものとする。

伝　振替伝票

補　仕入帳，買掛金元帳，商品有高帳

3. 売買業務(その1)

商品カードの例

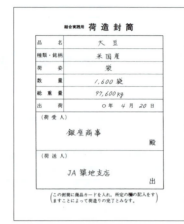

仕入帳

仕　入　帳

1

○年 月日	摘　　要	内　訳	金　額
4 20	JA築地支店　　　　　掛け		
	大豆　米国産　1,600袋 @¥2,000		3200000

買掛金元帳

買　掛　金　元　帳

JA築地支店

1

○年 月日	摘　　要	借　方	貸　方	借/貸	残　高
4 20	仕入れ		3200000	貸	3200000

商品有高帳

（先入先出法）

商　品　有　高　帳

（品名）大豆　　　　　単位　袋

1

○年 月日	摘要	受入 数量	単価	金額	払出 数量	単価	金額	残高 数量	単価	金額
4 20	JA築地支店	1,600	2,000	3200000				1,600	2,000	3200000

●注>
売買条件は例題3-1と同じ。

4/20　難波商事は，冷蔵庫の生産者である高津電器産業(大阪管理部)と売買契約を結び，売買契約書を作成し，商品を買い入れることにした。

冷蔵庫（5ドア400ℓ・いつでも氷機能つき，1台65kg・総量70kg）
20台　@¥180,000

演習 3-2 4/20 難波商事は，高津電器産業から納品書（物品受領書・請求書つき）と商品を受け取った。

3 物品受領書の返送

納品書や売買契約書の控えをもとに商品を検収し，まちがいがなければ，物品受領書に記名・押印して，生産者に返送する。

例題 3-3 4/20 銀座商事は，JA築地支店から買い入れた商品について，納品書をもとに検収し，まちがいがないので物品受領書に記名・押印し，生産者に返送した（持参した）。

書 物品受領書

物品受領書の例

```
ご注文書 No. /           物 品 受 領 書           No. /
〒104-0061 東京都中央区銀座1-1
株式会社 銀座商事
受領印 [銀座商事印]
受領年月日 ○年 4月 20日
下記のとおり受領いたしました。
〒104-0061 東京都中央区築地6-1
東京管理部ビル1F  JA築地支店 御中

品名        数量    摘要
大豆 米国産  1,600袋
  以下余白
合計
                    係印 [北野]
```

記入上の注意
→p.51参照

4 代金の支払い・ 5 領収証の受け取り

生産者に商品の代金を支払う。

例題 3-4 4/20 銀座商事は，JA築地支店から買い入れた商品の代金¥3,200,000を約束手形（No.G1001）を振り出して支払い，領収証を受け取った。なお，収入印紙¥1,000は郵便局で現金で購入した。

仕 訳 （借）買 掛 金　3,200,000　（貸）支払手形　3,200,000
　　　　　　租税公課　　　1,000　　　現　　金　　　1,000

伝 振替伝票，出金伝票

補 買掛金元帳，支払手形記入帳，現金出納帳

書 約束手形

支払手形記入帳

支払手形記入帳

○年月日	摘要	金額	手形種類	手形番号	受取人	振出人	振出日		満期		支払場所	てん末	
							月	日	月	日		月日	摘要
4 20	買掛金	3,200,000	約手	G1001	JA築地支店	当社	4	20	5	20	日本橋銀行本店		

約束手形の例

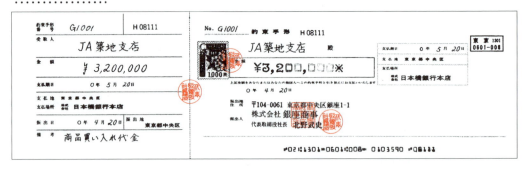

記入上の注意

① 左側の控えのほうから記入する。
② 手形金額を算用数字で記載するときは，必ずチェックライタで印字するが，漢数字のときは手書きとしてもよい。
③ 実務では，支払地・支払場所は印字されているのがふつうであるので，記入する必要はない。支払地が印刷されていない場合は，**最小独立行政区画**(**市町村名，東京都区内は区名**まで。ただし，大阪市などでも慣例として区名まで記入することが多い)まで記入する。
④ 支払期日は，必ず記入する。支払いまでの期間は，支払条件の一部でとくに重要であるので，売買契約を締結するときに決めておく。
⑤ 振出人欄には，住所・会社名・職名・氏名を記入し，届け出てある社印・代表者印を押印する。会社名はゴム印でよい。
⑥ 控えと照合し，誤りがなければ，控えにかけて代表者印で割印をする。
⑦ 印紙税法で定めた手形金額に応ずる額の**収入印紙**を貼り，消印する。
⑧ 再度確認し，切り離す。

●参考●[手形満期日の処理(忘れずにメモしておこう)]

伝 振替伝票
補 支払手形記入帳，当座預金出納帳

5／20 銀座商事は，取引銀行である日本橋銀行本店から，さきに振り出した約束手形の代金￥3,200,000を当座預金から引き落としたむねの連絡を受けた。

仕訳 (借)支払手形 3,200,000 (貸)当座預金 3,200,000

演習3-3　4/20　難波商事は，高津電器産業から買い入れた商品について，納品書をもとに検収し，まちがいがないので物品受領書に記名・押印し，生産者に返送した。

演習3-4　4/20　難波商事は，高津電器産業から買い入れた商品の代金¥3,600,000を約束手形(No.N2001)を振り出して支払い，領収証を受け取った。なお，収入印紙¥1,000は郵便局で現金で購入した。

2　商品の保管(倉庫会社へ寄託する場合)

　荷受けした商品の保管方法には，**自社の倉庫を使用する場合**と，**倉庫会社に保管寄託をする場合**とがある。倉庫会社に寄託した場合は，**貨物代表証券(倉荷証券)**の発行がうけられるので，その商品を他に転売する際，この倉荷証券を譲渡すればよい。このため商品を移動させる必要がないので，費用が少なくてすむなどの利点もある。ここでは，倉荷証券の交付請求はせず，**入庫報告書**で処理することとする。荷受けした商品を倉庫会社に寄託するまでの手続きは，次のような順序である。

■商品の保管手続き

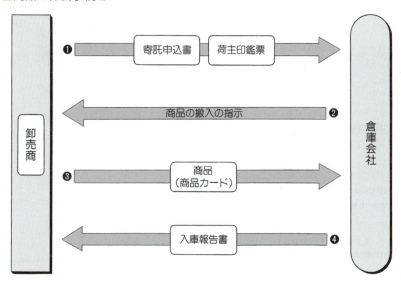

● 手続きの説明 ●

❶　寄託する商品の内容を明らかにして，申し込みをする。**荷主印鑑票**は最初の寄託のときだけ提出すればよい。

1 寄託申込書・荷主印鑑票の作成

商品の寄託にあたって，最初に提出する書類である。**荷主印鑑票**は最初の取引のときだけでよいが，**寄託申込書**は寄託のつど提出する。

例題3-5 4/21 銀座商事は，さきにJA築地支店から買い入れた下記の商品を，八丁堀倉庫に保管寄託することにし，寄託申込書と荷主印鑑票を作成して提出した。

寄託申込書
荷主印鑑票

大豆（米国産，1袋60kg・総量61kg）1,600袋　＠¥2,000　価額¥3,200,000

寄託申込書の例

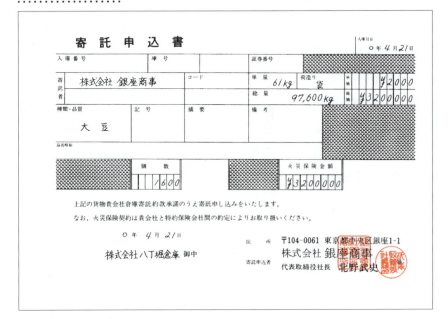

荷主印鑑票の例

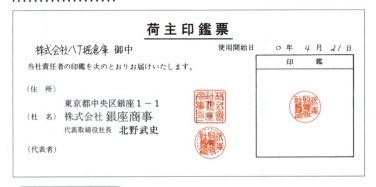

●記入上の注意●

① 寄託申込書に押印する印鑑は，荷主印鑑票に押印したものと同じものである。
② 荷主印鑑票に押印する印鑑は，代表者印である。
③ 記入もれのないことを確かめる。

2 商品の搬入の指示・**3** 商品の搬入・**4** 入庫報告書の受け取り

例題 3-6　4/21　銀座商事は，八丁堀倉庫にJA築地支店から買い入れた商品（商品カード）を搬入し，入庫報告書を受け取った。なお，倉庫料の支払いは，商品の出庫の際におこなうものとする。

以上によって，生産者からの商品の買い入れから，保管までの業務が完了する。

演習 3-5　4/21　難波商事は，さきに高津電器産業から買い入れた下記の商品を，南船場倉庫に保管寄託することにし，寄託申込書と荷主印鑑票を作成して提出した。

冷蔵庫（5ドア400ℓ・いつでも氷機能つき，1台65kg・総量70kg）
20台　＠¥180,000

演習 3-6　4/21　難波商事は，南船場倉庫に高津電器産業から買い入れた商品（商品カード）を搬入し，入庫報告書を受け取った。

3 他市場への商品の販売

売り手である卸売商が，他市場の卸売商（買い手）へ商品を販売するとき，積極的に販売先をさがして販売契約を結ぶまでの手続きは，次のような順序である。

■商品の販売手続き

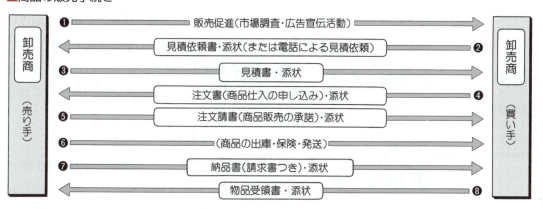

● 手続きの説明 ●

❶　売り手は，積極的に販売活動をおこなう。
❷　売り手が売り込みをして，買い手が価格・条件などで満足しているときは省略することがある。

❸ 買い手の期待にこたえられるような内容を用意する。
❺ 契約の証しとなるものであるから内容をよく確認して，記名・押印のうえ，返送する。
❻ 商品の発送手続きをする。
❼ 発送した商品の納品書を郵送する。
● 注＞販売先(買い手)があらかじめ決められている場合は❶〜❸の手続きを省略してもよい。

1 販売促進

商品を販売するにあたっては，販売促進をはかるために，**市場調査**，**広告・宣伝活動**などをおこなう必要がある。

【市場調査】

商品やサービスについて，消費者の必要と欲求を明らかにするための調査を**市場調査**という。アンケートや面接などで，直接・間接的に実態調査をおこない，資料を収集することもある。また，専属のモニターをお願いして，定期的な情報収集をおこなうこともある。

|伝| 振替伝票
|補| 当座預金出納帳
|書| 小切手

例題 3-7 　4/23 　銀座商事は，市場調査のための費用 ¥100,000 を築地庶務に小切手で支払った。なお，報告書は2週間後に提出してもらうことにした。

仕 訳 （借）雑　　費　100,000 　（貸）当座預金　100,000

【広告・宣伝活動】

私たちは，あらゆる機会に，広告や宣伝を見たり聞いたりしている。広告・宣伝によって，商品についての情報を知り，購入の際の合理的な決定などに役立てている。このように企業は販売促進をはかるために，いろいろな広告媒体や宣伝活動によって，買い手に商品の情報を知らせている。

|伝| 振替伝票
|補| 当座預金出納帳
|書| 小切手

例題 3-8 　4/24 　銀座商事は，販売促進のために商品カタログを作成し，代金 ¥50,000 を築地庶務に小切手を振り出して支払った。

仕 訳 （借）広 告 料　50,000 　（貸）当座預金　50,000

演習 3-7 　4/23 　難波商事は，市場調査のための費用 ¥100,000 を高津庶務に小切手で支払った。なお，報告書は2週間後に提出してもらうことにした。

演習 3-8 　4/24 　難波商事は，販売促進のために商品カタログを作成し，代金 ¥50,000 を高津庶務に小切手を振り出して支払った。

2 見積依頼の承認と販売取引計画表の作成

売り手からの注文の勧誘などに対し，買い手から**電話による見積もりの依頼**や**見積依頼書の送付**をうけたときは，買い手の示した取引条件により，運賃や保険料などの負担，支払条件などを検討する。このために，それぞれの取引ごとに作成する**販売取引計画表**を作成し，採算が合うかを確認する。

例題 3-9　4/24　銀座商事は，大阪の難波商事から下記の商品についての見積依頼の電話をうけたので，販売取引計画表を作成し，採算がとれるかを計算した。なお，販売単価は買い入れ単価￥2,000（例題3-1）の50％増とする。

〔品名・数量〕　大豆（米国産，1袋60kg・総量61kg）　1,500袋（在庫100袋残す）
〔取引条件〕　納入期日：5月10日　納入場所：買い主店頭
　　　　　　　運送方法：自動車運送（積合せ・運送保険つき）
　　　　　　　運賃諸掛：売り主負担　支払条件：着荷後10日以内当座振込

> 販売取引計画表

●注＞
この例題は，p.122演習4-1の難波商事の電話をうけている。以下，同様に本節では第4節「売買業務（その2）」と同時進行で進める。

販売取引計画表の例

検印	販売取引計画表		作成年月日	0年 4月24日
			作成者	東京太郎

1. 管理部・生産者または元卸商（商品売買業務係）からの買い入れ

品名・銘柄	大豆 米国産	代金決済	方法	約束手形
数量	1,500袋		期日	振り出し後30日払い
単価	2,000		場所	日本橋銀行本店
金額	3,000,000			

2. 採算

(a) 仕入原価	3,000,000	(j) 集貨料	0
(b) 仕入諸掛	0	(k) 配達料	0
(c) 仕入総原価 (a+b)	3,000,000	(l) 運送保険料	1,000
(d) 倉庫料金	70,800 / 179,400　250,200	(m) その他の販売費及び一般管理費	300,000
(e) 鉄道運賃	0	(n) 諸掛合計 (d〜m)	692,200
(f) 運送料	141,000	(o) 販売原価 (c+n)	3,692,200
(g) 到着料	0	(p) 販売利益	300,000
(h) 駅託発送料	0	(q) 販売価額 (o+p)	3,992,200
(i) 駅留到着料	0	(r) 販売単価	2,661

3. 他市場卸売商への販売

取引先名	株式会社難波商事	受渡	期日	0年 5月10日
品名・銘柄	大豆 米国産	運送	方法	自動車運送（積合せ）
数量	1,500袋		保険	運送保険つき
見積価額 単価	3,000	代金決済	方法	当座振込
見積価額 金額	4,500,000		期日	着荷後10日以内
受渡場所	買い主店頭		場所	日本橋銀行本店

●注1＞料率には，毎年変動がある。
●注2＞「2. 採算」の「(r)販売単価」は￥2,661である。これに対して，「3. 他市場卸売商への販売」における「見積単価」は￥3,000なので，十分採算が合う。

記入上の注意

(d) 倉庫料金（→p.164参照）
　ここでは期数を2期，入出庫回数を2回とする。
① 保管料
$$\left(2.66 \times \frac{2,000}{1,000} + 300 \times \frac{61}{1,000}\right) \times 1,500 \times 2 = 70,800$$
② 荷役料
$$980 \times \frac{61}{1,000} \times 1,500 \times 2 = 179,400$$

(f) 運送料（→p.168参照）
　ここでは計算の都合上，仮に￥141,000とする。

(l) 運送保険料（→p.158参照）
$$1,500 \times 3,000 \times \frac{0.013}{100} = 585 \rightarrow 1,000$$

(m) その他の販売費及び一般管理費（仕入原価の10％）
$$3,000,000 \times \frac{1}{10} = 300,000$$

(p) 販売利益（仕入原価の10％）
$$3,000,000 \times \frac{1}{10} = 300,000$$

3 見積書の郵送

販売取引計画表によって算出した単価により，見積書を作成して郵送する。

見積書，封筒，発信簿

例題 3-10　4/25　銀座商事は，販売取引計画表にもとづき，難波商事へ見積書を作成して郵送した（見積案内状は省略）。

見積書の例

記入上の注意

→p.41参照

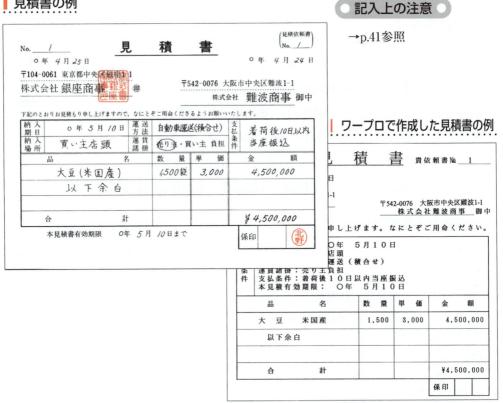

ワープロで作成した見積書の例

●注＞
この演習は，p.120例題4-1の銀座商事の電話を受けている。
以下，同様に本節では第4節「売買業務（その2）」と同時進行で進める。
なお，販売利益は仕入原価の12％，その他の販売費及び一般管理費は仕入原価の10％とする。

演習 3-9　4/24　難波商事は，東京の銀座商事から下記の内容の見積依頼の電話をうけたので，販売取引計画表を作成し，採算がとれるかを計算した。なお，販売単価は買い入れ単価￥180,000（演習3-1）の50％増とする。

〔品名・数量〕冷蔵庫（5ドア400ℓ・いつでも氷機能つき，1台65kg・総量70kg）18台（在庫を2台残す）

〔取引条件〕納入期日：5月10日　納入場所：買い主店頭
　　　　　　運送方法：自動車運送（積合せ・運送保険つき）
　　　　　　運賃諸掛：売り主負担
　　　　　　支払条件：着荷後10日以内当座振込

演習 3-10　4/25　難波商事は，販売取引計画表にもとづき，銀座商事へ見積書（有効期限5月10日）を作成して郵送した。

4 注文書の受信

買い手から注文書（注文請書つき）が郵送されてくる。

例題 3-11　4/28　銀座商事は，難波商事から，先に見積った商品の注文書（注文請書つき）を受け取った。

📃 受信簿

5 注文請書の郵送

買い手から注文書が送付されてきたら，見積書の控えなどによって，価格や取引条件などを照合する。誤りがなければ注文書といっしょに送付されてきた注文請書に社印などを押印して，買い手に返送する。実務でもこの方法をとることが多い。

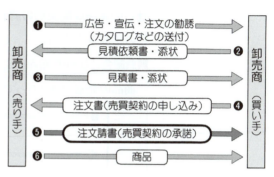

例題 3-12　4/28　銀座商事は，難波商事からの注文書の内容を確認し，注文請書に押印のうえ返送した（注文礼状は省略）。

📃 注文請書，封筒，発信簿

注文請書の例

No. ／	注　文　請　書	（ご注文書No. ／）
○年 4月 28日		（ご注文書日付　○年 4月 26日）
〒104-0061 東京都中央区銀座1 [印]		〒542-0076 大阪市中央区難波1-1
株式会社 銀座商事		株式会社 難波商事　御中
下記のとおりご注文をおうけいたします。		

| 納入期日 | ○年 5月 10日 | 運送方法 | 自動車運送（積合せ） | 支払条件 | 着荷後10日以内 |
| 納入場所 | 買い主店頭 | 運賃諸掛 | 売主・買い主 負担 | | 当座振込 |

品　　名	数量	単価	金額
大豆　米国産	1,500袋	3,000	4,500,000
以下余白			
合　　計			¥4,500,000
		係印	[北野]

記入上の注意

→p.45参照

演習 3-11　4/28　難波商事は，銀座商事から，先に見積った商品の注文書（注文請書つき）を受け取った。

演習 3-12　4/28　難波商事は，銀座商事からの注文書の内容を確認し，注文請書に押印のうえ返送した。

6 商品の出庫・保険・発送

買い手からの注文書に対して，注文請書を作成して送付がすんだら，ただちに，注文を受けた商品を，納入期日に間に合うように発送しなければならない。それには，**寄託をしてある商品の倉庫会社からの出庫**，**保険会社との運送保険契約の締結**，**運送会社との運送契約の締結（発送手続き）**などの手続きがある。

■倉庫会社からの商品の出庫手続き

商品の発送にさきだって，寄託してある商品を倉庫会社から出庫しておく。

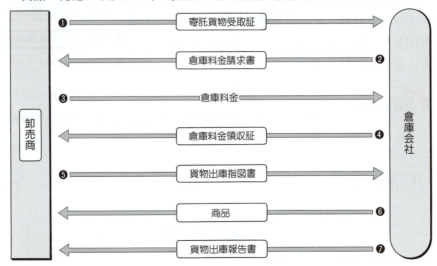

○手続きの説明○

❶ 寄託貨物受取証の用紙に記名および荷主印鑑票に押した印鑑を用いて押印して提出する。
❸ 倉庫料金請求書にもとづいて支払う。
❹ 領収証は，倉庫会社から受け取る。
❻ ❺の貨物出庫指図書によって出庫する。

例題 3-13

5/7　銀座商事は，難波商事に下記の商品を販売するため，八丁堀倉庫に寄託してある商品について，寄託貨物受取証を作成して商品（商品カード）を出庫した。なお，倉庫料金￥250,200（保管料￥70,800，荷役料￥179,400）を小切手を振り出して支払い，領収証を受け取った。

大豆（米国産，1袋60kg・総量61kg）　1,500袋

仕　訳　（借）倉　庫　料　250,200　（貸）当　座　預　金　250,200

●注＞寄託期間は4/21〜5/7で，期数は2期，入出庫回数は2回。

伝 振替伝票
補 当座預金出納帳
書 寄託貨物受取証，小切手

→p.163参照

寄託貨物受取証の例

```
                    寄 託 貨 物 受 取 証    No. 1
                                          ○年 5月 7日

                              〒104-0061 東京都中央区銀座1-1
株式会社 八丁堀倉庫 御中           株式会社 銀座商事
  下記貨物たしかに受け取りました。    代表取締役社長 北野武史 ㊞
```

入庫番号	品 名	記号	個 数	単量	総 量	摘 要
1	大豆 米国産	◇	1,500	61	91,500kg	1袋の寄託申込価格 ¥2,000 倉荷証券なし
	以下余白					

記入上の注意

① 提出日を必ず記入する。印鑑は，荷主印鑑票と同じものを使用する。
② 個数などの記入事項に誤りがないか確かめる。
③ 余白の部分には，「**以下余白**」と記入するか，斜線を引いておく。
④ 倉荷証券の発行をうけていないときは，摘要欄に「**倉荷証券なし**」と記入する。

演習 3-13　5／7　難波商事は，銀座商事に下記の商品を販売するため，南船場倉庫に寄託してある商品について，寄託貨物受取証を作成して商品を出庫した。なお，倉庫料金¥16,513（保管料¥14,018，荷役料¥2,495）を小切手を振り出して支払い，領収証を受け取った。

冷蔵庫（5ドア400ℓ・いつでも氷機能つき，1台65kg・総量70kg）　18台

■保険会社との運送保険契約の手続き

　商品の発送にあたっては，運送会社に商品を託送するまえに，輸送中の事故による損害を担保してもらうため，保険会社とのあいだで運送保険の契約をしておく。運送保険も**代理店**を通しておこなう場合が多い。

手続きの説明

❶ 卸売商は，保険会社または代理店から受領した用紙に，必要事項を複写で記入し，提出する。
❸ ❷の請求にもとづき保険料を支払う。

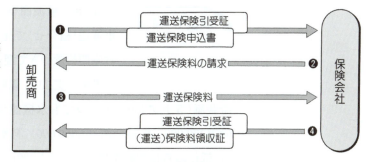

[伝] 出金伝票
[補] 現金出納帳
[書] 運送保険申込書

→p.158参照

●注＞
本例題では，学習の便宜上「積合せ」としている。

例題 3-14

5/8　銀座商事は，難波商事へ下記の商品を自動車運送（積合せ）で発送する際，八重洲火災に分損担保・倉庫間約款つきで運送保険を申し込み，保険料￥1,000は現金で支払い，領収証と運送保険引受証を受け取った。

大豆（米国産，1袋60kg・総量61kg）　1,500袋
@￥3,000　保険金額　￥4,500,000
料率￥0.013/100（最低保険料は契約1件につき￥1,000）

仕訳　（借）保　険　料　1,000　（貸）現　　金　1,000

運送保険申込書の例

申込番号	発送月日		輸送用具	輸送区間		保険の目的・数量・荷姿	てん補の種類	保険金額	料率	保険料	荷受人
	月	日		自	至						
1	5	8	自動車運送（積合せ）	東京	大阪	大豆 米国産	分損担保 倉庫間約款つき	4,500,000			難波商事
			以下余白								
						合　計		￥4,500,000			

〔備考〕太線の内の欄は，保険会社で記入します。

申込日　〇年 5月 8日
No. 801
株式会社 八重洲火災　御中
住所　東京都中央区銀座1
申込人　名前　株式会社 銀座商事
貴会社所定運送保険普通保険約款を承認のうえ，下記のとおり運送保険を申し込みます。

記入上の注意

① 卸売商は，**運送保険申込書の太線で囲んだ欄以外を記入する。**
② 記入内容は，事実と相違しないようにする。
③ 実務では，保険金額は，販売価格をもってあてるのがふつうであるが，授業では販売取引計画表作成の手順の関係で，仕入原価をあてる場合もある。

●注＞保険契約者が保険料を計算する場合は，計算に注意する。

演習 3-14

5/8　難波商事は，銀座商事へ下記の商品を自動車運送（積合せ）で発送する際，千日前火災に分損担保・倉庫間約款つきで運送保険を申し込み，保険料￥1,000を現金で支払い，領収証と運送保険引受証を受け取った。

冷蔵庫（5ドア400ℓ・いつでも氷機能つき，1台65kg・総量70kg）　18台
@￥270,000　保険金額￥4,860,000　料率￥0.013/100
（最低保険料は契約1件につき￥1,000）

■運送会社を通した商品発送の手続き（元払いの場合）

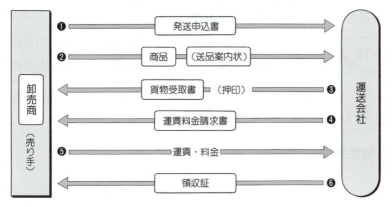

手続きの説明

❶ 運送会社から受け取った**発送申込書**に必要事項を記入して提出する。

❷ 商品を発送するとき，荷造のなかにその内容を示す**送品案内状**（入日記）を同封する。

❺ ❹の請求書によって運賃・料金を支払う。ただし，請求書は，後日送付する場合もある。なお，着払いの場合は，❹〜❻の手続きは不要となる。

❻ 買い手に対してすみやかに送付する。

例題 3-15 　5/8　銀座商事は，難波商事から注文のあった下記の商品について，月島運輸に発送を依頼し，運賃¥141,000を小切手を振り出して支払った。

仕訳　(借)運　送　料　141,000　(貸)当 座 預 金　141,000

振替伝票

当座預金出納帳

発送申込書，小切手

→p.168参照

発送申込書の例

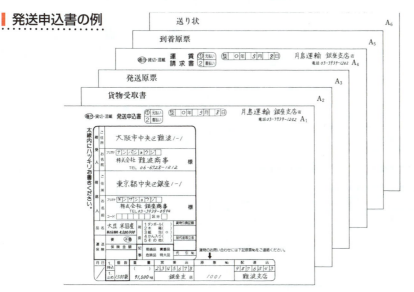

演習 3-15 　5/8　難波商事は，銀座商事から注文のあった下記の商品について，北浜運輸に発送を依頼し，運賃¥187,800を小切手を振り出して支払った。

7 納品書の作成

商品の発送手続きが終わったら，**納品書**を作成する。

伝	振替伝票
補	売掛金元帳，売上帳，商品有高帳
書	納品書，封筒，発信簿

例題3-16　5/8　銀座商事は，難波商事から注文のあった商品について納品書（物品受領書・請求書つき）を作成して郵送した（出荷案内状は省略）。

仕 訳　（借）売　掛　金　4,500,000　（貸）売　　　上　4,500,000

納品書・物品受領書・請求書の例

記入上の注意　→p.47参照

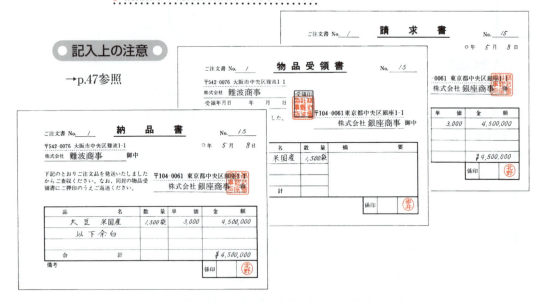

ワープロで作成した納品書・物品受領書・請求書の例

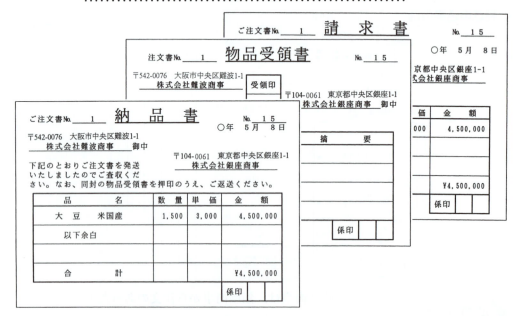

売掛金元帳

売 掛 金 元 帳

株式会社 難波商事　　　　1

○年 月日	摘　　要	借　方	貸　方	借/貸	残　高
5　8	大豆売り上げ	4,500,000		借	4,500,000

売上帳

売　　上　　帳

　　　　　　　　　　　　　　　　　　　　　　1

○年 月日	摘　　　　要	内　訳	金　額
5　8	株式会社 難波商事　　　　掛け		
	大豆　米国産　1,500袋　@¥3,000		4,500,000

商品有高帳

(先入先出法)

商 品 有 高 帳

（品名）　大豆　　　　　　　　　　　単位　袋

1

○年 月日	摘要	受　入			払　出			残　高		
		数量	単価	金　額	数量	単価	金　額	数量	単価	金　額
4　20	JA築地支店	1,600	2,000	3,200,000				1,600	2,000	3,200,000
5　8	株式会社難波商事				1,500	2,000	3,000,000	100	2,000	200,000

演習 3-16　5/8　難波商事は，銀座商事から注文のあった商品について，納品書（物品受領書・請求書つき）を作成して郵送した。

8　物品受領書の受信

買い手から**物品受領書**が返送されてくる。

例題 3-17　5/11　銀座商事は，難波商事から，さきに納品した商品の物品受領書を受け取った。　　　受信簿

演習 3-17　5/11　難波商事は，銀座商事から，さきに納品した商品の物品受領書を受け取った。

❹ 代金の回収

　売り手は，買い手から物品受領書を受け取ったら，**販売した商品の代金を回収**する。支払条件はあらかじめ決められているので，それに従って手続きを進める。

■振込による代金の回収手続き

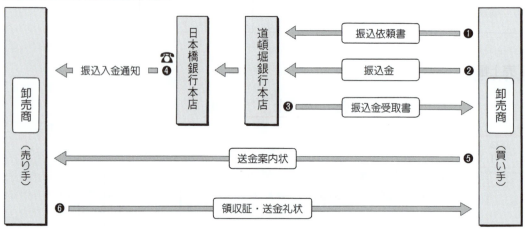

1 振込入金通知

伝 振替伝票

補 当座預金出納帳，売掛金元帳

例題 3-18　5/16　銀座商事は，難波商事に販売した商品代金について，日本橋銀行本店から入金の連絡があった。

仕　訳　(借)当 座 預 金　4,500,000　(貸)売　掛　金　4,500,000

2 送金案内状の受信・ 3 領収証・送金礼状の郵送

伝 出金伝票

補 現金出納帳

書 受信簿，領収証，送金礼状，発信簿，封筒

例題 3-19　5/17　銀座商事は，難波商事から，販売した商品代金についての送金案内状を受け取り，領収証を作成し，送金礼状とともに郵送した。なお，築地郵便局で¥1,000の収入印紙を現金で購入した。

仕　訳　(借)租 税 公 課　1,000　(貸)現　　　金　1,000

領収証の例

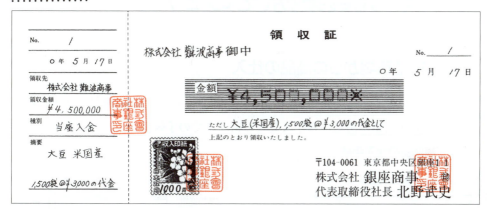

記入上の注意

→表見返し参照

　以上によって，他市場への商品の販売から代金の回収までの業務は完了する。

演習 3-18　5/16　難波商事は，銀座商事に販売した商品代金について，道頓堀銀行本店から入金の連絡があった。

演習 3-19　5/17　難波商事は，銀座商事から，販売した商品代金についての送金案内状を受け取り，領収証を作成し，送金礼状とともに郵送した。なお，高津郵便局で¥1,000の収入印紙を現金で購入した。

4 売買業務(その2)

●注>
本節では、第3節「売買業務(その1)」と同時進行の取引を想定して日付を設定している。

1 他市場からの商品の仕入

買い手である卸売商が、他市場の卸売商(売り手)から商品を仕入れるとき、仕入先の決定から仕入契約を結ぶまでの手続きは、次のようになる。

■商品の仕入手続き

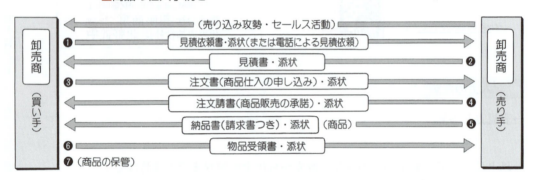

手続きの説明

❶ 売り手側からの売り込みなどがあって、価格・条件などが満足すべきときは省略することがある。
❸ 見積書の内容が満足すべきものであれば、作成する。
❻ 納品書と到着した商品の内容を検品し、記名・押印のうえ返送する。
❼ 倉庫会社で商品の保管手続きをする。
●注>仕入先(売り手)があらかじめ決められている場合は❶〜❷の手続きを省略してもよい。

1 見積もりの依頼

買い手はよい商品を安く仕入れるために、1社または数社の売り手に対して、**見積依頼書を送付する**かまたは**電話により見積もりを依頼**する。

●注>
この例題の電話を、p.110の演習3-9で難波商事が受けている。
以下、同様に本節では第3節「売買業務(その1)」と同時進行で進める。

例題 4-1　4/24　銀座商事は、難波商事に下記の商品についての見積依頼の電話をかけた。

〔品名・数量〕　冷蔵庫(5ドア400ℓ・いつでも氷機能つき、1台65kg・総量70kg)　18台

〔取引条件〕　納入期日：5月10日　納入場所：買い主店頭
　　　　　　運送方法：自動車運送(積合せ・運送保険つき)
　　　　　　運賃諸掛：売り主負担
　　　　　　支払条件：着荷後10日以内当座振込

2 見積書の受信と仕入取引計画表の作成

売り手から**見積書**が郵送されてくるので，取引条件などを検討する。このため，それぞれの取引ごとに作成する**仕入取引計画表**を作成し，採算が合うかを確認する。

例題 4-2

4/26　銀座商事は，難波商事から先に見積もりの依頼をした商品の見積書を受け取り，単価が¥270,000であることがわかった。仕入取引計画表を作成して，採算がとれるかを計算した。なお，小売商への売り渡し相場は¥360,000とする。

📘 受信簿，仕入取引計画表

仕入取引計画表の例

検印	仕入取引計画表			作成年月日　○年　4月26日
				作成者　東京花子

1. <u>小売商</u>・管理部または大口消費者(商品売買業務係)への売り渡し

品名・銘柄	冷蔵庫5ドア400ℓ	代金決済	方　法	約束手形
数　　量	18 台		期　日	振りだし後30日払い
単　　価	360,000		場　所	日本橋銀行本店
金　　額	6,480,000			

2. 採　算

(a) 販売価額	6,480,000	(j) 集貨料	0
(b) 販売見込利益	648,000	(k) 配達料	0
(c) 販売原価 (a-b)	5,832,000	(l) 運送保険料	0
(d) 倉庫料金	20,498 / 1,247　21,745	(m) その他の販売費及び一般管理費	648,000
(e) 鉄道運賃	0	(n) 諸掛合計 (d~m)	669,745
(f) 運送料	0	(o) 仕入原価 (c-n)	5,162,255
(g) 到着料	0	(p) 仕入諸掛	0
(h) 駅託発送料	0	(q) 仕入代価 (o-p)	5,162,255
(i) 駅留到着料	0	(r) 仕入単価	286,792

3. 他市場卸売商からの仕入れ

取引先名	株式会社難波商事	受渡期日		○年5月10日
品名・銘柄	冷蔵庫5ドア400ℓ	運送	方　法	自動車運送(積合せ)
数　　量	18 台		保　険	運送保険つき
見積価額　単価	270,000	代金決済	方　法	当座振込
見積価額　金額	4,860,000		期　日	着荷後10日以内
受渡場所	買い主店頭		場　所	日本橋銀行本店

記入上の注意

(b) 販売見込利益
　　（販売価格の10％）
$$6,480,000 \times \frac{1}{10} = 648,000$$

(d) 倉庫料金（→p.164参照）
① 保管料
$$(2.00 \times \frac{270,000}{1,000} + 420 \times \frac{70}{1,000}) \times 18 \times 2 \fallingdotseq 20,498$$

② 荷役料
$$990 \times \frac{70}{1,000} \times 18 \times 1 \fallingdotseq 1,247$$

(m) その他の販売費及び一般管理費（販売価格の10％）
$$6,480,000 \times \frac{1}{10} = 648,000$$

●注1＞料率には，毎年変動がある。
●注2＞「2. 採算」の「(r)仕入単価」は¥286,792である。これに対して，「3. 他市場卸売商からの仕入れ」における「見積単価」は¥270,000なので，十分採算が合う。

●注>
この演習の電話を, p.109の例題3-9で銀座商事がうけている。
以下,同様に本節では第3節「売買業務(その1)」と同時進行で進める。

演習4-1

4/24 難波商事は,銀座商事に下記の商品についての見積依頼の電話をかけた。

〔品名・数量〕 大豆(米国産,1袋60kg・総量61kg) 1,500袋
〔取引条件〕 納入期日:5月10日 納入場所:買い主店頭
運送方法:自動車運送(積合せ・運送保険つき)
運賃諸掛:売り主負担
支払条件:着荷後10日以内当座振込

●注>
販売見込利益,その他の販売費及び一般管理費は,それぞれ販売価額の10%とする。

演習4-2

4/26 難波商事は,銀座商事からさきに見積もりの依頼をした商品の見積書を受け取り,単価が¥3,000であることがわかった。仕入取引計画表を作成して,採算がとれるかを計算した。なお,小売商への売り渡し相場は¥4,000とする。

3 注文書の郵送

仕入取引計画表にもとづいて,注文書を作成し郵送する。

注文書,封筒,発信簿

例題 4-3

4/27 銀座商事は,仕入取引計画表にもとづいて,難波商事へ注文書(注文請書つき)を作成して郵送した(注文状は省略)。

注文書・注文請書の例

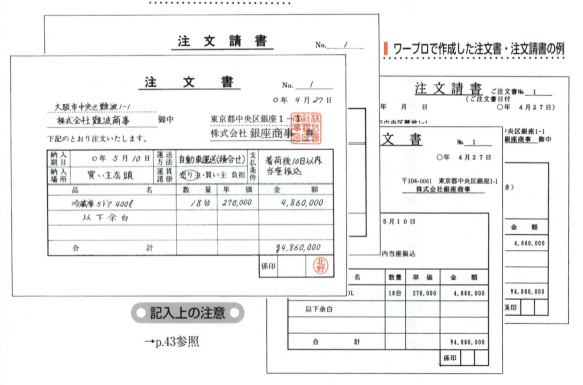

● 記入上の注意
→p.43参照

4 注文請書の受信

売り手から**注文請書**が郵送されてくる。

例題 4-4　4/29　銀座商事は，難波商事から，さきに注文した商品の注文請書を受け取った。

演習 4-3　4/27　難波商事は，仕入取引計画表にもとづいて，銀座商事へ注文書を作成して郵送した。

演習 4-4　4/29　難波商事は，銀座商事から，先に注文した商品の注文請書を受け取った。

受信簿

5 納品書の受信と商品の到着

注文請書を受け取ると，しばらくして売り手から**納品書**（物品受領書・請求書つき）が郵送されてきて，商品が到着する。

例題 4-5　5/9　銀座商事は，難波商事から，さきに注文した商品の納品書（物品受領書・請求書つき）を受け取り，同時に商品が到着した。

仕 訳　(借)仕　　入　4,860,000　(貸)買　掛　金　4,860,000

振替伝票

仕入帳，買掛金元帳，商品有高帳

受信簿

商品カードの例

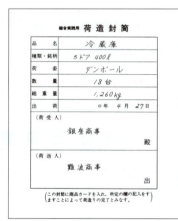

仕入帳

仕　　入　　帳

1

○年月日		摘　　　　　　　　要	内　訳	金　額
4	20	JA築地支店　　　　　　　　掛け		
		大豆　米国産　1600袋　@￥2,000		3,200,000
5	9	株式会社難波商事　　　　　　掛け		
		冷蔵庫5ドア400ℓ　18台　@￥270,000		4,860,000

買掛金元帳

買 掛 金 元 帳

株式会社難波商事　　　　　　　　　　2

○年 月日	摘　要	借　方	貸　方	借/貸	残　高
5 9	仕 入 れ		4860000	貸	4860000

商品有高帳

商 品 有 高 帳

(先入先出法)　　(品名)　冷蔵庫　　　　　　　単位　台

○年 月日	摘要	受入 数量	受入 単価	受入 金額	払出 数量	払出 単価	払出 金額	残高 数量	残高 単価	残高 金額
5 9	難波商事	18	270,000	4860000				18	270,000	4860000

6　物品受領書の郵送

納品書と到着した商品の内容を検品し、間違いがなければ**物品受領書**に記名・押印して返送する。

物品受領書，封筒，発信簿

例題 4-6　　5/10　銀座商事は，納品書と商品の内容を検品し，物品受領書を作成して郵送した（着荷案内状は省略）。

物品受領書の例

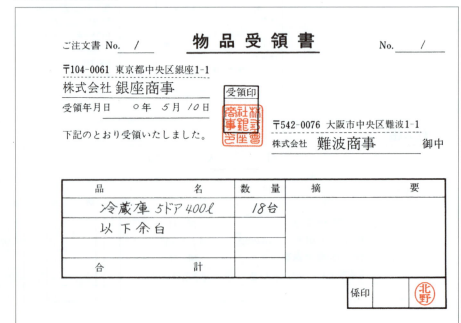

● 記入上の注意 ●

→p.51参照

　5/9　難波商事は，銀座商事から，さきに注文した商品の納品書（物品受領書・請求書つき）を受け取り，同時に商品が到着した。

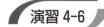　5/10　難波商事は，納品書と商品の内容を検収し，物品受領書を作成して郵送した。

■7　商品の保管（倉庫会社に寄託し，倉荷証券を受け取る場合）

　荷受けした商品の保管方法には，**自社の倉庫を使用する場合**と，**倉庫会社に保管寄託をする場合**とがある。倉庫会社に寄託した場合は，**貨物代表証券（倉荷証券）**の発行がうけられる。その商品を他に転売するさいには，この倉荷証券を譲渡すればよい。商品を移動させる必要がないので，費用が少なくてすむなどの利点もある。荷受けした商品を倉庫会社に寄託し，倉荷証券の交付をうけるまでの手続きは，次のような順序である。

■商品の保管手続き

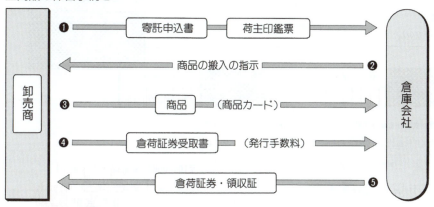

● 手続きの説明 ●

❶　寄託する商品の内容を明らかにして，申し込みをする。**荷主印鑑票**は最初の寄託のときだけ提出すればよい。すでに「3．売買業務（その1）」（p.106）で荷主印鑑票を倉庫会社に提出しているので，ここでは省略する。なお，**寄託申込書**の摘要欄に「**要倉荷証券**」などと記入する。

❹　発行手数料を支払う。

■寄託申込書の作成・商品の搬入

商品の寄託にあたって，最初に提出する書類である。**荷主印鑑票**は最初の取引のときだけでよいが，**寄託申込書**は寄託のつど提出する。

例題 4-7 5/10 銀座商事は，難波商事から，先に注文した商品が到着したので，八丁堀倉庫に保管寄託することにし，寄託申込書を作成して提出し，商品を搬入した。なお，倉荷証券の発行を請求することにした。

冷蔵庫（5ドア400ℓ・いつでも氷機能つき，1台65kg・総量70kg） 18台
@¥270,000　価格 ¥4,860,000

寄託申込書の例

記入上の注意

① 寄託申込書に押印する印鑑は，荷主印鑑票に押印したものと同じものである。
② 記入もれのないことを確かめる。

■倉荷証券受取書の作成・倉荷証券の受け取り

例題 4-8　5/10　銀座商事は，八丁堀倉庫に倉荷証券受取書を作成して提出し，倉荷証券発行手数料￥1,800を小切手を振り出して支払い，倉荷証券と領収証を受け取った。

伝　振替伝票
補　当座預金出納帳
書　倉荷証券受取書
　　小切手

仕　訳　（借）支払手数料　1,800　（貸）当 座 預 金　1,800

倉荷証券受取書の例

証券番号	種類・品質	荷造り	個数	総量	保管期限
101	冷蔵庫	ダンボール	18台	1,260kg	0年5月31日
	以下余白				

倉荷証券受取書　No. 1　0年5月10日
株式会社八丁堀倉庫 御中
〒104-0061 東京都中央区銀座1-1
株式会社 銀座商事
受取人 代表取締役社長 北野武史
下記倉荷証券たしかに受け取りました。

● 記入上の注意 ●

① **倉荷証券受取書**に押印する印鑑は，荷主印鑑票に押印したものと同じものである。
② 倉荷証券受取書の記載事項が倉荷証券の内容と一致することを確かめる。
③ 記入もれのないことを確かめる。

演習 4-7　5/10　難波商事は，銀座商事から，先に注文した商品が到着したので，南船場倉庫に保管寄託することにし，寄託申込書を作成して提出し，商品を搬入した。なお，倉荷証券の発行を請求することにした。

　　大豆（米国産，1袋60kg・総量61kg）　1,500袋
　　@￥3,000　価格￥4,500,000

演習 4-8　5/10　難波商事は，南船場倉庫に倉荷証券受取書を作成して提出し，倉荷証券発行手数料￥1,800を小切手を振り出して支払い，倉荷証券と領収証を受け取った。

2 代金の支払い

買い手は，売り手に物品受領書を返送したら，仕入れた商品の代金を支払う。支払条件はあらかじめ決められているので，それに従って手続きを進める。

■振込による代金の支払い手続き

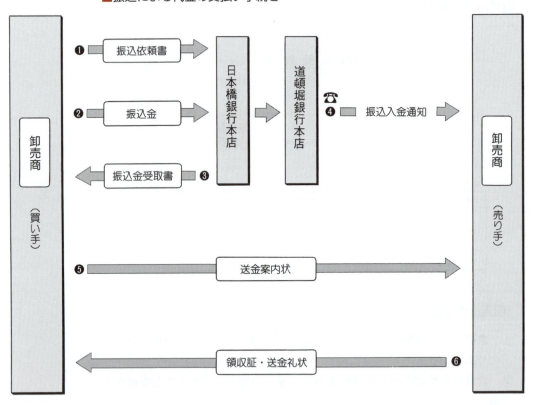

▮1 振込依頼書の作成・▮2 振込金の支払い・
▮3 振込金受取書の受け取り

伝	振替伝票 出金伝票
補	買掛金元帳，当座預金出納帳，現金出納帳
書	振込依頼書，小切手

例題 4-9

5/15 銀座商事は，難波商事から仕入れた商品の代金を支払うため，¥4,860,000の小切手を振り出し，振込依頼書を作成して日本橋銀行本店に持参し，振込金受取書を受け取った。なお，振込手数料¥700（電信扱い）は現金で支払った。

仕 訳 （借）買　掛　金　4,860,000　（貸）当 座 預 金　4,860,000
　　　　　　支払手数料　　　 700　　　　現　　　 金　　　 700

■ 振込依頼書の例

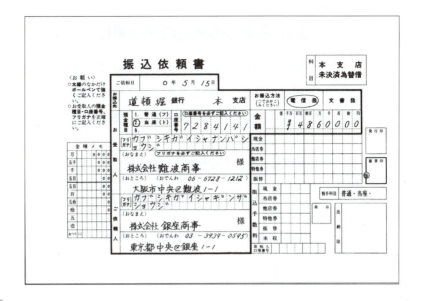

● 記入上の注意 ●

① 振込依頼書は，指定された欄だけを記入し，他は記入しない。相手方の銀行名・支店名・口座名(フリガナ)，口座番号などは正確に記入する。**電信扱いか文書扱いかを選ぶ。**

② 振り出した小切手の金額，振込額に誤りがないか確かめる。

演習 4-9　5/15　難波商事は，銀座商事から仕入れた商品の代金を支払うため，¥4,500,000の小切手を振り出し，振込依頼書を作成して道頓堀銀行本店に持参し，振込金受領書を受け取った。なお，振込手数料¥700(電信扱い)は現金で支払った。

4 送金案内状の郵送

例題 4-10　5/16　銀座商事は，難波商事へ商品の仕入代金の送金案内状を作成して郵送した。

送金案内状，封筒，発信簿

5 領収証・送金礼状の受信

例題 4-11　5/18　銀座商事は，難波商事から，支払った代金の領収証と送金礼状を受け取った。

受信簿

以上によって，他市場からの商品の仕入れから代金の支払いまでの業務は完了する。

演習 4-10　5/16　難波商事は，銀座商事へ商品の仕入代金の送金案内状を作成して郵送した。

演習 4-11　5/18　難波商事は，銀座商事から，支払った代金の領収証と送金礼状を受け取った。

③ 小売商への商品の売り渡し

　他市場の卸売商から仕入れた商品は，地元の小売商へ売り渡すことにより利益を得ることができる。ここでは，倉庫会社に寄託してある商品を出庫せずに，**倉荷証券を裏書きして売り渡す**ことにする。その手続きは，次のような順序である。

■倉荷証券による小売商への商品売り渡し手続き

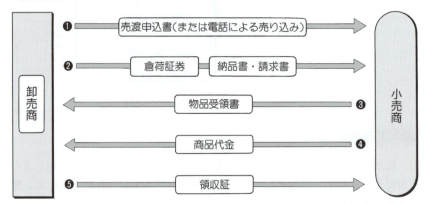

● 手続きの説明 ●

❶ 本来は積極的な売り込みや見積書の送付などが必要となるが，ここでは**売渡申込書**を提出するか，**電話による売り込み**により，売買契約が成立するものとする（次回の取引からは納品書による売り渡しでもよい）。

❷ 倉荷証券は，**裏書き**をする。

❹ 約束手形で代金を受け取る。

❺ 商品の代金を受領したら，作成し提出する。領収証には受領金額に応じた収入印紙を貼り，消印する。

■1 売渡申込書の作成・■2 倉荷証券の裏書きと納品書の作成

|伝| 振替伝票

|補| 売掛金元帳，売上帳，商品有高帳

|書| 売渡申込書，倉荷証券（裏書き），納品書

例題 4-12　5/19　銀座商事は，冷蔵庫の小売商である築地電機商店（東京管理部）に下記の商品を売り渡すことにし，売渡申込書を作成して提出した。同時に，倉荷証券に裏書きし，納品書（物品受領書・請求書つき）を作成して提出した。

冷蔵庫（5ドア400ℓ・いつでも氷機能つき，1台65kg・総量70kg）　18台
＠¥360,000　価格¥6,480,000

支払条件：30日後手形払い

仕　訳　（借）売　掛　金　6,480,000　（貸）売　　　上　6,480,000

売渡申込書の例

売 渡 申 込 書　　No. 1

○年　5月　19日

築地電機商店　御中

〒104-0061　東京都中央区銀座1
株式会社 銀座商事

下記のとおり商品を売り渡したく申し込みいたします。

品　名	数量	単価	金額	備考
冷蔵庫5ドア400ℓ	18台	360,000	6,480,000	
以下余白				
合　計			¥6,480,000	

受渡期日　○年　5月　19日
受渡場所　株式会社八丁堀倉庫
支払条件　現金　小切手　(手形) 30日後払い

記入上の注意

① 単価は，あらかじめ作成してある仕入取引計画表にもとづく単価を記入する。
② 代金決済の条件を記入する。　③ 記名・押印をする。
④ 副が返却される。

倉荷証券の裏書きの例

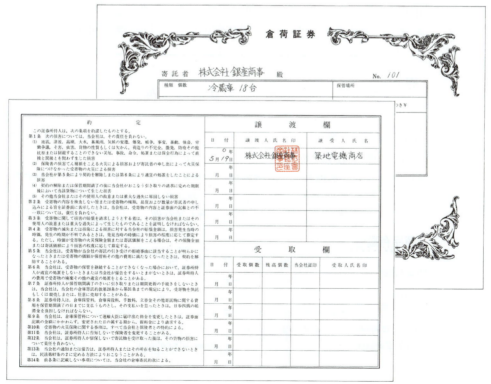

納品書・物品受領書・請求書の例

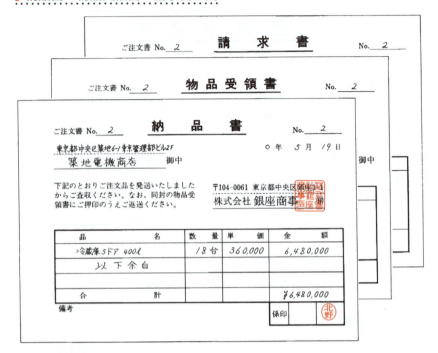

記入上の注意　→p.47参照

売掛金元帳

売　掛　金　元　帳

築地電機商店　　　　　　　　　　　　　2

○年 月日	摘　要	借　方	貸　方	借/貸	残　高
5/19	冷蔵庫売り上げ	6,480,000		借	6,480,000

売上帳

売　　上　　帳

1

○年 月日	摘　要			内　訳	金　額
5/8	株式会社 難波商事		掛け		
	大豆 米国産	1500袋	@¥3,000		4,500,000
5/19	築地電機商店		掛け		
	冷蔵庫 5ドア 400ℓ	18台	@¥360,000		6,480,000

商品有高帳

商　品　有　高　帳

(先入先出法)　　　　　　　　（品名）冷蔵庫　　　　　　　　　　単位　台

4

○年 月日	摘要	受入 数量	受入 単価	受入 金額	払出 数量	払出 単価	払出 金額	残高 数量	残高 単価	残高 金額
5/9	難波商事	18	270,000	4,860,000				18	270,000	4,860,000
/19	築地電機商店				18	270,000	4,860,000			0

演習 4-12

5/19 難波商事は，大豆の小売商である高津食料商店(大阪管理部)に下記の商品を売り渡すことにし，売渡申込書を作成して提出した。同時に，倉荷証券に裏書きし，納品書(物品受領書・請求書つき)を作成して提出した。

大豆(米国産，1袋60kg・総量61kg) 1,500袋
@¥4,000 価格¥6,000,000 支払条件：30日後手形払い

3 物品受領書の受け取り・ 4 商品代金の回収・ 5 領収証の発行

例題 4-13

5/20 銀座商事は，築地電機商店から，物品受領書と商品の代金¥6,480,000を約束手形(No.T1001)で受け取り，領収証を発行した。なお，収入印紙¥2,000は築地郵便局にて小切手を振り出して購入した。

伝 振替伝票
補 受取手形記入帳，売掛金元帳，当座預金出納帳

仕訳 (借)受取手形 6,480,000 (貸)売 掛 金 6,480,000
　　　　租税公課　　 2,000　　　 当座預金　　 2,000

書 領収証
小切手

受取手形記入帳

受 取 手 形 記 入 帳　　1

○年		摘　要	金　額	手形種類	手形番号	支払人	振出人	振出日		満期日		支払場所	てん末	
月	日							月	日	月	日		月日	摘要
5	20	売掛金	6480000	約手	T1001	築地電機商店	築地電機商店	5	20	6	20	日本橋銀行本店		

領収証の例

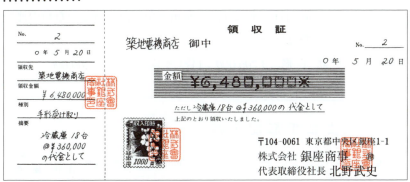

● 記入上の注意 ● →表見返し参照

演習 4-13　5/20　難波商事は，高津食料商店から，物品受領書と商品の代金￥6,000,000を約束手形(No.S2001)で受け取り，領収証を発行した。なお，収入印紙￥2,000は高津郵便局にて小切手を振り出して購入した。

❹ 倉庫料金の支払い

他市場から仕入れた商品を，小売商に倉荷証券で売り渡すまでのあいだ，倉庫会社に寄託した料金については，倉庫会社より支払い請求がある。

1 倉庫料金の支払い

(伝) 振替伝票
(補) 当座預金出納帳
(書) 小切手
→p.164参照

例題 4-14　5/20　銀座商事は，八丁堀倉庫から寄託していた商品の倉庫料金￥21,745(保管料￥20,498，荷役料￥1,247)の請求を受け，小切手を振り出して支払った。

仕訳　(借)倉　庫　料　21,745　(貸)当座預金　21,745

以上によって，小売商への商品の売り渡しから，倉庫料金の支払いまでの業務は完了する。

演習 4-14　5/20　難波商事は，南船場倉庫から寄託していた商品の倉庫料金￥168,600(保管料￥78,900，荷役料￥89,700)の請求を受け，小切手を振り出して支払った。

2 手形満期日の処理(1)……支払手形の場合

(伝) 振替伝票
(補) 支払手形記入帳
　　 当座預金出納帳

例題 4-15　5/20　銀座商事は，先にJA築地支店から買い入れた商品の代金￥3,200,000を約束手形(4月20日振り出し)で支払っていたが，本日，日本橋銀行本店より，満期日にあたり，当座預金から引き落したむねの連絡をうけた。

仕訳　(借)支払手形　3,200,000　(貸)当座預金　3,200,000

支払手形記入帳

支払手形記入帳

○年		摘要	金額	手形種類	手形番号	受取人	振出人	振出日		満期日		支払場所	てん末	
月	日							月	日	月	日		月日	摘要
4	20	買掛金	3,200,000	約手	G1001	JA築地支店	当社	4	20	5	20	日本橋銀行本店	5 20	支払い

演習 4-15

5/20　難波商事は，先に高津電器産業から買い入れた商品の代金￥3,600,000を約束手形（4月20日振り出し）で支払っていたが，本日，道頓堀銀行本店より，満期日にあたり，当座預金から引き落したむねの連絡をうけた。

> ●参 考●──[手形満期日の処理(2)……受取手形の場合]
>
> 6/20　銀座商事は，築地電機商店に，商品を売り渡した代金￥6,480,000を約束手形（5月20日振り出し）で受け取っていたが，本日，日本橋銀行本店より，満期日にあたり，当座預金に入金されたむねの連絡をうけた。
>
> 伝｜振替伝票
> 補｜当座預金出納帳
> 　　受取手形記入帳
>
> **仕 訳**　（借）当座預金　6,480,000　（貸）受取手形　6,480,000

受取手形記入帳

受 取 手 形 記 入 帳　　1

○年 月日	摘　要	金　額	手形種類	手形番号	支払人	振出人	振出日		満期日		支払場所	てん末		
							月	日	月	日		月	日	摘要
5 20	売掛金	6,480,000	約手	T1001	築地電機商店	築地電機商店	5	20	6	20	日本橋銀行本店	6	20	回収

▶5月末業務

卸売商は日常の業務として，取引相手との間で販売業務や仕入業務などの売買業務をおこなっているが，その他に，取引に関する伝票の整理・保管や記帳，書類の整理などの業務がある。

さらに，毎月末には，従業員への給料の支払い，通信費・水道光熱・広告料などの諸経費の支払いをはじめ，帳簿の整理などの業務をおこなわなければならない。

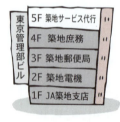

例題 5-1　5/31　銀座商事は4・5月分の従業員の給料として¥800,000（1人1か月¥200,000で2人分，2か月分）を築地サービス代行（東京管理部）に小切手を振り出して支払った。

仕訳　（借）給　　料　800,000　（貸）当座預金　800,000
伝 振替伝票　補 当座預金出納帳　書 小切手

例題 5-2　5/31　銀座商事は築地サービス代行から4・5月分の電話料金¥40,000（2か月分）の請求を受け，小切手を振り出して支払った。

仕訳　（借）通　信　費　40,000　（貸）当座預金　40,000
伝 振替伝票　補 当座預金出納帳　書 小切手

例題 5-3　5/31　銀座商事は築地サービス代行から4・5月分の電気料金¥20,000，水道料金¥6,000，ガス料金¥10,000（いずれも2か月分）の請求を受け，小切手を振り出して支払った。

仕訳　（借）水道光熱費　36,000　（貸）当座預金　36,000
伝 振替伝票　補 当座預金出納帳　書 小切手

例題 5-4　5/31　銀座商事は，築地庶務から4・5月分のラジオのスポット広告の広告料¥100,000（2か月分）の請求を受け，小切手を振り出して支払った。

仕訳　（借）広　告　料　100,000　（貸）当座預金　100,000
伝 振替伝票　補 当座預金出納帳　書 小切手

演習 5-1　5/31　難波商事は4・5月分の従業員の給料として￥800,000（1人1か月￥200,000で2人分，2か月分）を高津サービス代行（大阪管理部）に小切手を振り出して支払った。

演習 5-2　5/31　難波商事は高津サービス代行から4・5月分の電話料金￥40,000（2か月分）の請求を受け，小切手を振り出して支払った。

演習 5-3　5/31　難波商事は，高津サービス代行から4・5月分の電気料金￥20,000，水道料金￥6,000，ガス料金￥10,000（いずれも2か月分）の請求を受け，小切手を振り出して支払った。

演習 5-4　5/31　難波商事は，高津庶務から4・5月分のラジオのスポット広告の広告料￥100,000（2か月分）の請求を受け，小切手を振り出して支払った。

6 期末業務(決算)

　企業はたえず，経営活動を続けており，その活動はとどまることはない。しかし，企業をよりいっそう発展させるためには，企業の経営状態がどうなっているのかを知らなければならない。そのためには一定期間ごとに**決算**をおこない，その期間の**経営成績**や，決算時における**財政状態**を明らかにすることが必要である。決算に関する一連の業務を**期末業務**といい，これには**決算手続き**，**財務諸表の作成**，**経営分析**などがある。

　ここでは，4・5月分の経営活動のデータにより，決算をおこなう。

❶ 決算手続き

1 決算予備手続き

① 決算日における総勘定元帳の各勘定残高をはじめとして各補助簿との照合をする。
② **試算表**を作成する。
③ 決算整理を必要とする項目を調べ，必要な計算などをする。
④ ③の結果をまとめた**棚卸表**を作成する。
⑤ 試算表と棚卸表をもとに**精算表**(8けた)を作成する。

2 決算本手続き(帳簿決算)

① 決算整理事項にもとづき**決算整理仕訳**をし，総勘定元帳に転記する。
② 損益勘定を総勘定元帳に設定する。
③ 費用勘定・収益勘定の残高を，**損益勘定**へ振り替える。
④ 損益勘定上で，当期の純損益額を算出し，**繰越利益剰余金勘定**へ振り替える。
⑤ 仕訳帳，総勘定元帳および各補助簿を締め切る。
⑥ **繰越試算表**を作成する。

　●注＞上記 2 の**決算本手続き(帳簿決算)**については，決算整理仕訳をのぞき，本書では省略した。

3 合計残高試算表の作成

合計残高試算表

　例題6-1　5/31　銀座商事は，総勘定元帳の各勘定残高により，合計残高試算表を作成した。

合計残高試算表

合計残高試算表
株式会社銀座商事　　〇年 5月 31日

借方残高	借方合計	元丁	勘定科目	貸方合計	貸方残高
1,514,580	12,500,000		現　　　金	10,985,420	
5,664,255	15,480,000		当 座 預 金	9,815,745	
6,480,000	6,480,000		受 取 手 形		
	10,980,000		売 掛 金	10,980,000	
6,000,000	6,000,000		建　　　物		
1,500,000	1,500,000		備　　　品		
	3,200,000		支 払 手 形	3,200,000	
	8,060,000		買 掛 金	8,060,000	
			資 本 金	20,000,000	20,000,000
			売　　　上	10,980,000	10,980,000
8,060,000	8,060,000		仕　　　入		
800,000	800,000		給　　　料		
141,000	141,000		運 送 料		
271,945	271,945		倉 庫 料		
41,100	41,100		通 信 費		
4,000	4,000		租 税 公 課		
4,000	4,000		保 険 料		
350,000	350,000		広 告 料		
2,500	2,500		支払手数料		
36,000	36,000		水道光熱費		
10,200	10,200		消 耗 品 費		
100,420	100,420		雑　　　費		
30,980,000	74,021,165			74,021,165	30,980,000

●注＞元丁欄は省略している。

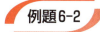演習6-1

5/31 難波商事は，総勘定元帳の各勘定残高により，合計残高試算表を作成した。

4 棚卸表の作成

例題6-2　5/31 銀座商事は，次の決算整理事項にもとづいて棚卸表を作成した。

📖 棚卸表

●注＞
ここでは，法人税については省略している。

[決算整理事項]
a. 期末商品棚卸高　　大豆(米国産1袋60kg・総量61kg)，100袋，@￥2,000
b. 貸倒見積高　　　　受取手形残高の2％，差額補充法
c. 建物減価償却高　　鉄筋コンクリート造り2階建，残存価額零(0)，耐用年数50年，2か月分，定額法・間接法
d. 備品減価償却高　　事務用机・いすなど一式，残存価額零(0)，耐用年数5年，2か月分，定額法・間接法
e. 保険料前払高　　　10か月分
f. 倉庫料未払高　　　￥9,448，大豆100袋・4期(4/21～5/31)分，保管料のみ

棚卸表

棚 卸 表

株式会社銀座商事　　〇年5月31日

勘定科目	摘　　要	内　訳	金　額
繰越商品	大豆（米国産、1袋60kg・総量61kg） 100袋 @¥2,000		200,000
受取手形	帳簿残高 　貸倒引当金　受取手形残高の2%	6,480,000 129,600	6,350,400
建　物	鉄筋コンクリート造り2階建 取得原価 残存価額0%耐用年数50年、2か月分当期減価償却費 （定額法）	6,000,000 20,000	5,980,000
備　品	事務用机・いすなど一式　取得原価 残存価額0%耐用年数5年、2か月分当期減価償却費 （定額法）	1,500,000 50,000	1,450,000
前払保険料	火災保険料前払、10か月分		2,500
未払倉庫料	大豆100袋・4期(4/21～5/31)分、保管料のみ		9,448

演習6-2　5/31　難波商事は、次の決算整理事項にもとづいて棚卸表を作成した。

［決算整理事項］
a. 期末商品棚卸高　　冷蔵庫（5ドア400ℓ，1台65kg・総量70kg）2台，@¥180,000
b. 貸倒見積高　　　　受取手形残高の2%，差額補充法
c. 建物減価償却高　　鉄筋コンクリート造り2階建，残存価額零(0)，耐用年数50年，2か月分，定額法・間接法
d. 備品減価償却高　　事務用机・いすなど一式，残存価額零(0)，耐用年数5年，2か月分，定額法・間接法
e. 保険料前払高　　　10か月分
f. 倉庫料未払高　　　¥3,115，冷蔵庫2台・4期(4/21～5/31)分，保管料のみ

5 決算整理仕訳

例題6-3　5/31　銀座商事は、決算整理事項にもとづいて決算整理仕訳をおこなった。

減価償却累計額の内訳
建物　¥20,000
備品　¥50,000

仕訳				
（借）繰越商品	200,000	（貸）仕入	200,000
（借）貸倒引当金繰入	129,600	（貸）貸倒引当金	129,600
（借）減価償却費	70,000	（貸）減価償却累計額	70,000
（借）前払保険料	2,500	（貸）保険料	2,500
（借）倉庫料	9,448	（貸）未払倉庫料	9,448

演習6-3　5/31　難波商事は，決算整理事項にもとづいて決算整理仕訳をおこなった。

6 精算表の作成

例題6-4　5/31　銀座商事は，合計残高試算表・棚卸表にもとづいて8けた精算表を作成した。　8けた精算表

精算表

株式会社 銀座商事　　　　　　　○年　5月　31日

勘定科目	残高試算表 借方	残高試算表 貸方	整理記入 借方	整理記入 貸方	損益計算書 借方	損益計算書 貸方	貸借対照表 借方	貸借対照表 貸方
現　　　金	1,514,580						1,514,580	
当 座 預 金	5,664,255						5,664,255	
受 取 手 形	6,480,000						6,480,000	
繰 越 商 品			200,000				200,000	
建　　　物	6,000,000						6,000,000	
備　　　品	1,500,000						1,500,000	
前 払 保 険 料			2,500				2,500	
未 払 倉 庫 料				9,448				9,448
貸 倒 引 当 金				129,600				129,600
減価償却累計額				70,000				70,000
資 本 金		20,000,000						20,000,000
売　　　上		10,980,000				10,980,000		
仕　　　入	8,060,000			200,000	7,860,000			
給　　　料	800,000				800,000			
運 送 料	141,000				141,000			
倉 庫 料	271,945		9,448		281,393			
通 信 費	41,100				41,100			
租 税 公 課	4,000				4,000			
保 険 料	4,000			2,500	1,500			
広 告 料	350,000				350,000			
支 払 手 数 料	2,500				2,500			
水 道 光 熱 費	36,000				36,000			
減 価 償 却 費			70,000		70,000			
貸倒引当金繰入			129,600		129,600			
消 耗 品 費	10,200				10,200			
雑　　　費	100,420				100,420			
当 期 純 利 益					1,152,287			1,152,287
	30,980,000	30,980,000	411,548	411,548	10,980,000	10,980,000	21,361,335	21,361,335

演習6-4　5/31　難波商事は，合計残高試算表・棚卸表にもとづいて8けた精算表を作成した。

2 財務諸表の作成

決算をおこなった企業は，その結果をわかりやすくまとめるために，企業の経営成績については損益計算書を，財政状態については貸借対照表をそれぞれ作成することが必要である。このような各種の経営に関する報告書を**財務諸表**という。

1 損益計算書（2区分）の作成

　5/31　銀座商事は，決算の資料にもとづいて損益計算書を作成した。

損益計算書

損　益　計　算　書

株式会社銀座商事　〇年　4月　1日から　〇年　5月　31日まで

費用	金額	収益	金額
期首商品棚卸高	0	売上高	10,980,000
仕入高	8,060,000	期末商品棚卸高	200,000
売上総利益	3,120,000		
	11,180,000		11,180,000
給料	800,000	売上総利益	3,120,000
運送料	141,000		
倉庫料	281,393		
通信費	41,100		
租税公課	4,000		
保険料	1,500		
広告料	350,000		
支払手数料	2,500		
水道光熱費	36,000		
減価償却費	70,000		
貸倒引当金繰入	129,600		
消耗品費	10,200		
雑費	100,420		
当期純利益	1,152,287		
	3,120,000		3,120,000

演習6-5　5/31　難波商事は，決算の資料にもとづいて損益計算書を作成した。

2 貸借対照表の作成

例題6-6 5/31 銀座商事は，決算の資料にもとづいて貸借対照表を作成した。

 貸借対照表

貸借対照表

株式会社 銀座商事　　　〇年　5月 31日　　　　　　　　（単位：円）

資　産	金　額	負債および純資産	金　額
現　　金	1,514,580	未払倉庫料	9,448
当座預金	5,664,255	資　本　金	20,000,000
受取手形　6,480,000		繰越利益剰余金	1,152,287
貸倒引当金　129,600	6,350,400		
商　　品	200,000		
前払保険料	2,500		
建　　物　6,000,000			
減価償却累計額　20,000	5,980,000		
備　　品　1,500,000			
減価償却累計額　50,000	1,450,000		
	21,161,735		21,161,735

演習6-6 5/31 難波商事は，決算の資料にもとづいて貸借対照表を作成した。

3 経営分析

　第Ⅰ編基礎編第5章で学習した内容にそって，株式会社銀座商事（または難波商事）の決算時のデータを使って，実際に経営分析をしてみよう。

1 収益性の分析

①総資本利益率

$$総資本利益率（\%）\quad \frac{当期純利益}{総資本} \times 100 =$$

②自己資本利益率

$$自己資本利益率（\%）\quad \frac{当期純利益}{自己資本} \times 100 =$$

③売上高利益率

$$売上高総利益率（\%）\quad \frac{売上総利益}{売上高} \times 100 =$$

$$売上高経常利益率（\%）\quad \frac{経常利益}{売上高} \times 100 =$$

$$売上高純利益率（\%）\quad \frac{当期純利益}{売上高} \times 100 =$$

④総資本回転率

$$総資本回転率（回）\quad \frac{売上高}{総資本} =$$

⑤流動資産回転率・固定資産回転率

$$流動資産回転率（回）\quad \frac{売上高}{流動資産} =$$

$$固定資産回転率（回）\quad \frac{売上高}{固定資産} =$$

⑥商品回転率

$$商品回転率（回）\quad \frac{売上高}{商品} =$$

⑦損益分岐点分析

$$損益分岐点売上高（円）\quad 固定費 \div \left(1 - \frac{変動費}{売上高}\right) =$$

2 安全性の分析

①流動比率

$$\text{流動比率(\%)} \quad \frac{\text{流動資産}}{\text{流動負債}} \times 100 =$$

②当座比率

$$\text{当座比率(\%)} \quad \frac{\text{当座資産}}{\text{流動負債}} \times 100 =$$

③固定長期適合率

$$\text{固定長期適合率(\%)} \quad \frac{\text{固定資産}}{\text{固定負債}+\text{自己資本}} \times 100 =$$

④自己資本比率

$$\text{自己資本比率(\%)} \quad \frac{\text{自己資本}}{\text{総資本}} \times 100 =$$

⑤負債比率

$$\text{負債比率(\%)} \quad \frac{\text{負債}}{\text{自己資本}} \times 100 =$$

第3章 機関商業・管理部の業務

▶1 銀行の業務

❶ 開始業務(卸売商に準じておこなう)

(a) 期首貸借対照表の作成
(b) 帳簿組織と勘定科目の設定
　[銀行で扱う独自の勘定科目]
　① 資産…預け金, 商業手形, 手形貸付, 当座貸越
　② 負債…当座預金, 定期預金
　③ 収益…貸付金利息, 受入手数料
　④ 費用…預金利息
　⑤ その他…本店, 支店
(c) その他

❷ 預金業務

▋1 当座預金

■当座取引の開設手続き

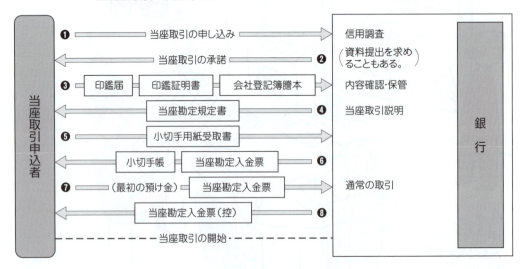

🟠 **手続きの説明** 🟠

❶ 銀行は，当座取引申込者から申し込みを受けたら，信用調査をする。
❸ 銀行は，申込者が会社の場合には，会社登記簿謄本と印鑑証明書の提出を求める。
❹ 銀行は，取引の開始にあたっては，当座勘定規定書を交付して，取引のための説明をする。
❻ 銀行が小切手帳を交付するときには，小切手帳代金を受け取る。

2 当座預金への入金

① 現金での入金
　㋐ 当座勘定入金票(控えと複写)に記入してもらい，現金とともに提出をうける。
　㋑ 当座勘定入金票および控えに出納印を押印する。
　㋒ 当座勘定入金票(控)は，取引先に返す。
　㋓ 当座勘定入金票にもとづいて，当座勘定元帳の貸方に記入する。

② 小切手・手形(当店券)による入金
　小切手・手形(当店券)での入金の場合は，当座勘定入金票に「振替入金」のゴム印を押して，代用振替入金伝票として使用してもよい。なお，小切手の裏面には，受取人の住所・氏名・押印が必要なため，その記載を確認する。

●注▷当店券とは，小切手・手形の支払場所に，自店を指定されているもの。したがって，この場合は，店内だけで処理できる。

③ その他の入金
　㋐ 他店券…小切手は，当店券と同じ処理をおこなうが，現金の扱いにする。送金小切手も当店券と同じ処理をおこなう。
　㋑ 振込…振替入金伝票をつくり，入金手続きをとる。

3 当座預金の払い戻し

① 当座預金の払い戻しは，小切手・手形の持参人が支払いを受けるために銀行に呈示をしてきた場合，銀行はその小切手・手形の振出人の口座から払い戻す。この際，裏書のあることを確認する。
② 小切手・手形の様式を点検し，振出人の印鑑を届け出のものと照合する。
③ 現金で払い戻しをするときには，小切手・手形を出金伝票の代用として使う。小切手・手形の持参人の口座に入金する場合には，振替出金伝票の代用として使う。どちらの場合も，振出人の当座勘定元帳の借方に記入して，払い戻しの手続きをする。

当座勘定元帳の例

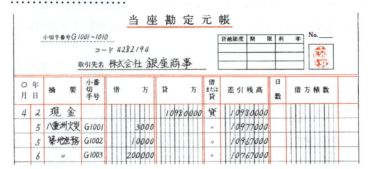

日常業務で使用する印の例

4　定期預金

　預金者から定期預金の申し込みを受けたら，定期預金入金伝票に必要事項を記入したうえで，預け入れ額を受け取る。

　定期預金入金伝票を入金伝票に代用し，これにもとづいて定期預金証書を作成し，預金者に交付する。なお，同時に複写作成した定期預金連絡票を定期預金記入帳としてつづる。

定期預金入金伝票の例

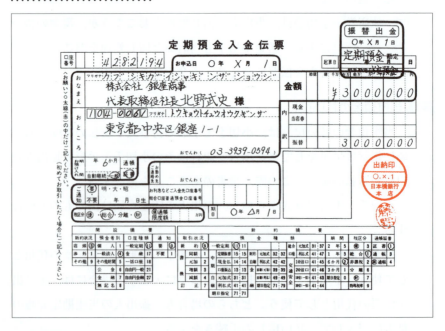

期日かその後に払い戻しの請求をうけた場合には，受取欄の印鑑を印鑑届と照合する。利息計算書を作成し，払い戻し金とともに預金者にわたす。

なお，定期預金証書には収入印紙（¥200）を貼り，消印する。

●注＞
例では，印と収入印紙を省略している。

定期預金証書の例

5 当座貸越

■当座貸越の手続き

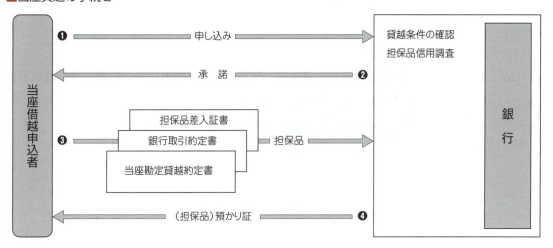

手続きの説明

❶ 申し込みを受けるとき，貸越限度額・約定期限・担保物件などについて確認をする。当座勘定貸越約定書・銀行取引約定書・印鑑届の提出を求める。

❸ 担保品として，自行定期預金証書や有価証券などを入れてもらう。

❹ (ア) 担保品差入証書・担保品を受け取ったら，（担保品）預かり証をわたす。

(イ) 定期預金証書を担保として受け入れる場合には，受取人欄の記名・押印だけをしてもらう（日付は記入しない）。

(a) 当座勘定元帳の記入

当座貸越の手続き終了後，当座勘定元帳に貸越契約の内容を記入する。

1. 銀行の業務　149

(b)利息計算

① 当座貸越になると，当座勘定元帳の残高が借方にかわる。その後に貸方残にかわるまでの日数を両端入れで計算し，借方残高に乗算して，借方積数欄に記入する。この場合，付利金額は￥100なので注意する。
② 期末に積数合計を求め，利率をかけて貸越利息を求める。
③ 翌日，当座勘定元帳から貸越利息を引き落とす。

●注>
印は省略している。

銀行取引約定書の例

●注>
収入印紙の金額はp.203〜204参照。

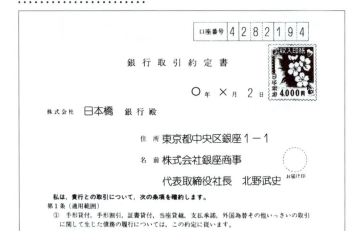

(c)残高通知

当座勘定残高は，計算した貸越利息額とともに，一定時に当座貸越利息計算書によって，各取引先に通知する。

●注>
印は省略している。

定期預金担保差入証書の例

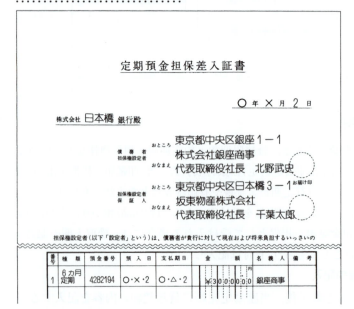

預かり証の例

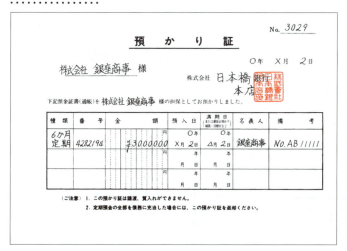

●注＞定期預金担保差入証書および(定期預金)預かり証には，収入印紙は不要。

3 為替業務

1 振込み

■振込みの手続き

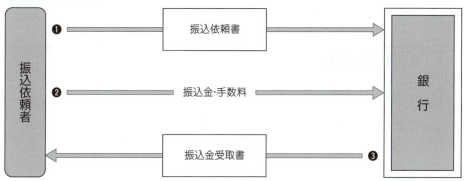

● 手続きの説明 ●

❶ 送金依頼者に，振込依頼書の提出を求める。
❷ 振込金額と手数料の合計金額の支払いを求める。小切手など現金以外の場合には，必ず内訳も記入する。
❸ 収入印紙(¥200)を貼り，出納印を押してから振込金受取書をわたす。

(a) 取組銀行での処理

① 振込依頼書を入金伝票の代用に使う。自行あてであれば，本支店勘定で，他行あてであれば，未決済為替借勘定にする。
② 支払銀行に，振込票を送付する。

(b) 支払銀行での処理

① 取組銀行からの振込票によって内容を確認する。

② 受取人の当座勘定口座に入金し，取組銀行が同じ銀行の他支店であれば，本支店勘定で，他行であれば未決済為替貸勘定とする。

振込金受取書の例

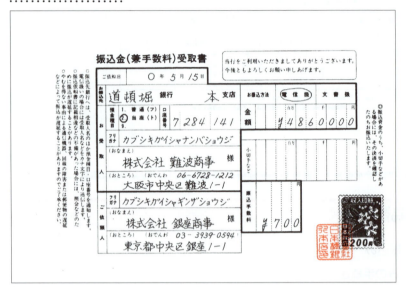

4 日常の業務

(1) 毎日，伝票類の集計をして集計票を作成する。

(2) 銀行日計表を作成し，元帳に転記する。

(3) 現金残高と照合する。

記帳処理の例

銀行での一般的な取引について，仕訳例を示すと次のようになる。

① 現金￥10,000,000を当座預金として受け入れた。

　　(借)現　　　金　10,000,000　　(貸)当 座 預 金　10,000,000

② 本人振り出しの小切手￥4,000,000を，定期預金として受け入れた。

　　(借)当 座 預 金　4,000,000　　(貸)定 期 預 金　4,000,000

③ 本人振り出しの小切手￥100,000で，現金が引き出された。

　　(借)当 座 預 金　100,000　　(貸)現　　　金　100,000

④ 当店を支払場所とした他人振り出しの小切手￥200,000を，当座預金として受け入れた。

　　(借)当座預金　　200,000　　(貸)当座預金　　200,000

⑤ 手形貸付をして，手取金を当座預金に入金した。

　　(借)手形貸付　1,000,000　　(貸)当座預金　　978,260
　　　　　　　　　　　　　　　　　　　貸付金利息　　21,740

⑥ 本人振り出しの小切手で，当銀行他支店への振込依頼をうけた。

　　(借)当座預金　2,760,000　　(貸)本（支）店　2,760,000

⑦ 振込手数料を現金で受け取った。

　　(借)現　　金　　　400　　(貸)受入手数料　　　400

上記の取引がすべて○年4月20日にあったとすると，集計票は次のようになる。

集計票の例

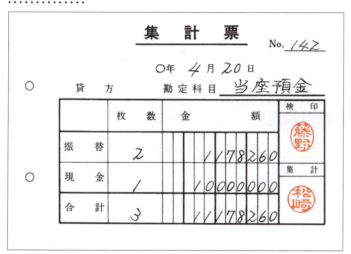

上の記載例は，当座預金の集計表（借方）である。

振替入金：④・⑤
現金入金：①

これにもとづいて，銀行日計表をつくると，次ページのようになる。

1. 銀行の業務　153

銀行日計表の例

銀　行　日　計　表

○年4月20日

振替支出	現金支出	支出合計	勘定科目	振替収入	現金収入	収入合計
1,000,000		1,000,000	手 形 貸 付			
6,960,000	100,000	7,060,000	当 座 預 金	1,178,260	10,000,000	11,178,260
			定 期 預 金	4,000,000		4,000,000
			本（支）店	2,760,000		2,760,000
			貸 付 金 利 息	21,740		21,740
			受 入 手 数 料		400	400
7,960,000	100,000	8,060,000		7,960,000	10,000,400	17,960,400
			前 日 繰 越 高		0	0
	9,900,400	9,900,400	本日現金有高			
7,960,000	10,000,400	17,960,400		7,960,000	10,000,400	17,960,400

●注＞本日現金有高￥9,900,400が，現金有高帳と一致する。

5 月末業務

(1) 諸経費の支払いをする。

(2) 月計表を作成し，補助簿を締め切る。なお，当座勘定の残高通知をするとよい。

6 期末業務（決算業務）

(1) 決算をおこなうにあたって，銀行独自の決算整理事項として，次のものがある。

① 貸付金に対する貸倒引当金を設定する。

② 預金利息の未払分を計上する。

③ 貸付金利息の前受分を控除する。

(2) その他は卸売商に準じておこなう。

2 保険会社の業務

❶ 開始業務(卸売商に準じておこなう)

(a)期首貸借対照表の作成

(b)帳簿組織と勘定科目の設定

　［保険会社で扱う独自の勘定科目］

　　① 負債…前受保険料

　　② 収益…受取火災保険料，受取運送保険料

　　③ 費用…支払火災保険料

(c)その他

❷ 火災保険契約

1 火災保険契約の手続き

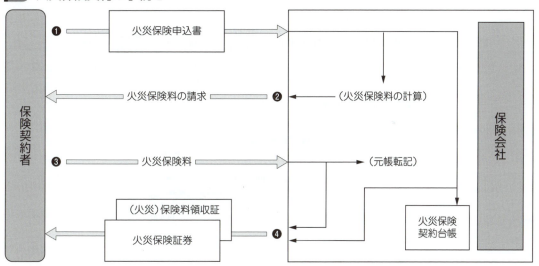

● 手続きの説明 ●

❶ 保険会社は，記載事項をよく確認し，つづりこんで火災保険契約台帳とする。申込書・申込書(控)は，2枚複写である。なお，申込書(控)は保険契約者が保管する。

❹ 火災保険申込書にもとづいて作成する。

2 火災保険料の計算（一般物件）

① 建物構造級別表で級別を調べる。
② 地域別明細表で建物所在地の等地を調べる。
③ 火災保険一般物件料率表から1年間の料率を求める。
④ 上記につき，割増率・割引率の適用があれば加減し，適用料率とする。
⑤ 火災保険料 ＝ 保険金額 × $\dfrac{\text{適用料率}}{¥1,000}$

（端数処理は¥10未満4捨5入とし，¥2,000未満のときは¥2,000）

●注＞
→p.211～212参照

例題1-4　4/5　銀座商事は，八重洲火災と火災保険契約を結び，建物に¥6,000,000　備品に¥1,500,000の保険をかけ，保険料1か年分¥3,000を小切手で支払った。
〔住所　東京都中央区銀座1－1〕

〔解答〕

① 建物の構造級別　特級
② 建物所在地の等地　2等地
③ 適用基本料率　建物0.37/¥1,000　動産0.52/¥1,000
④ 割引率　なし
⑤ 火災保険料　$6,000,000 \times \dfrac{0.37}{1,000} + 1,500,000 \times \dfrac{0.52}{1,000} = 3,000$

仕訳　(借)現　金　3,000　(貸)受取火災保険料　3,000

保険料領収証の例

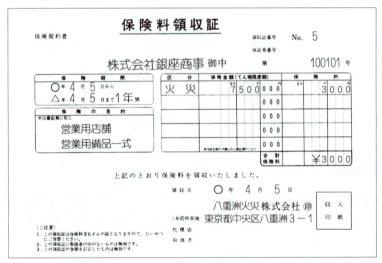

● 記入上の注意

① 領収額によって，税率にあった収入印紙を貼り，消印する。
② 社印を押す。

火災保険証券の例

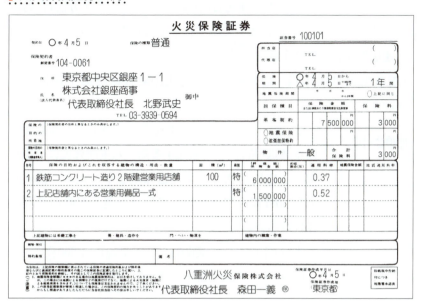

記入上の注意

① 保険証券の発行には￥200の収入印紙を貼る。
② 社印と代表者印を押す。

3 運送保険契約

1 運送保険契約の手続き

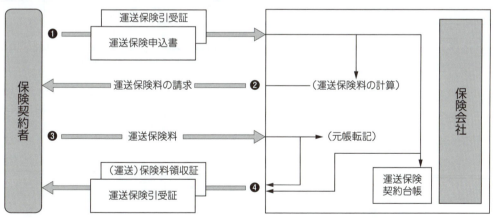

手続きの説明

❶ 保険会社は，記載事項をよく確認し，つづりこんで運送保険契約台帳とする。
申込書・申込書(控)・引受証は，3枚複写で，申込書(控)は保険契約者が保管する。

❹ ❶の引受証に証印してわたす。

2. 保険会社の業務　157

2 運送保険料の計算

① 国内運送保険料率表から運送貨物(保険の目的)，運送方法(自動車便・鉄道便)，運送区域によって基本料率を求める。

② 運送保険料＝保険金額×$\dfrac{適用料率}{￥100}$

(端数処理は円未満4捨5入とし，最低保険料は契約1件につき￥1,000)

●注＞
→p.213参照

例題3-14　5/8　銀座商事は，難波商事への下記の商品を自動車運送(積合せ)で発送する際，八重洲火災に分損担保・倉庫間約款付きで運送保険を申し込み，保険料￥1,000は現金で支払い，領収証と運送保険引受証を受け取った。

　　大豆(米国産，1袋60kg・総量61kg)　1,500袋

　　@￥3,000　保険金額￥4,500,000　料率￥0.013/100

〔解答〕

① 基本料率　積合せ自動車便　￥100につき￥0.013

② 運送保険料　$4,500,000 \times \dfrac{0.013}{100} = 585 \rightarrow 1,000$

仕　訳　(借)現　　金　1,000　(貸)受取運送保険料　1,000

保険料領収証の例

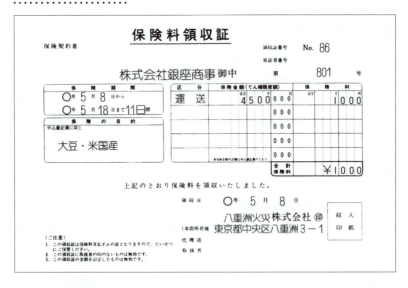

記入上の注意

① 保険料領収証・保険料領収証(控)は，2枚複写である。なお，保険料領収証(控)は，保険会社が保管する。

② 領収額によって税率にあった収入印紙を貼り，消印する。

③ 社印を押す。

運送保険引受証の例

申込番号	発送月日	輸送用具	輸送区間 自／至	保険の目的・数量・荷姿	てん補の種類	保険金額	料率	保険料	荷受人
1	5／8	自動車運送（積合せ）	東京／大阪	大豆・米国産	分損担保 倉庫間約款つき	4,500,000	0.013	1,000	難波商事
		以下余白							
					合計	¥4,500,000		¥1,000	

運送保険引受証　No. 801
申込日　○年5月8日
保険契約者　株式会社銀座商事 御中

引受証作成年月日　○年5月8日

当社は運送保険普通保険約款にもとづき，上記のとおり保険契約をお引き受けしました。
八重洲火災 株式会社
（本証に当社引受証印または営業店舗印のないものは無効です）

記入上の注意

① 証印として社印を押す。

●注1＞ てん補の種類は保険の目的（貨物の種類）によって異なるので，国内運送保険料率表に規定される条件による。

●注2＞ 保険金額は，ふつうは原価に希望利益（1割程度）が加算されている。

4 月末業務

(1) 諸経費の支払いをする。

(2) 月計表を作成し，補助簿を締め切る。

5 期末業務(決算)

卸売商に準じておこなう。

3 倉庫会社の業務

1 開始業務（卸売商に準じておこなう）

(a) 期首貸借対照表の作成
(b) 帳簿組織と勘定科目の設定
　［倉庫会社で扱う独自の勘定科目］
　　収益…受取保管料，受取荷役料
(c) その他

2 貨物の入庫

1 貨物の入庫手続き

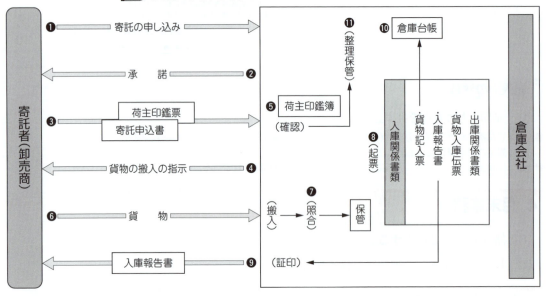

● 手続きの説明 ●

［受　付］
❶ 寄託者から電話または口頭で，寄託の申し込みをうける。
❷ 寄託貨物の種類・数量や倉庫の状況に応じて諾否を決める。
❸❹ 申し込みを承諾したときには，寄託申込書と荷主印鑑票（新規のときだけ）を受け取り，貨物の搬入先を指示する。
❺ 荷主印鑑票は，つづりこんで荷主印鑑簿とする。

［荷受け］
❻❼ 寄託申込書と搬入された貨物を照合・点検したうえで引き取る。

❽ 入庫ずみの貨物について，寄託申込書によって貨物記入票・貨物入庫伝票・入庫報告書を作成する。なお，これらの書類は，出庫にそなえて作成する出庫指図書・貨物出庫伝票・出庫報告書，ならびに名義変更のための変更伝票と必要記載事項が共通なので，同時に起票することもできる。寄託申込書は，入庫ずみの押印をし，保管の部門に回す。

[入庫処理]

❾ 入庫報告書は，入庫確認ののち，責任者の認印を押印し，寄託者に送付する。

❿ 貨物記入票は，料率を記入して，倉庫台帳として寄託者別・品目別に整理・保管する。

⓫ 寄託申込書は，日付順にとじこみ，保管する。

⓬ 出庫関係書類が回付されたときは，使用するまで寄託者別に保管する。

例題3-5 　4/21　銀座商事は，さきにJA築地支店から買い入れた下記の商品を，八丁堀倉庫に保管寄託することにし，寄託申込書と荷主印鑑票を作成して提出した。

大豆（米国産，1袋60kg・総量61kg）　1,600袋　＠¥2,000
価額 ¥3,200,000

貨物記入票の例

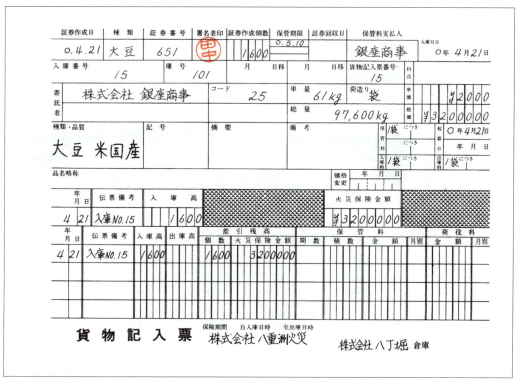

●注＞貨物記入票は，入庫伝票・入庫報告書とともに複写で作成される書類であり，寄託者別につづりこんで，倉庫台帳として使われる。

2 倉荷証券の発行

① 寄託者からの発行請求によって発行する（寄託申込書摘要欄に「要倉荷証券」と記入する）。倉荷証券には収入印紙（¥200）を貼り，消印する。
② 入庫報告書をもとに作成し，倉荷証券台帳に記入・契印して，倉庫台帳に記入する。
③ 入庫報告書にかえて倉荷証券を寄託者に交付する。このとき，手数料と倉荷証券受取書を受領，領収証をわたす。

例題4-8 5/10 銀座商事は，八丁堀倉庫に倉荷証券受取書を作成して提出し，倉荷証券発行手数料¥1,800を小切手を振り出して支払い，倉荷証券と領収証を受け取った。

仕 訳 （借）現　　金　1,800　（貸）受取手数料　1,800

倉荷証券台帳の例

証券作成日	証券番号	割印	署名者印	寄託者	種類・品質	個数	金額	交付月日	受取人	回収月日
5/10	101	切	申	株式会社銀座商事	冷蔵庫	18台	4,860,000	5/10		

倉荷証券の例

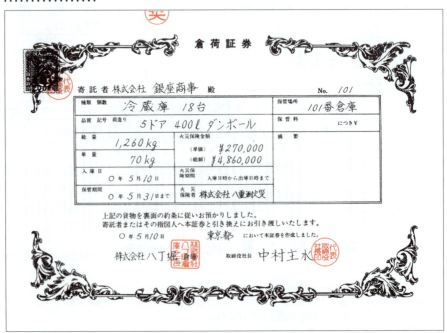

❸ 貨物の出庫

1 貨物の出庫手続き

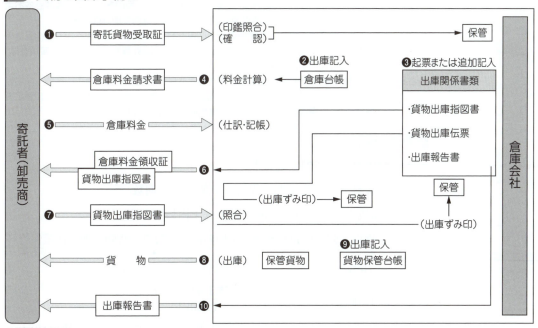

● 手続きの説明

［受　付］
❶ 寄託者から寄託貨物受取証の提出をうけたときは，荷主印鑑票と照合する。
❷ 倉庫台帳（貨物記入票をつづったもの）に出庫の記入をする。
❸ 貨物出庫指図書・貨物出庫伝票・出庫報告書を複写で作成する。
●注＞ただし，入庫時に起票され，保管されているときは，追加記入する。
❹ 倉庫台帳に保管料・荷役料を計算・記入し，請求書を作成して，貨物受取人にわたす。
❺ 貨物受取人から倉庫料金の支払いをうける。
❻ 倉庫料金領収証・同控えを複写で作成し，貨物出庫指図書とともに，貨物受取人にわたす。領収証に領収金額に応じて収入印紙を貼り，消印する。

［荷渡し］
❼ 貨物受取人から貨物出庫指図書を受け取る。
❽ 保管貨物を出庫して引き渡す。
❾ 貨物保管台帳（貨物入庫伝票をつづったもの，現場の倉庫台帳）に出庫の記入をおこない，貨物出庫指図書に出庫ずみ印を押印して保管する。

[出庫処理]

❿ 貨物出庫伝票で出庫を確認し，出庫報告書に責任者の印を押印し，寄託者に送付する。

●注1＞倉荷証券による出庫は，裏面受取人欄に寄託者の記名・押印をしてある倉荷証券および倉庫料金と引き換えに，貨物出庫指図書をわたす（貨物受取証は不要）。

●注2＞寄託貨物の売買は，売り主が倉荷渡指図書を買い主あてに発行するか，倉荷証券の裏書譲渡によっておこなう。このとき，一般には，証券等売渡時までの倉庫料金は，売り主が負担し，事前に倉庫会社に支払う。

●注3＞上記貨物を名義変更して，そのまま預かるときは，寄託申込書・荷主印鑑票・旧名義人の倉庫荷渡指図書または裏書ずみ倉荷証券の提出をうけ，手続き終了時に，新名義人（寄託者）に入庫報告書，旧名義人には出庫報告書を送付する。

2 倉庫料金の計算

●注＞
→p.207〜210参照

① 倉庫料＝保管料＋荷役料

② 保管料＝(ｱ)貨物1個の保管料×個数×(ｲ)期数

（50銭未満切り捨て，50銭以上は1円に切り上げ）

(ｱ) 貨物1個の保管料＝貨物1個の従価保管料＋貨物1個の従量保管料

（10銭未満4捨5入）　　（小数第4位4捨5入，厘位まで求める）

a. 従価保管料＝従価率×$\dfrac{貨物1個の価格}{1,000円}$

b. 従量保管料＝従量率×$\dfrac{貨物1個の重量(kg)}{1,000kg}$ 〔または $\dfrac{体積(m^3)}{1.133m^3}$ 〕

従価率 ①倉庫の所在地を級地表によって，甲・乙・丙の別を調べる。

従量率 ②普通倉庫保管料率表によって，取扱商品ごとに該当の料率をさがす。

(ｲ) 期数の計算

a. 1か月を3期（1日〜10日，11日〜20日，21日〜月末）に分ける。

b. その期数を数える。たとえば，5月9日〜5月11日は，2期となる（9〜10日で1期，11日で1期，合計2期となる）。

(ｳ) 請求1口の保管料総額が¥500に満たないときは¥500となる。

③ 荷役料＝1個あたり荷役料×個数×入出庫回数

（50銭未満切り捨て，50銭以上1円に切り上げ）　（実際の入庫1回，出庫1回につきそれぞれ荷役料を徴収）

(ｱ) 1個あたりの荷役料＝基本料率×$\dfrac{貨物1個の重量(kg)または体積(m^3)}{1t(1,000kg)または1.133m^3}$

（10銭未満4捨5入）

●注＞ $\dfrac{重量(kg)}{1,000}$ または $\dfrac{体積(m^3)}{1.133m^3}$ のいずれか大きいほうをとる。

(イ) 基本料率の求めかた
　a. 倉庫の所在地を荷役料級地表によって，甲(A)・甲(B)・乙・丙地の別に調べる。
　b. 普通倉庫荷役料率表によって，該当の料率を調べる（商品の種類・級地）。

●注1＞1個の体積が0.025m³未満のときは，0.025m³として計算する。
●注2＞庫入れまたは庫出しの1回の料金が¥300に満たないときは，¥300とする。

例題3-13　5／7　銀座商事は，難波商事に下記の商品を販売するため，八丁堀倉庫に寄託してある商品について寄託貨物受取証を作成して商品（商品カード）を出庫した。なお，倉庫料金¥250,200（保管料¥70,800，荷役料¥179,400）を小切手を振り出して支払い，領収証を受け取った。

大豆（米国産，1袋60kg・総量61kg）　1,500袋

●注＞寄託期間は4／21～5／7で，期数は2期，入出庫回数は2回。

〔解答〕

① 保管料 = $(2.66 \times \dfrac{2,000}{1,000} + 300 \times \dfrac{61}{1,000}) \times 1,500 \times 2 = 70,800$
　　　　　　↑従価保管料　　　　↑従量保管料　　　↑個数　↑期数

② 荷役料 = $980 \times \dfrac{61}{1,000} \times 1,500 \times 2 = 179,400$
　　　　　↑1個あたりの荷役料　↑個数　↑入出庫回数

③ 倉庫料 = 保管料 + 荷役料 = 70,800 + 179,400 = 250,200

仕　訳　（借）現　　金　250,200　　（貸）受取保管料　　70,800
　　　　　　　　　　　　　　　　　　　　受取荷役料　 179,400

■ 貨物記入票の例

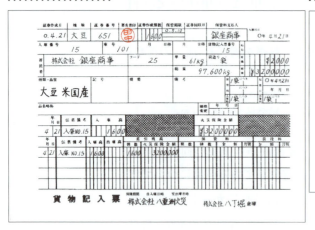

■ 倉庫料金請求書の例

■ 貨物出庫伝票の例

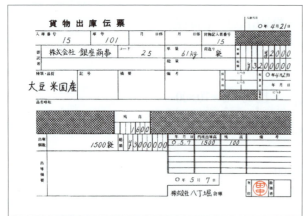

■ 倉庫料金領収証の例

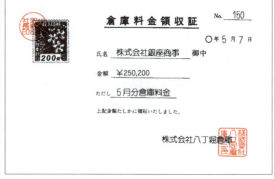

4 月末業務

(1) 諸経費の支払いをする。
(2) 月計表を作成し，補助簿を締め切る。

5 期末業務(決算)

卸売商に準じておこなう。

4 運送会社の業務

1 開始業務(卸売商に準じておこなう)

(a)期首貸借対照表の作成
(b)帳簿組織と勘定科目の設定
　［運送会社で扱う独自の勘定科目］
　　収益…受取運送料
(c)その他

2 自動車貨物運送

　自動車による貨物運送には，定期便で積み合わせ輸送する一般貨物自動車運送(積合せ)と，トラックごと貸し切りで輸送する一般貨物自動車運送(貸切り)がある。どちらの場合も，手続きは同様である。

1　一般貨物自動車運送の受付・発送業務

■一般貨物自動車運送の受付・発送手続き

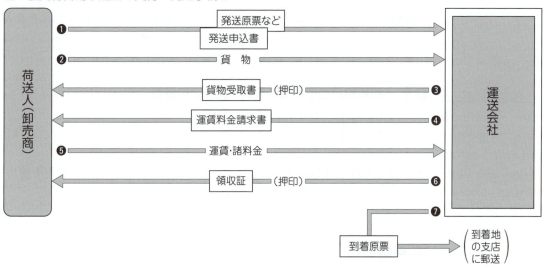

● 手続きの説明

❶　荷送人から申し込みをうけたら，発送申込書に必要事項を記入してもらう。
❷❸　荷送人から貨物を受け取ったら，貨物受取書に押印してわたす。
❹　運賃・諸料金を計算して，荷送人負担分を請求する。
❺❻　(ア)　荷送人から運賃・諸料金を受け取ったら，請求書に領収印を押して，領収証としてわたす。
　　(イ)　次に貨物に，送り状を添えて，自動車に積み込んで発送する。

2 一般貨物自動車運送の到着・引き渡し業務

■一般貨物自動車運送の到着・引き渡し手続き

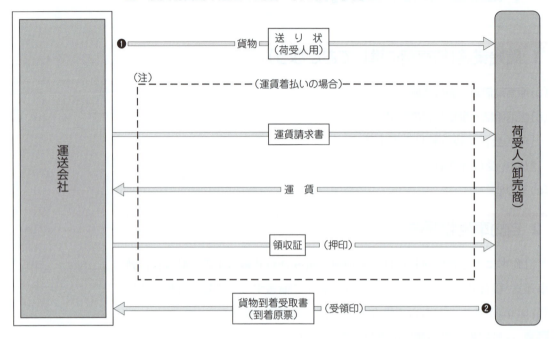

● 手続きの説明

❶❷ 着扱店では，荷受人を確認して，貨物到着受取書(到着原票)に荷受人の受領印をうけて，送り状を添えて貨物を引き渡す。

●注＞運賃着払いの場合は，荷受人から運賃を受け取って，領収証をわたす。

3 一般貨物自動車運送の運賃・諸料金の計算

① 積合せの場合 ｛ 自動車路線営業キロ程表
一般貨物自動車運送事業(積合せ)運賃料金表

② 貸切りの場合 ｛ 実際の走行距離(ここでは自動車路線営業キロ程表を使用)
一般貨物自動車運送事業(貸切り)運賃料金表

例題3-15　5/8　銀座商事は，難波商事から注文のあった下記の商品について，月島運輸に発送を依頼し，運賃￥141,000を小切手を振り出して支払った。

［運送方法：積合せ自動車運送］

仕 訳　(借)現　金　141,000　(貸)受取運送料　141,000

発送申込書の例

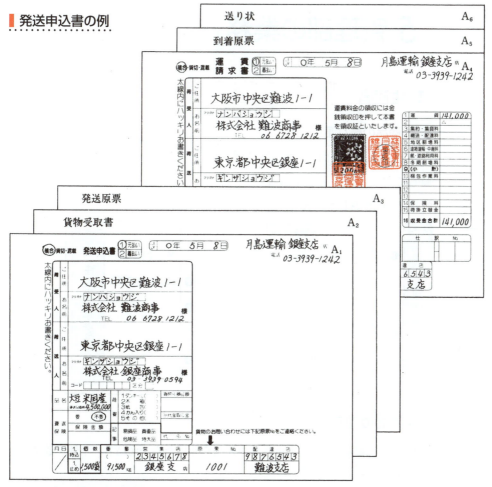

書式についての説明

A_1……とじて，荷送人台帳として保管する。

A_2……押印して，申込人にわたす。

A_3……とじて，発送整理簿として保管する。

A_4……領収証として，代金納入者にわたす。

A_5……発送地から着地の支店に郵送する。着地の支店では，荷受人から受領印をうけて，到着原簿として保管する。

A_6……発送地で荷物に添える。

●注＞実務では，運送会社ごとに，貨物自動車運賃の10％以内の範囲で増減することができる。

3 月末業務

(1) 諸経費の支払いをする。
(2) 月計表を作成し，補助簿を締め切る。

4 期末業務（決算）

卸売商に準じておこなう。

5 管理部の業務

1 生産者

1 商品の売り渡し

生産者は，卸売商との売買に先だって，取り扱い商品（商品カード）を準備しておくことが必要である。

■商品の売り渡し手続き

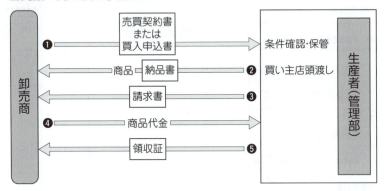

● 手続きの説明 ●

❶ (ｱ) 卸売商から買入申込書の提出をうけたら，商品名・単価・数量・金額などの確認をする。
　(ｲ) 買入申込書(控)は，卸売商の手元に保管する。
❹ 商品代金を受領する。
❺ 領収証を交付する。¥50,000以上の領収金額の場合は，印紙税率によって，領収証に収入印紙を貼り，消印する。

2 小売商

1 商品の買い入れ

■商品買い入れの手続き

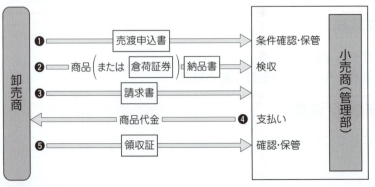

> **手続きの説明**

❶ (ア) 卸売商から売渡申込書の提出をうけたら，商品名・単価・数量・金額などを確認する。
　(イ) 売渡申込書(控)は，卸売商の手元に保管する。
❷ 商品または倉荷証券を受け取る。倉荷証券で受け取る場合には，次のようにする。
　(ア) 倉庫料金の負担についてあらかじめ取り決めをしておく。
　(イ) すみやかに名義の変更あるいは出庫の手続きをとる。
❹❺ 商品代金の支払いをして，領収証を受け取る。

❸ 郵便局

1 郵便物の受付

(1) 通常郵便物
　① 一定時刻ごとに郵便物を収集する。
　② 取扱種別や重さによって，相当金額の郵便切手が貼ってあることを確認して，消印する。
　③ 定時に送達する。

(2) 速達郵便物
　① 郵便物の表面に「速達」の表示を確認する(上部に赤色の横線が一般的である)。
　② できるかぎり速く送達する。

(3) 書留郵便物
　① 窓口で受け付けてから，引受番号を打つ。
　② 差出人に損害要償額を申告させ，それに応じて郵便料金の計算をする。
　③ 差出人には書留郵便物受領証を交付する。同原符は控えとしてつづる。

2 郵便物の配達

(1) 通常郵便物　一定時間ごとに，名あて人に配達する。
(2) 速達郵便物　郵便物の表面に配達局印を押して，すみやかに名あて人に配達する。
(3) 書留郵便物
　① 書留郵便物配達証を同原符とともに用意する。
　② 通常郵便物と同時に配達し，配達証に名あて人の受領印をうける。

3 郵便切手・収入印紙の販売

毎日の取扱高を集計し，売上高と現在高を明らかにする。

受払日報の例

種類	額面	繰越枚数	受入枚数	計	金額	売りさばき枚数	金額	残数	金額	摘要	
切手	82	24	30	54	3348	25	1550	29	1798	切手現在高	2,398
〃	120	8	10	18	1800	12	1200	6	600	印紙現在高	30,200
印紙	200	34	40	74	14800	41	8200	33	6600	計	32,598

4 庶務会社

(1) 各種事務用品を販売する。

(2) 広告・宣伝の業務をおこなう。

(3) 市場調査等の業務をおこなう。

(4) 印刷物を作成する。

5 サービス代行会社

(1) 卸売商が従業員に支払う給料の徴収を代行する。

(2) 卸売商が電話会社に支払う電話料金の徴収を代行する。

(3) 卸売商が支払う水道光熱費(電気・ガス・水道)の徴収を代行する。

● 参 考 ● [封筒や郵便に関する知識]

封筒の寸法

長形	2号	119×277	B5縦二つ折り／A4横三つ折り
	3号※	120×235	A4横三つ折り
	4号※	90×205	B5横四つ折り
	5号※	90×185	セミB5便箋横四つ折り
角形	2号	240×332	A4
	3号	216×277	B5書籍・雑誌など
	4号	197×267	B5
	5号	190×240	A5書籍・雑誌など
	6号	162×229	A5
	7号	142×205	B6／B4縦横四つ折り
	8号※	119×197	ダイレクトメールなど
洋形	1号※	120×176	カードなど
	2号※	114×162	A4縦横四つ折り／官製はがきなど
	3号※	98×148	B5縦横四つ折り
	4号※	105×235	A5横三つ折り
	5号※	95×217	A5縦二つ折り
	6号※	98×190	B5横三つ折り
	7号※	92×165	A5横三つ折り

※第一種定形郵便物として認められているもの。

郵便物の料金

第一種	定形	50gまで	110円
	定形外（規格外）	50gまで	260円
		100gまで	290円
		150gまで	390円
		250gまで	450円
		500gまで	660円
		1kgまで	920円
		2kgまで	1,350円
		4kgまで	1,750円
	郵便書簡		85円
第二種	通常はがき		85円
	往復はがき		170円

特殊取扱郵便物

現金書留	1通につき現金50万円以内を送付する場合に使う。手紙の同封も可。損害要償額10,000円まで480円，10,000円超5,000円ごとに11円増し。
一般書留	現金以外のものを同封する場合に使う。損害要償額100,000円まで480円，100,000円超50,000円ごとに23円増し。
簡易書留	窓口に差し出した日時と配達された日時が記録される。重要書類，原稿などを確実に送りたいときに使う。350円（損害要償額50,000円まで）。
速達	通常の郵便を急いで送りたい場合に使う。速達料は250gまで300円，4kgまで690円。
引受時刻証明	郵便物を差し出した時刻を公に証明する。350円（簡易書留を除く書留のみ）。
配達証明	郵便物を配達した月日を公に証明する。差し出しの際350円，差し出し後480円（簡易書留を除く書留のみ）。
内容証明	どういう内容の文書を差し出したかを証明するもの。謄本1枚につき480円，謄本1枚を超えて1枚増すごとに290円増（簡易書留を除く書留のみ）。

第4章 模擬取引・取引事例演習

▶1 取引事例演習の概要

ここでは，これまでの経験を生かして，数多くの取引事例を演習し，卸売商における取引の流れや会計処理の方法を確実に身につけよう。

❶ 取引事例を演習するために

取引事例の演習を始めるにあたって，次の点に注意する。

(1) 取引は左右ページで見開きになっており，**左ページは東京市場の卸売商の取引，右ページは大阪市場の卸売商の取引**を示している。

(2) 左ページの右側の 書式 は，東京・大阪の両市場の卸売商がともに作成する帳票類を示しており，右ページの左側の 会計 は，同様に東京・大阪の両市場の卸売商がともにおこなう会計上の処理を示している。

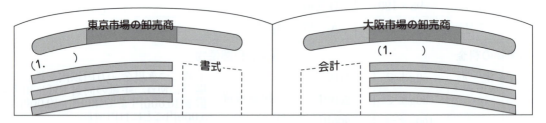

(3) 取引は第2章模擬取引の例題や演習に続けて学習できるように，会社名・所在地・取扱商品・期首貸借対照表等を，第2章の内容に合わせている。その場合には，取引の（1．当座取引の開始と預入れ），（2．火災保険の加入）を省略すること。

また，第2章とは関係なく学習を進めるときは，会社名・所在地等の名称は，地域の特性や各学校の状況に合わせて適宜変更してよい。

(4) 取引のサイクルは第1回から第3回まで3回分（【取引1】〜【取引3】）を用意しているが，そのうち学習する回数は各学校の状況に合わせること。

(5) 書類の作成方法や各種料金の計算については，第2章の解説や付録の料率表を参考にする。

(6) 作成した帳票類は，第1章模擬取引の学習で示した学習進度表（p.87）などにより検印を受け，ファイルする。

(7) 消費税については，計上しない。

(8) **当座振込**はすべて**電信扱い**とし，小切手を振り出して支払う場合，振込手数料を小切手金額に含めてもよい。

(9) 伝票は毎月末に仕訳集計票に集計して総勘定元帳に転記する。

2 卸売商

(1) 会社名・所在地等の名称は第2章と同様とするが，各校で独自に設定してよい。

〔東京市場〕	〔大阪市場〕
卸売商①・株式会社銀座商事 　代表取締役社長　北野武史 〒104－0061　東京都中央区銀座1－1 　　　　　☎ 03(3939)0594	卸売商①・株式会社難波商事 　代表取締役社長　赤井和英 〒542－0076　大阪市中央区難波1－1 　　　　　☎ 06(6728)1212
卸売商②・株式会社品川商事 〒104－0061　東京都中央区銀座1－2 　　　　　☎ 03(3939)0595 〳	卸売商②・株式会社浪速商事 〒542－0076　大阪市中央区難波1－2 　　　　　☎ 06(6728)1213 〳
卸売商⑫・株式会社文京商事 〒104－0061　東京都中央区銀座1－12 　　　　　☎ 03(3939)0605	卸売商⑫・株式会社淀川商事 〒542－0076　大阪市中央区難波1－12 　　　　　☎ 06(6728)1223

(2) 上記の卸売商はすでに設立されているものとし，期首貸借対照表は次の通りとする。

東京市場の卸売商

期首貸借対照表

株式会社〇〇商事　　　　〇年4月1日

資　産	金　額	負債および純資産	金　額
現　　金	17,500,000	資　本　金	25,000,000
建　　物	6,000,000		
備　　品	1,500,000		
	25,000,000		25,000,000

大阪市場の卸売商

期首貸借対照表

株式会社△△商事　　　　〇年4月1日

資　産	金　額	負債および純資産	金　額
現　　金	20,500,000	資　本　金	30,000,000
建　　物	8,000,000		
備　　品	1,500,000		
	30,000,000		30,000,000

3 機関商業

会社名・所在地等の名称は第2章と同様とするが，各校で独自に設定してよい。

	〔東京市場〕	〔大阪市場〕
(1)銀　　行	株式会社日本橋銀行本店 〒103-0027　東京都中央区日本橋2-1 ☎ 03(3939)0810	株式会社道頓堀銀行本店 〒542-0071　大阪市中央区道頓堀2-1 ☎ 06(6728)1313
(2)保険会社	株式会社八重洲火災 〒104-0028　東京都中央区八重洲3-1 ☎ 03(3939)0954	株式会社千日前火災 〒542-0074　大阪市中央区千日前3-1 ☎ 06(6728)1414
(3)倉庫会社	株式会社八丁堀倉庫 〒104-0032　東京都中央区八丁堀4-1 ☎ 03(3939)1134	株式会社南船場倉庫 〒542-0081　大阪市中央区南船場4-1 ☎ 06(6728)1515
(4)運送会社	株式会社月島運輸 〒104-0052　東京都中央区月島5-1 ☎ 03(3939)1242	株式会社北浜運輸 〒541-0041　大阪市中央区北浜5-1 ☎ 06(6728)1616

4 取扱商品

各市場の生産品目と生産者は次の通りとする。

市　場	商品名	生産者	純量	荷造り	総量	建	取引単位
東京市場	大豆(米国産)	JA築地支店	60kg	袋(麻袋)	61kg	1kg	1袋
	小豆(金時)		60kg	袋(麻袋)	61kg	1kg	1袋
	精糖上白(白銀)	東京精糖株式会社	30kg	紙袋	30kg	1kg	1袋
大阪市場	冷蔵庫(5ドア400ℓ)	株式会社高津電器産業	65kg	ダンボール	70kg	1台	1台
	カラーテレビ(CT26)		22kg	ダンボール	25kg	1台	1台
	マウンテンバイク(MT10)	関西自転車株式会社	20kg	ダンボール	22kg	1台	1台

5 管理部

次のように設定するが，各校で独自に設定してよい。

	〔東京市場・東京管理部〕 東京管理部代表電話 ☎ 03(3939)1422	〔大阪市場・大阪管理部〕 大阪管理部代表電話 ☎ 06(6728)1717
(1)生産者	JA築地支店　　　　　　　　　内線1番 　支店長　朝日十郎 〒104-0045　東京都中央区築地6-1東京管理部ビル1F	株式会社高津電器産業　　　　　内線1番 　代表取締役社長　松下幸助 〒542-0072　大阪市中央区高津6-1大阪管理部ビル1F
	東京精糖株式会社　　　　　　内線6番 　代表取締役社長　東山精一 〒104-0045　東京都中央区築地6-1東京管理部ビル6F	関西自転車株式会社　　　　　　内線6番 　代表取締役社長　西丸　一 〒542-0072　大阪市中央区高津6-1大阪管理部ビル6F
(2)小売商	築地電機商店　　　　　　　　内線2番 〒104-0045　東京都中央区築地6-1東京管理部ビル2F	高津食料商店　　　　　　　　　内線2番 〒542-0072　大阪市中央区高津6-1大阪管理部ビル2F
	築地サイクル　　　　　　　　内線7番 〒104-0045　東京都中央区築地6-1東京管理部ビル7F	スーパー高津　　　　　　　　　内線7番 〒542-0072　大阪市中央区高津6-1大阪管理部ビル7F
(3)郵便局	築地郵便局　　　　　　　　　内線3番 〒104-0045　東京都中央区築地6-1東京管理部ビル3F	高津郵便局　　　　　　　　　　内線3番 〒542-0072　大阪市中央区高津6-1大阪管理部ビル3F
(4)庶務会社	株式会社築地庶務　　　　　　内線4番 〒104-0045　東京都中央区築地6-1東京管理部ビル4F	株式会社高津庶務　　　　　　　内線4番 〒542-0072　大阪市中央区高津6-1大阪管理部ビル4F
(5)サービス 　代行会社	株式会社築地サービス代行　　内線5番 〒104-0045　東京都中央区築地6-1東京管理部ビル5F	株式会社高津サービス代行　　　内線5番 〒542-0072　大阪市中央区高津6-1大阪管理部ビル5F

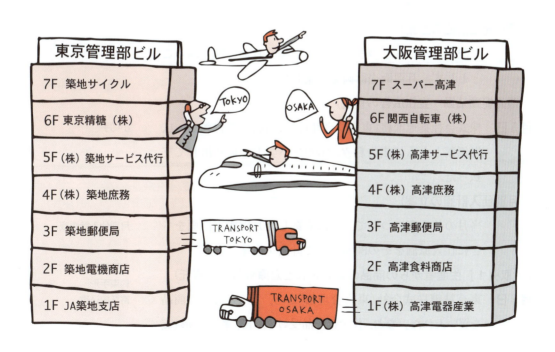

1．取引事例演習の概要　177

2 取引開始

東京市場の卸売商

(1．当座取引の開始と預入れ)[__月は各自で記入する]

__月2日 株式会社日本橋銀行本店と当座取引を開始し，現金￥15,980,000を預け入れた。なお，小切手帳1冊，約束手形用紙2枚の代金￥420は現金で支払った。店番号001，口座番号1995，小切手の記号AA，小切手帳1冊(No.1～No.10)，当座勘定入金票整理No.1とする。

書　式

印鑑届
約定書
小切手用紙受取書
手形用紙受取書
当座勘定入金票

(2．火災保険の加入)

建物と備品に対して株式会社八重洲火災と火災保険契約を結び，1年分の保険料は小切手を振り出して支払った。

火災保険申込書
小切手

(3．切手・収入印紙の購入)

@￥110の郵便切手10枚を築地郵便局(東京管理部)で購入し，代金は現金で支払った。

(4．年間売上目標額の計算)

総資本利益率10％，売上高純利益率5％として，利益計画を立案した。

(5．月別売上計画の立案)

上記の計画にもとづき，必要売上高を月別に割りふることとして，月別販売計画を立案した。

(6．販売促進活動，宣伝広告の作成)

__月5日 株式会社築地庶務(東京管理部)に新聞広告を依頼し，広告原稿とともに広告料￥50,000を小切手を振り出して支払った。

小切手

(7．月別仕入計画の立案)

当月の仕入高について，先に立案した月別販売計画をもとに仕入原価をその80％として計画を立案した。

月別仕入計画表

(8．【取引1】生産者からの商品の買い入れと倉庫会社への寄託)

__月8日 東京精糖株式会社(東京管理部)から，下記のとおり商品を買い入れた。なお，代金は商品受け取り後，約束手形(支

売買契約書
約束手形
寄託申込書

大阪市場の卸売商

会　計	
出金伝票 当座預金出納帳 現金出納帳	（1．当座取引の開始と預入れ）［__月は各自で記入する］ __月2日　株式会社道頓堀銀行本店と当座取引を開始し，現金¥20,380,000を預け入れた。なお，小切手帳1冊，約束手形用紙2枚の代金¥420は現金で支払った。店番号002，口座番号1995，小切手の記号BB，小切手帳1冊（No.1〜No.10），当座勘定入金票整理No.1とする。
	（2．火災保険の加入）
振替伝票 当座預金出納帳	建物と備品に対して株式会社千日前火災と火災保険契約を結び，1年分の保険料は小切手を振り出して支払った。
	（3．切手・収入印紙の購入）
出金伝票 現金出納帳	＠¥110の郵便切手10枚を高津郵便局（大阪管理部）で購入し，代金は現金で支払った。
	（4．年間売上目標額の計算）
	総資本利益率10％，売上高純利益率5％として，利益計画を立案した。
	（5．月別売上計画の立案）
	上記の計画に基づき，必要売上高を月別に割りふることとして，月別販売計画を立案した。
	（6．販売促進活動，宣伝広告の作成）
振替伝票 当座預金出納帳	__月5日　株式会社高津庶務（大阪管理部）に新聞広告を依頼し，広告原稿とともに広告料¥50,000を小切手を振り出して支払った。
	（7．月別仕入計画の立案）
	当月の仕入高について，先に立案した月別販売計画をもとに仕入原価をその80％として計画を立案した。
振替伝票 出金伝票 仕入帳 買掛金元帳	（8．【取引1】生産者からの商品の買い入れと倉庫会社への寄託） __月8日　関西自転車株式会社（大阪管理部）から，下記のとおり商品を買い入れた。なお，代金は商品受け取り後，約束手形（支

2．取引開始　179

東京市場の卸売商

払期日　翌月末，支払地　東京都中央区　No.G1011）を振り出して支払い，収入印紙¥1,000は現金で購入した。また，買い入れた商品は株式会社八丁堀倉庫に寄託した。

精糖上白（白銀）　1,000袋　@¥4,000

受渡場所：買い主店頭　受渡し期日：申込日より5日以内

書式：荷主印鑑票、商品カード

（9. 取引の勧誘）

__月10日　大阪市場の難波商事に「精糖」を販売するため，宣伝パンフレットと取引申し込みの挨拶状を送付した。

書式：挨拶状、発信簿

（10. 見積もりの依頼）

__月11日　難波商事から「マウンテンバイク」販売のため，取引申し込み状が送られてきたので，見積依頼書を送付した。

マウンテンバイク（MT10）　100台

受渡場所：八丁堀倉庫

書式：見積依頼書、受信簿、発信簿

（11. 見積もり）

__月12日　難波商事から「精糖」の見積依頼書が送られてきたので，販売取引計画表を作成して，次の見積書を作成し，送付した。

精糖上白（白銀）　1,000袋　@¥5,000

支払条件：着荷後10日以内振込　運送方法：自動車運送

受渡場所：南船場倉庫　受渡し期日：申込日より10日以内

運送諸掛：売り主負担

書式：受信簿、販売取引計画表、見積書、発信簿

（12. 売買契約）

__月13日　難波商事から「マウンテンバイク」の見積書が送られてきたので，仕入取引計画表を作成して検討の結果，次の注文書を作成し，送付した。

マウンテンバイク（MT10）　100台　@¥50,000

支払条件：着荷後10日以内振込　運送方法：自動車運送

受渡場所：八丁堀倉庫　受渡し期日：申込日より10日以内

運送諸掛：売り主負担

書式：受信簿、仕入取引計画表、注文書、発信簿

（13. 注文の引き受け）

__月14日　難波商事から「精糖」の注文書が送られてきたので，注

書式：受信簿、注文請書、発信簿

大阪市場の卸売商

会 計
商品有高帳
支払手形記入帳
現金出納帳

払期日　翌月末，支払地　大阪市中央区　No.N2011)を振り出して支払い，収入印紙¥1,000は現金で購入した。また，買い入れた商品は株式会社南船場倉庫に寄託した。

マウンテンバイク(MT10)　100台　@¥42,000

受渡場所：買い主店頭　受渡し期日：申込日より5日以内

(9．取引の勧誘)

__月10日　東京市場の銀座商事に「マウンテンバイク」を販売するため，宣伝パンフレットと取引申し込みの挨拶状を送付した。

(10．見積もりの依頼)

__月11日　銀座商事から「精糖」販売のため取引申し込み状が送られてきたので，見積依頼書を送付した。

精糖上白(白銀)　1,000袋

受渡場所：南船場倉庫

(11．見積もり)

__月12日　銀座商事から「マウンテンバイク」の見積依頼書が送られてきたので，販売取引計画表を作成して，次のとおり見積書を作成し，送付した。

マウンテンバイク(MT10)　100台　@¥50,000

支払条件：着荷後10日以内振込　運送方法：自動車運送

受渡場所：八丁堀倉庫　受渡し期日：申込日より10日以内

運送諸掛：売り主負担

(12．売買契約)

__月13日　銀座商事から「精糖」の見積書が送られてきたので，仕入取引計画表を作成して検討の結果，次のとおり注文書を作成し，送付した。

精糖上白(白銀)　1,000袋　@¥5,000

支払条件：着荷後10日以内振込　運送方法：自動車運送

受渡場所：南船場倉庫　受渡し期日：申込日より10日以内

運送諸掛：売り主負担

(13．注文の引き受け)

__月14日　銀座商事から「マウンテンバイク」の注文書が送られて

東京市場の卸売商

文請書を作成して，送付した。

(14. 販売する商品の発送)

__月15日　(1)上記の注文に対し，八丁堀倉庫に寄託貨物受取証を提出して出庫し，料金は小切手を振り出して支払った。

　　　　　(2)上記の商品について，八重洲火災に分損担保条件・倉庫間約款付きで運送保険を申し込み，料金は現金で支払った。

　　　　　(3)株式会社月島運輸に「精糖」1,000袋の発送を依頼し，自動車運送（積合せ）で発送し，運賃は小切手を振り出して支払った。

(15. 出荷案内・代金請求)

__月16日　上記の販売先に出荷案内状，納品書・請求書を作成して送付した。

(16. 仕入れた商品の到着)

__月17日　難波商事に注文した「マウンテンバイク」100台が八丁堀倉庫に到着し，寄託手続きをした。同時に出荷案内状，納品書・請求書が到着したので，物品受領書を作成して郵送した。

(17. 仕入れた商品の代金の支払い)

__月18日　上記の商品代金は小切手を振り出し，銀行振込で送付した。なお，振込手数料￥700は現金で支払った。

(18. 仕入れた商品の小売商への売り渡し)

__月20日　八丁堀倉庫に寄託してある「マウンテンバイク」100台を＠￥60,000で築地サイクル（東京管理部）に売り渡し，倉庫荷渡指図書と売渡申込書，納品書・請求書を作成して，代金は月末に約束手形で受け取ることにした。なお，倉庫料は小切手を振り出して支払った。

(19. 販売した商品の代金の回収)

__月22日　取引銀行から，口座に難波商事からの振込による掛代金の入金通知があったので，ただちに送金礼状を添えて領収証を送付した。なお，収入印紙￥1,000を郵便局で購入し，代金は現金で支払った。

書式

寄託貨物受取証
小切手
運送保険申込書

発送申込書
小切手
商品カード

出荷案内状
納品書・請求書
発信簿

寄託申込書
受信簿
物品受領書
発信簿

振込依頼書
小切手

売渡申込書
納品書・請求書
小切手

送金礼状
領収証
発信簿

大阪市場の卸売商

きたので，注文請書を作成して，送付した。

(14. 販売する商品の発送)

__月15日　(1)上記の注文に対し，南船場倉庫に寄託貨物受取証を提出して出庫し，料金は小切手を振り出して支払った。

　　　　　(2)上記の商品について，千日前火災に分損担保条件・倉庫間約款付きで運送保険を申し込み，料金は現金で支払った。

　　　　　(3)株式会社北浜運輸に「マウンテンバイク」100台の発送を依頼し，自動車運送(積合せ)で発送し，運賃は小切手を振り出して支払った。

(15. 出荷案内・代金請求)

__月16日　上記の販売先に出荷案内状，納品書・請求書を作成して送付した。

(16. 仕入れた商品の到着)

__月17日　銀座商事に注文した「精糖」1,000袋が南船場倉庫に到着し，寄託手続きをした。同時に出荷案内状，納品書・請求書が到着したので，物品受領書を作成して郵送した。

(17. 仕入れた商品の代金の支払い)

__月18日　上記の商品代金は小切手を振り出し，銀行振込で送付した。なお，振込手数料￥700は現金で支払った。

(18. 仕入れた商品の小売商への売り渡し)

__月20日　南船場倉庫に寄託してある「精糖」1,000袋を@￥6,000でスーパー高津(大阪管理部)に売り渡し，倉庫荷渡指図書と売渡申込書，納品書・請求書を作成して，代金は月末に約束手形で受け取ることにした。なお，倉庫料は小切手を振り出して支払った。

(19. 販売した商品の代金の回収)

__月22日　取引銀行から，口座に銀座商事からの振込による掛代金の入金通知があったので，ただちに送金礼状を添えて領収証を送付した。なお，収入印紙￥1,000を郵便局で購入し，代金は現金で支払った。

会　計

振替伝票
出金伝票
当座預金出納帳
現金出納帳

振替伝票
売掛金元帳
売上帳
商品有高帳

振替伝票
仕入帳
買掛金元帳
商品有高帳

振替伝票
出金伝票
買掛金元帳
当座預金出納帳
現金出納帳

振替伝票
売掛金元帳
売上帳
商品有高帳
当座預金出納帳

振替伝票
出金伝票
当座預金出納帳
売掛金元帳
現金出納帳

東京市場の卸売商

(20. 売り渡した商品の代金の回収)

__月24日　さきに築地サイクルに売り渡した「マウンテンバイク」の代金として約束手形(翌月末払い, No.T1011)を受け取った。同時に領収証を作成して渡した。なお, 収入印紙￥2,000を郵便局で購入し, 代金は小切手で支払った。

領収証
小切手

(21. 一般管理費の支払い)

__月26日　給料￥400,000, 電話料金￥20,000, 水道光熱費￥10,000は株式会社築地サービス代行(東京管理部)に, 消耗品費￥10,000は築地庶務にそれぞれ小切手を振り出して支払った。

小切手

(22. 月末業務の処理)

__月末　伝票整理, 合計残高試算表の作成, 元帳・補助簿への合計転記
　　　　商品, 当座預金, その他債権・債務と帳簿残高の照合
　　　　当月業務計画と実績との比較検討
　　　　翌月の業務計画立案

(23. 余裕資金の運用)

__月1日　日本橋銀行本店で小切手￥3,000,000を振り出して, 期間6か月の定期預金に預け入れた。

定期預金証書
小切手

(24. 当座借越契約)

__月2日　上記の定期預金を担保として取引銀行と限度額を￥3,000,000とする当座借越契約を結んだ。また, 収入印紙￥4,000を郵便局で購入し, 代金は小切手を振り出して支払った。

定期預金証書
当座勘定借越約定書
担保差入証書
銀行取引約定書
小切手

(25.【取引2】生産者からの商品の買い入れと約束手形の裏書き)

__月8日　東京精糖から下記のとおり, 商品を買い入れた。代金は商品受け取り後, 先日受け取った築地サイクル振り出しの約束手形を裏書譲渡して支払った。また, 買い入れた商品は八丁堀倉庫に寄託する。

　　　　精糖上白(白銀)　1,500袋　@￥4,000
　　　　受渡場所:買い主店頭　受渡し期日:申込日より5日以内

買入申込書または注文書
約束手形裏書き
寄託申込書
商品カード

大阪市場の卸売商

会　計	

振替伝票
受取手形記入帳
売掛金元帳
当座預金出納帳

(20. 売り渡した商品の代金の回収)

__月24日　さきにスーパー高津に売り渡した「精糖」の代金として約束手形(翌月末払い, No.S2011)を受け取った。同時に領収証を作成して渡した。なお, 収入印紙￥2,000を郵便局で購入し, 代金は小切手で支払った。

振替伝票
当座預金出納帳

(21. 一般管理費の支払い)

__月26日　給料￥400,000, 電話料金￥20,000, 水道光熱費￥10,000は株式会社高津サービス代行(大阪管理部)に, 消耗品費￥10,000は高津庶務にそれぞれ小切手を振り出して支払った。

(22. 月末業務の処理)

__月末　伝票整理, 合計残高試算表の作成, 元帳・補助簿への合計転記
　　　　商品, 当座預金, その他債権・債務と帳簿残高の照合
　　　　当月業務計画と実績との比較検討
　　　　翌月の業務計画立案

振替伝票
当座預金出納帳

(23. 余裕資金の運用)

__月1日　道頓堀銀行本店で小切手￥3,000,000を振り出して, 期間6か月の定期預金に預け入れた。

振替伝票
当座預金出納帳

(24. 当座借越契約)

__月2日　上記の定期預金を担保として取引銀行と限度額を￥3,000,000とする当座借越契約を結んだ。また, 収入印紙￥4,000を郵便局で購入し, 代金は小切手を振り出して支払った。

振替伝票
仕入帳
買掛金元帳
商品有高帳
受取手形記入帳

(25.【取引2】生産者からの商品の買い入れと約束手形の裏書き)

__月8日　関西自転車から下記のとおり, 商品を買い入れた。代金は商品受け取り後, 先日受け取ったスーパー高津振り出しの約束手形を裏書譲渡して支払った。また, 買い入れた商品は南船場倉庫に寄託する。

　　　　マウンテンバイク(MT10)　150台　@￥40,000
　　　　受渡場所：買い主店頭　受渡し期日：申込日より5日以内

東京市場の卸売商

日付	内容	書式
__月11日	難波商事から「マウンテンバイク」を仕入れるため，見積依頼書を送付した。 マウンテンバイク（MT10）120台 受渡場所：八丁堀倉庫	見積依頼書 発信簿
__月12日	難波商事から「精糖」の見積依頼書が送られてきたので，販売取引計画表を作成し，次のような見積書を作成して送付した。 精糖上白（白銀）　1,200袋　＠¥4,800 支払条件：着荷後10日以内振込　運送方法：自動車運送 受渡場所：南船場倉庫　受渡し期日：申込日より10日以内 運送諸掛：売り主負担	受信簿 販売取引計画表 見積書 発信簿
__月13日	難波商事から「マウンテンバイク」の見積書が送られてきたので，仕入取引計画表を作成して検討の結果，次の注文書を作成し，送付した。 マウンテンバイク（MT10）　120台　¥48,000 支払条件：着荷後10日以内振込　運送方法：自動車運送 受渡場所：八丁堀倉庫　受渡し期日：申込日より10日以内 運送諸掛：売り主負担	受信簿 仕入取引計画表 注文書 発信簿
__月14日	難波商事から「精糖」の注文書が送られてきたので，注文請書を作成して，送付した。	受信簿 注文請書 発信簿
__月15日	(1)上記の注文に対し，八丁堀倉庫に寄託貨物受取証を提出して出庫し，料金は小切手を振り出して支払った。 (2)上記商品について，八重洲火災に分損担保条件・倉庫間約款付きで保険を申し込み，料金は現金で支払った。 (3)月島運輸に「精糖」1,200袋の発送を依頼し，自動車運送（積合せ）で発送し，運賃は小切手を振り出して支払った。	寄託貨物受取証 小切手 運送保険申込書 発送申込書 小切手 商品カード
__月16日	難波商事に出荷案内状，納品書・請求書を作成して送付した。	出荷案内状 納品書・請求書 発信簿

（26. 倉荷証券発行の請求）

日付	内容	書式
__月17日	難波商事に注文した「マウンテンバイク」120台が八丁堀倉庫に到着し，寄託手続きをした。同時に出荷案内状，	寄託申込書 受信簿 物品受領書

大阪市場の卸売商

会 計	

__月11日　銀座商事から「精糖」を仕入れるため，見積依頼書を送付した。

　　　　　精糖上白（白銀）　1,200袋
　　　　　受渡場所：南船場倉庫

__月12日　銀座商事から「マウンテンバイク」の見積依頼書が送られてきたので，販売取引計画表を作成し，次の見積書を作成して送付した。

　　　　　マウンテンバイク（MT10）　120台　@¥48,000
　　　　　支払条件：着荷後10日以内振込　運送方法：自動車運送
　　　　　受渡場所：八丁堀倉庫　受渡し期日：申込日より10日以内
　　　　　運送諸掛：売り主負担

__月13日　銀座商事から「精糖」の見積書が送られてきたので，仕入取引計画表を作成して検討の結果，次の注文書を作成し，送付した。

　　　　　精糖上白（白銀）　1,200袋　¥4,800
　　　　　支払条件：着荷後10日以内振込　運送方法：自動車運送
　　　　　受渡場所：南船場倉庫　受渡し期日：申込日より10日以内
　　　　　運送諸掛：売り主負担

__月14日　銀座商事から「マウンテンバイク」の注文書が送られてきたので，注文請書を作成して，送付した。

振替伝票
出金伝票
当座預金出納帳
現金出納帳

__月15日　⑴上記の注文に対し，南船場倉庫に寄託貨物受取証を提出して出庫し，料金は小切手を振り出して支払った。
　　　　　⑵上記商品について，千日前火災に分損担保条件・倉庫間約款付きで保険を申し込み，料金は現金で支払った。
　　　　　⑶北浜運輸に「マウンテンバイク」120台の発送を依頼し，自動車運送（積合せ）で発送し，運賃は小切手を振り出して支払った。

振替伝票
売掛金元帳
売上帳
商品有高帳

__月16日　銀座商事に出荷案内状，納品書・請求書を作成して送付した。

（26. 倉荷証券発行の請求）

振替伝票
仕入帳
買掛金元帳

__月17日　銀座商事に注文した「精糖」1,200袋が南船場倉庫に到着し，寄託手続きをした。同時に出荷案内状，納品書・

東京市場の卸売商

		書　式
	納品書・請求書が到着したので，物品受領書を作成して送付した。なお，倉荷証券の発行を申請し，発行手数料￥1,800は小切手を振り出して支払った。	発信簿 倉荷証券受取証 小切手

（27. 代金の支払いと回収）

__月18日　上記の商品代金は小切手を振り出し，銀行振込で送付した。なお，振込手数料￥700は現金で支払った。

振込依頼書
小切手

__月20日　八丁堀倉庫に寄託してある「マウンテンバイク」120台を＠￥58,000で築地サイクルに売り渡し，倉荷証券を裏書きし，売渡申込書と納品書・請求書を作成して渡した。なお，代金は月末受け取りとし，倉庫料は小切手を振り出して支払った。

倉荷証券裏書き
売渡申込書
納品書・請求書
小切手

__月22日　取引銀行から，口座に難波商事からの振込による掛代金の入金通知があったので，送金礼状を添え領収証を送付した。なお，収入印紙￥2,000を郵便局で購入し，代金は小切手で支払った。

送金礼状
領収証
小切手
発信簿

__月24日　さきに築地サイクルに売り渡した「マウンテンバイク」の代金を小切手で受け取り，当座預金に預け入れ，ただちに領収証を作成して渡した。なお，収入印紙￥2,000を郵便局で購入し，代金は小切手を振り出して支払った。

領収証
小切手

__月26日　給料￥400,000，電話料金￥20,000，水道光熱費￥10,000は築地サービス代行に，消耗品費￥10,000は築地庶務にそれぞれ小切手を振り出して支払った。

小切手

__月末　　前月8日に東京精糖あてに振り出した約束手形No.G1011が，本日当座預金から引き落とされたむね，取引銀行より連絡があった。また，月末業務の処理をおこなう。

（28.【取引3】生産者からの商品の買い入れと約束手形の振り出し）

__月8日　東京精糖とJA築地支店から下記のとおり，商品を買い入れた。「精糖」の代金は約束手形（翌月末払い，No.G1012）を振り出して支払い，収入印紙￥1,000は現金で支払った。また，「小豆」の代金は掛けとした。なお，商品は八丁堀倉庫に寄託した。

精糖上白（白銀）　　1,300袋　　＠￥3,800

買入申込書または注文書
約束手形
寄託申込書
商品カード

大阪市場の卸売商

会　計
商品有高帳
当座預金出納帳
振替伝票
出金伝票
買掛金元帳
当座預金出納帳
現金出納帳

振替伝票(2)
売掛金元帳
売上帳
商品有高帳
当座預金出納帳

振替伝票
当座預金出納帳
売掛金元帳

振替伝票
当座預金出納帳
売掛金元帳

振替伝票
当座預金出納帳

振替伝票
支払手形記入帳
当座預金出納帳

振替伝票
出金伝票
仕入帳
買掛金元帳
商品有高帳
支払手形記入帳
現金出納帳

請求書が到着したので，物品受領書を作成して送付した。なお，倉荷証券の発行を申請し，発行手数料￥1,800は小切手を振り出して支払った。

(27. 代金の支払いと回収)

＿月18日　上記の商品代金は小切手を振り出し，銀行振込で送付した。なお，振込手数料￥700は現金で支払った。

＿月20日　南船場倉庫に寄託してある「精糖」1,200袋を@￥5,800でスーパー高津に売り渡し，倉荷証券を裏書きし，売渡申込書と納品書・請求書を作成して渡した。なお，代金は月末受け取りとし，倉庫料は小切手を振り出して支払った。

＿月22日　取引銀行から，口座に銀座商事からの振込による掛代金の入金通知があったので，送金礼状を添え領収証を送付した。なお，収入印紙￥2,000を郵便局で購入し，代金は小切手を振り出して支払った。

＿月24日　さきにスーパー高津に売り渡した「精糖」の代金を小切手で受け取り，当座預金に預け入れ，ただちに領収証を作成して渡した。なお，収入印紙￥2,000を郵便局で購入し，代金は小切手を振り出して支払った。

＿月26日　給料￥400,000，電話料金￥20,000，水道光熱費￥10,000は高津サービス代行に，消耗品費￥10,000は高津庶務にそれぞれ小切手を振り出して支払った。

＿月末　前月8日に関西自転車あてに振り出した約束手形No.N2011が，本日当座預金から引き落とされたむね，取引銀行より連絡があった。また，月末業務の処理をおこなう。

(28.【取引3】生産者からの商品の買い入れと約束手形の振り出し)

＿月8日　関西自転車と高津電器産業から下記のとおり，商品を買い入れた。「マウンテンバイク」の代金は約束手形(翌月末払い，No.N2012)を振り出して支払い，収入印紙￥1,000は現金で支払った。また，「カラーテレビ」の代金は掛けとした。なお，商品は南船場倉庫に寄託した。

マウンテンバイク(MT10)　130台　@￥36,000

東京市場の卸売商

		書　式
	小豆（金時）　　　1,100袋　　＠￥4,500	見積依頼書 発信簿
	受渡場所：買い主店頭　受渡し期日：申込日より5日以内	
__月11日	難波商事から「マウンテンバイク」と「カラーテレビ」を仕入れるため，見積依頼書を送付した。	
	マウンテンバイク(MT10)120台，カラーテレビ(CT26)100台	
	受渡場所：八丁堀倉庫	
__月12日	難波商事から「精糖」と「小豆」の見積依頼書が送られてきたので，販売取引計画表を作成し，次の見積書を作成して送付した。	受信簿 販売取引計画表 見積書 発信簿
	精糖上白（白銀）　1,200袋　　＠￥5,000	
	小豆（金時）　　　1,000袋　　＠￥5,500	
	支払条件：着荷後10日以内振込　運送方法：自動車運送	
	受渡場所：南船場倉庫　受渡し期日：申込日より10日以内	
	運送諸掛：売り主負担	
__月13日	難波商事から「マウンテンバイク」と「カラーテレビ」の見積書が送られてきたので，仕入取引計画表を作成して検討の結果，次の注文書を作成し，送付した。	受信簿 仕入取引計画表 注文書 発信簿
	マウンテンバイク(MT10)　120台　＠￥50,000	
	カラーテレビ(CT26)　　　100台　＠￥52,000	
	支払条件：着荷後10日以内振込　運送方法：自動車運送	
	受渡場所：八丁堀倉庫　受渡し期日：申込日より10日以内	
	運送諸掛：売り主負担	
__月14日	難波商事から「精糖」と「小豆」の注文書が送られてきたので，注文請書を作成して送付した。	受信簿 注文請書 発信簿
__月15日	(1)上記の注文に対し，八丁堀倉庫に寄託貨物受取証を提出して出庫し，料金は小切手を振り出して支払った。 (2)上記商品について，八重洲火災に分損担保条件・倉庫間約款付きで運送保険を申し込み，料金は小切手を振り出して支払った。 (3)月島運輸に「精糖」1,200袋と「小豆」1,000袋の発送を依頼し，自動車運送（積合せ）で発送し，運賃は小切	寄託貨物受取証 小切手 運送保険申込書 小切手 発送申込書 小切手 商品カード

大阪市場の卸売商

会計

　　　　　カラーテレビ（CT26）　　　110台　@¥43,000
　　　　　受渡場所：買い主店頭　受渡し期日：申込日より5日以内

__月11日　銀座商事から「精糖」と「小豆」を仕入れるため，見積依頼書を送付した。
　　　　　精糖上白（白銀）　1,200袋，小豆（金時）　1,000袋
　　　　　受渡場所：南船場倉庫

__月12日　銀座商事から「マウンテンバイク」と「カラーテレビ」の見積依頼書が送られてきたので，販売取引計画表を作成し，次の見積書を作成して送付した。
　　　　　マウンテンバイク（MT10）　120台　@¥50,000
　　　　　カラーテレビ（CT26）　　　100台　@¥52,000
　　　　　支払条件：着荷後10日以内振込　運送方法：自動車運送
　　　　　受渡場所：八丁堀倉庫　受渡し期日：申込日より10日以内
　　　　　運送諸掛：売り主負担

__月13日　銀座商事から「精糖」と「小豆」の見積書が送られてきたので，仕入取引計画表を作成して検討の結果，次の注文書を作成し，送付した。
　　　　　精糖上白（白銀）　1,200袋　@¥5,000
　　　　　小豆（金時）　　　1,000袋　@¥5,500
　　　　　支払条件：着荷後10日以内振込　運送方法：自動車運送
　　　　　受渡場所：南船場倉庫　受渡し期日：申込日より10日以内
　　　　　運送諸掛：売り主負担

__月14日　銀座商事から「マウンテンバイク」と「カラーテレビ」の注文書が送られてきたので，注文請書を作成して送付した。

振替伝票
当座預金出納帳

__月15日　(1)上記の注文に対し，南船場倉庫に寄託貨物受取証を提出して出庫し，料金は小切手を振り出して支払った。
　　　　　(2)上記商品について，千日前火災に分損担保条件・倉庫間約款付きで運送保険を申し込み，料金は小切手を振り出して支払った。
　　　　　(3)北浜運輸に「マウンテンバイク」120台と「カラーテレビ」100台の発送を依頼し，自動車運送（積合せ）で

東京市場の卸売商

		書 式
	手を振り出して支払った。	
__月16日	上記販売先に出荷案内状，納品書・請求書を作成して送付した。	出荷案内状 納品書・請求書 発信簿

(29. 倉荷証券発行の請求)

__月17日	難波商事に注文した「マウンテンバイク」120台と「カラーテレビ」100台が八丁堀倉庫に到着し，寄託手続きをした。同時に出荷案内状，納品書・請求書が到着したので，物品受領書を作成して送付した。なお，倉荷証券の発行を申請し，発行手数料￥3,600（2枚分）は小切手を振り出して支払った。	寄託申込書 受信簿 物品受領書 発信簿 倉荷証券受取証 小切手

(30. 代金の決済，銀行振込)

__月18日	上記の商品代金は小切手を振り出し，銀行振込で送付した。なお，振込手数料￥700は現金で支払った。	振込依頼書 小切手
__月20日	八丁堀倉庫に寄託してある「マウンテンバイク」120台を＠￥58,000，「カラーテレビ」100台を＠￥57,000で築地サイクルと築地電機商店に売り渡し，倉荷証券を裏書きし，売渡申込書と納品書・請求書を渡した。なお，代金は月末に受け取ることとし，倉庫料は小切手で支払った。	倉荷証券裏書き 売渡申込書 納品書・請求書 小切手
__月22日	取引銀行から，口座に難波商事からの振込による掛代金の入金通知があったので，送金礼状を添え領収証を送付した。なお，収入印紙￥4,000を郵便局で購入し，小切手を振り出して支払った。	送金礼状 領収証 小切手 発信簿
__月24日	さきに築地電機商店に売り渡した「カラーテレビ」の代金を約束手形（翌月末払い，No.T1021）で受け取り，ただちに領収証を作成して渡した。また，収入印紙￥2,000を郵便局で購入し，代金は小切手を振り出して支払った。なお，築地サイクルに売り渡した「マウンテンバイク」の代金は掛けのままとした。	領収証 小切手
__月26日	給料￥400,000，電話料金￥20,000，水道光熱費￥10,000は築地サービス代行に，消耗品費￥10,000は築地庶務にそれぞれ小切手を振り出して支払った。	小切手
__月末	月末業務の処理をおこなう。	

大阪市場の卸売商

会　計
振替伝票(2)
売掛金元帳
売上帳
商品有高帳

振替伝票(3)
仕入帳
買掛金元帳
商品有高帳
当座預金出納帳

振替伝票(2)
出金伝票
買掛金元帳
当座預金出納帳
現金出納帳

振替伝票(3)
売掛金元帳
売上帳
商品有高帳
当座預金出納帳

振替伝票(3)
当座預金出納帳
売掛金元帳

振替伝票(2)
受取手形記入帳
売掛金元帳
当座預金出納帳

振替伝票(4)
当座預金出納帳

発送し，運賃は小切手を振り出して支払った。

__月16日　上記販売先に出荷案内状，納品書・請求書を作成して送付した。

(29. 倉荷証券発行の請求)

__月17日　銀座商事に注文した「精糖」1,200袋と「小豆」1,000袋が南船場倉庫に到着し，寄託手続きをした。同時に出荷案内状，納品書・請求書が到着したので，物品受領書を作成して送付した。なお，倉荷証券の発行を申請し，発行手数料￥3,600（2枚分）は小切手を振り出して支払った。

(30. 代金の決済，銀行振込)

__月18日　上記の商品代金は小切手を振り出し，銀行振込で送付した。なお，振込手数料￥700は現金で支払った。

__月20日　南船場倉庫に寄託してある「精糖」1,200袋を@￥5,800，「小豆」1,000袋を@￥6,000でスーパー高津と高津食料商店に売り渡し，倉荷証券を裏書きし，売渡申込書と納品書・請求書を渡した。なお，代金は月末に受け取ることとし，倉庫料は小切手で支払った。

__月22日　取引銀行から，口座に銀座商事からの振込による掛代金の入金通知があったので，送金礼状を添え領収証を送付した。なお，収入印紙￥4,000を郵便局で購入し，小切手を振り出して支払った。

__月24日　さきに高津食料商店に売り渡した「小豆」の代金を約束手形（翌月末払い，No.S2021）で受け取り，ただちに領収証を作成して渡した。また，収入印紙￥2,000を郵便局で購入し，代金は小切手を振り出して支払った。なお，スーパー高津に売り渡した「精糖」の代金は掛けのままとした。

__月26日　給料￥400,000，電話料金￥20,000，水道光熱費￥10,000は高津サービス代行に，消耗品費￥10,000は高津庶務にそれぞれ小切手を振り出して支払った。

__月末　月末業務の処理をおこなう。

東京市場の卸売商

(31. 決算)

[　月　日　本日，決算をおこなう。]

(1)　試算表の作成
(2)　決算整理事項

　①　商品の期末残高について評価損，減耗損はない。
　②　現金，当座預金の勘定残高は，現金手許有り高，銀行当座勘定決算高と一致する。
　③　貸倒引当金は受取手形・売掛金残高の2％とする。
　④　費用・収益の見越し・繰り延べをおこなう。
　⑤　建物の減価償却をおこなう。ただし，建物は鉄筋コンクリート造り2階建，残存価額零(0)，耐用年数50年，3か月分，定額法・間接法による。
　⑥　備品の減価償却をおこなう。ただし，備品は事務用机，いすなど一式。残存価額零(0)，耐用年数5年，3か月分，定額法・間接法による。

(3)　棚卸表の作成
(4)　精算表の作成
(5)　決算整理仕訳と勘定記入
(6)　決算振替仕訳と勘定記入
(7)　繰越試算表の作成
(8)　損益計算書(報告式)，貸借対照表の作成

書式

大阪市場の卸売商

会　計

試算表
棚卸表
精算表
決算整理仕訳
決算振替仕訳
繰越試算表
損益計算書
貸借対照表

（31．決算）

[　月　日　本日，決算をおこなう。]

(1) 試算表の作成
(2) 決算整理事項
　① 商品の期末残高について評価損，減耗損はない。
　② 現金，当座預金の勘定残高は，現金手許有り高，銀行当座勘定決算高と一致する。
　③ 貸倒引当金は受取手形・売掛金残高の2%とする。
　④ 費用・収益の見越し・繰り延べをおこなう。
　⑤ 建物の減価償却をおこなう。ただし，建物は鉄筋コンクリート造り2階建，残存価額零(0)，耐用年数50年，3か月分，定額法・間接法による。
　⑥ 備品の減価償却をおこなう。ただし，備品は事務用机，いすなど一式。残存価額零(0)，耐用年数5年，3か月分，定額法・間接法による。
(3) 棚卸表の作成
(4) 精算表の作成
(5) 決算整理仕訳と勘定記入
(6) 決算振替仕訳と勘定記入
(7) 繰越試算表の作成
(8) 損益計算書(報告式)・貸借対照表の作成

(32. 経営分析)
[　月　日　本日，決算結果について次の経営分析をおこなう。]

	【内容】	【東京市場の卸売商】	【大阪市場の卸売商】
【収益性の分析】	①総資本利益率		
	②自己資本利益率		
	③売上高利益率		
	④総資本回転率		
	⑤流動資産回転率・固定資産回転率		
	⑥商品回転率		
	⑦損益分岐点売上高		
【安全性の分析】	①流動比率		
	②当座比率		
	③固定長期適合率		
	④自己資本比率		
	⑤負債比率		

付録

料 率 表

1．法 人 税 率（抜粋）

（2019年4月1日から開始する事業年度に適用）

法人および所得の区分			税率
普通法人	資本金1億円以下の場合	年所得のうち800万円以下の部分	19%
		〃　　800万円をこえる部分	23.2%
	資本金1億円をこえる場合		23.2%
協同組合等		年所得のうち800万円以下の部分	19%
		〃　　800万円をこえる部分	
公益法人等		年所得のうち800万円以下の部分	19%
		〃　　800万円をこえる部分	
特定医療法人		年所得のうち800万円以下の部分	19%
		〃　　800万円をこえる部分	

注．法人税等＝法人税（国税）＋法人事業税（地方税）＋法人住民税（地方税）

2．所得税の速算表

（所得税法による。2019年4月1日現在）

課税される所得金額	税　率	控　除　額
195万円以下	5%	―
195万円超　～　330万円以下	10%	97,500円
330万円超　～　695万円以下	20%	427,500円
695万円超　～　900万円以下	23%	636,000円
900万円超　～　1,800万円以下	33%	1,536,000円
1,800万円超　～　4,000万円以下	40%	2,796,000円
4,000万円超　～	45%	4,796,000円

参考：例えば「課税される所得金額」が700万円の場合には，求める税額は次のようになる。
　　　7,000,000円×0.23－636,000円＝974,000円
注1．課税総所得金額等に1,000円未満の端数があるときは，これを切り捨てる。
注2．平成25年から令和19年までの各年分の確定申告においては，所得税と復興特別所得税（原則としてその年分の基準所得税額の2.1％）を併せて申告・納付する。

3．給与所得の源泉徴収税額表〔月額表〕（抜粋）

（所得税法による。2019年4月1日現在）

その月の社会保険料控除後の給与等の金額		甲						
		扶養親族等の数						
		0人	1人	2人	3人	4人	5人	6人
以　上	未　満	税　　　　　　　額						
円	円	円	円	円	円	円	円	円
107,000	109,000	1,130	0	0	0	0	0	0
109,000	111,000	1,240	0	0	0	0	0	0
111,000	113,000	1,340	0	0	0	0	0	0
113,000	115,000	1,440	0	0	0	0	0	0
115,000	117,000	1,540	0	0	0	0	0	0
117,000	119,000	1,640	0	0	0	0	0	0

その月の社会保険料控除後の給与等の金額		甲						
^		扶養親族等の数						
^		0 人	1 人	2 人	3 人	4 人	5 人	6 人
以上	未満	税						額
円	円	円	円	円	円	円	円	円
119,000	121,000	1,750	120	0	0	0	0	0
121,000	123,000	1,850	220	0	0	0	0	0
123,000	125,000	1,950	330	0	0	0	0	0
125,000	127,000	2,050	430	0	0	0	0	0
127,000	129,000	2,150	530	0	0	0	0	0
129,000	131,000	2,260	630	0	0	0	0	0
131,000	133,000	2,360	740	0	0	0	0	0
133,000	135,000	2,460	840	0	0	0	0	0
135,000	137,000	2,550	930	0	0	0	0	0
137,000	139,000	2,610	990	0	0	0	0	0
139,000	141,000	2,680	1,050	0	0	0	0	0
141,000	143,000	2,740	1,110	0	0	0	0	0
143,000	145,000	2,800	1,170	0	0	0	0	0
145,000	147,000	2,860	1,240	0	0	0	0	0
147,000	149,000	2,920	1,300	0	0	0	0	0
149,000	151,000	2,980	1,360	0	0	0	0	0
151,000	153,000	3,050	1,430	0	0	0	0	0
153,000	155,000	3,120	1,500	0	0	0	0	0
155,000	157,000	3,200	1,570	0	0	0	0	0
157,000	159,000	3,270	1,640	0	0	0	0	0
159,000	161,000	3,340	1,720	100	0	0	0	0
161,000	163,000	3,410	1,790	170	0	0	0	0
163,000	165,000	3,480	1,860	250	0	0	0	0
165,000	167,000	3,550	1,930	320	0	0	0	0
167,000	169,000	3,620	2,000	390	0	0	0	0
169,000	171,000	3,700	2,070	460	0	0	0	0
171,000	173,000	3,770	2,140	530	0	0	0	0
173,000	175,000	3,840	2,220	600	0	0	0	0
175,000	177,000	3,910	2,290	670	0	0	0	0
177,000	179,000	3,980	2,360	750	0	0	0	0
179,000	181,000	4,050	2,430	820	0	0	0	0
181,000	183,000	4,120	2,500	890	0	0	0	0
183,000	185,000	4,200	2,570	960	0	0	0	0
185,000	187,000	4,270	2,640	1,030	0	0	0	0
187,000	189,000	4,340	2,720	1,100	0	0	0	0
189,000	191,000	4,410	2,790	1,170	0	0	0	0
191,000	193,000	4,480	2,860	1,250	0	0	0	0
193,000	195,000	4,550	2,930	1,320	0	0	0	0
195,000	197,000	4,630	3,000	1,390	0	0	0	0
197,000	199,000	4,700	3,070	1,460	0	0	0	0
199,000	201,000	4,770	3,140	1,530	0	0	0	0
201,000	203,000	4,840	3,220	1,600	0	0	0	0
203,000	205,000	4,910	3,290	1,670	0	0	0	0
205,000	207,000	4,980	3,360	1,750	130	0	0	0
207,000	209,000	5,050	3,430	1,820	200	0	0	0
209,000	211,000	5,130	3,500	1,890	280	0	0	0
211,000	213,000	5,200	3,570	1,960	350	0	0	0
213,000	215,000	5,270	3,640	2,030	420	0	0	0
215,000	217,000	5,340	3,720	2,100	490	0	0	0
217,000	219,000	5,410	3,790	2,170	560	0	0	0
219,000	221,000	5,480	3,860	2,250	630	0	0	0
221,000	224,000	5,560	3,950	2,340	710	0	0	0
224,000	227,000	5,680	4,060	2,440	830	0	0	0
227,000	230,000	5,780	4,170	2,550	930	0	0	0
230,000	233,000	5,890	4,280	2,650	1,040	0	0	0
233,000	236,000	5,990	4,380	2,770	1,140	0	0	0
236,000	239,000	6,110	4,490	2,870	1,260	0	0	0
239,000	242,000	6,210	4,590	2,980	1,360	0	0	0
242,000	245,000	6,320	4,710	3,080	1,470	0	0	0
245,000	248,000	6,420	4,810	3,200	1,570	0	0	0
248,000	251,000	6,530	4,920	3,300	1,680	0	0	0
251,000	254,000	6,640	5,020	3,410	1,790	170	0	0
254,000	257,000	6,750	5,140	3,510	1,900	290	0	0
257,000	260,000	6,850	5,240	3,620	2,000	390	0	0
260,000	263,000	6,960	5,350	3,730	2,110	500	0	0
263,000	266,000	7,070	5,450	3,840	2,220	600	0	0
266,000	269,000	7,180	5,560	3,940	2,330	710	0	0
269,000	272,000	7,280	5,670	4,050	2,430	820	0	0

4．事業税率・住民税率・固定資産税率（東京都・抜粋） (2019年4月1日現在)

(1) 法人事業税率（外形標準課税法人：資本金の額又は出資金の額が1億円超の普通法人等の場合）
（2019年4月1日以後に開始する事業年度について適用）

所得等の区分		税率
所得割	年400万円以下の所得	0.395%
	年400万円を超え年800万円以下の所得	0.635%
	年800万円を超える所得	0.88%
付加価値割		1.26%
資本割		0.525%

(2) 法人住民税率（資本金の額又は出資金の額1億円超の普通法人の場合）
①均等割（特別区内のみに事務所等を有する法人・年額）

法人の区分		特別区内の従業者数	均等割額（円）
資本金等の額	1億円超～10億円以下	50人以下	290,000
		50人超	530,000
	10億円超～50億円以下	50人以下	950,000
		50人超	2,290,000
	50億円超～	50人以下	1,210,000
		50人超	3,800,000

②法人税割（2019年4月1日以後に開始する事業年度について適用）
　特別区内に事務所等がある場合 16.3%（道府県民税相当分4.2％＋市町村民税相当分12.1％）

(3) 個人住民税率（※個人住民税は下記の他に，利子割・配当割・株式等譲渡所得割があります）
①均等割の税率（均等割は，所得金額にかかわらず定額で課税）　一律5,000円（都民税1,500円＋区市町村民税3,500円）
②所得割の税率（前年の所得金額に応じて課税）　一律10%（都民税4％，区市町村民税6％）

(4) 固定資産税率（標準税率）
それぞれの固定資産について定められた課税標準額の1.4%

5．登録免許税率（抜粋） (登録免許税法による。2019年4月1日現在)

(1) 不動産の登記
- (ア) 所有権の保存 …………………………………………………………… 不動産価額の $\frac{4}{1,000}$
- (イ) 売買による所有権の移転 ……………………………………………… 〃　$\frac{20}{1,000}$
- (ウ) 登記の更正もしくは変更 ……………………………………………… 不動産1個につき1,000円
- (エ) 登記の抹消 ……………………………………………………………… 〃　1,000円

(2) 会社の商業登記（本店の所在地においてする登記）
- (ア) 合名会社・合資会社の設立 …………………………………………… 1件につき60,000円
- (イ) 株式会社の設立 ………………………………………………………… 資本の金額の $\frac{7}{1,000}$ ⎫ 注1
- (ウ) 有限会社の設立 ………………………………………………………… 〃　$\frac{7}{1,000}$ ⎭
- (エ) 登記事項の変更・消滅・廃止 ………………………………………… 1件につき30,000円
- (オ) 登記の更正・抹消 ……………………………………………………… 〃　20,000円

(3) 個人の商業登記
- (ア) 商号の新設またはその取得による変更 ……………………………… 1件につき30,000円
- (イ) 商号の廃止・更正・変更・消滅 ……………………………………… 〃　6,000円
- (ウ) 登記の抹消 ……………………………………………………………… 〃　6,000円

注．(イ)株式会社の設立の場合，15万に満たないときは15万円が最低。(ウ)合同会社の設立の場合，6万に満たないときは6万円である。

6．健康保険・厚生年金保険料率表（抜粋）

（2019年4月1日現在，単位：円）

標準報酬		報酬月額		全国健康保険協会官掌健康保険（東京都の例）				年金等級	厚生年金保険	
				介護保険第2号被保険者に該当しない場合		介護保険第2号被保険者に該当する場合			一般保険者	
等級	月額	以上	未満	9.90%		11.63%			18.3%	
				（全額）	（折半）	（全額）	（折半）		（全額）	（折半）
1	58,000	～	63,000	5,742.0	2,871.0	6,745.4	3,372.7			
2	68,000	63,000～	73,000	6,732.0	3,366.0	7,908.4	3,954.2			
3	78,000	73,000～	83,000	7,722.0	3,861.0	9,071.4	4,535.7			
4	88,000	83,000～	93,000	8,712.0	4,356.0	10,234.4	5,117.2	1	16,104.0	8,052.0
5	98,000	93,000～	101,000	9,702.0	4,851.0	11,397.4	5,698.7	2	17,934.0	8,967.0
6	104,000	101,000～	107,000	10,296.0	5,148.0	12,095.2	6,047.6	3	19,032.0	9,516.0
7	110,000	107,000～	114,000	10,890.0	5,445.0	12,793.0	6,396.5	4	20,130.0	10,065.0
8	118,000	114,000～	122,000	11,682.0	5,841.0	13,723.4	6,861.7	5	21,594.0	10,797.0
9	126,000	122,000～	130,000	12,474.0	6,237.0	14,653.8	7,326.9	6	23,058.0	11,529.0
10	134,000	130,000～	138,000	13,266.0	6,633.0	15,584.2	7,792.1	7	24,522.0	12,261.0
11	142,000	138,000～	146,000	14,058.0	7,029.0	16,514.6	8,257.3	8	25,986.0	12,993.0
12	150,000	146,000～	155,000	14,850.0	7,425.0	17,445.0	8,722.5	9	27,450.0	13,725.0
13	160,000	155,000～	165,000	15,840.0	7,920.0	18,608.0	9,304.0	10	29,280.0	14,640.0
14	170,000	165,000～	175,000	16,830.0	8,415.0	19,771.0	9,885.5	11	31,110.0	15,555.0
15	180,000	175,000～	185,000	17,820.0	8,910.0	20,934.0	10,467.0	12	32,940.0	16,470.0
16	190,000	185,000～	195,000	18,810.0	9,405.0	22,097.0	11,048.5	13	34,770.0	17,385.0
17	200,000	195,000～	210,000	19,800.0	9,900.0	23,260.0	11,630.0	14	36,600.0	18,300.0
18	220,000	210,000～	230,000	21,780.0	10,890.0	25,586.0	12,793.0	15	40,260.0	20,130.0
19	240,000	230,000～	250,000	23,760.0	11,880.0	27,912.0	13,956.0	16	43,920.0	21,960.0
20	260,000	250,000～	270,000	25,740.0	12,870.0	30,238.0	15,119.0	17	47,580.0	23,790.0
21	280,000	270,000～	290,000	27,720.0	13,860.0	32,564.0	16,282.0	18	51,240.0	25,620.0
22	300,000	290,000～	310,000	29,700.0	14,850.0	34,890.0	17,445.0	19	54,900.0	27,450.0
23	320,000	310,000～	330,000	31,680.0	15,840.0	37,216.0	18,608.0	20	58,560.0	29,280.0
24	340,000	330,000～	350,000	33,660.0	16,830.0	39,542.0	19,771.0	21	62,220.0	31,110.0
25	360,000	350,000～	370,000	35,640.0	17,820.0	41,868.0	20,934.0	22	65,880.0	32,940.0
26	380,000	370,000～	395,000	37,620.0	18,810.0	44,194.0	22,097.0	23	69,540.0	34,770.0
27	410,000	395,000～	425,000	40,590.0	20,295.0	47,683.0	23,841.5	24	75,030.0	37,515.0
28	440,000	425,000～	455,000	43,560.0	21,780.0	51,172.0	25,586.0	25	80,520.0	40,260.0
29	470,000	455,000～	485,000	46,530.0	23,265.0	54,661.0	27,330.5	26	86,010.0	43,005.0
30	500,000	485,000～	515,000	49,500.0	24,750.0	58,150.0	29,075.0	27	91,500.0	45,750.0
31	530,000	515,000～	545,000	52,470.0	26,235.0	61,639.0	30,819.5	28	96,990.0	48,495.0
32	560,000	545,000～	575,000	55,440.0	27,720.0	65,128.0	32,564.0	29	102,480.0	51,240.0
33	590,000	575,000～	605,000	58,410.0	29,205.0	68,617.0	34,308.5	30	107,970.0	53,985.0
34	620,000	605,000～	635,000	61,380.0	30,690.0	72,106.0	36,053.0	31	113,460.0	56,730.0
35	650,000	635,000～	665,000	64,350.0	32,175.0	75,595.0	37,797.5			
36	680,000	665,000～	695,000	67,320.0	33,660.0	79,084.0	39,542.0			
37	710,000	695,000～	730,000	70,290.0	35,145.0	82,573.0	41,286.5			
38	750,000	730,000～	770,000	74,250.0	37,125.0	87,225.0	43,612.5			
39	790,000	770,000～	810,000	78,210.0	39,105.0	91,877.0	45,938.5			
40	830,000	810,000～	855,000	82,170.0	41,085.0	96,529.0	48,264.5			
41	880,000	855,000～	905,000	87,120.0	43,560.0	102,344.0	51,172.0			
42	930,000	905,000～	955,000	92,070.0	46,035.0	108,159.0	54,079.5			
43	980,000	955,000～	1,005,000	97,020.0	48,510.0	113,974.0	56,987.0			
44	1,030,000	1,005,000～	1,055,000	101,970.0	50,985.0	119,789.0	59,894.5			
45	1,090,000	1,055,000～	1,115,000	107,910.0	53,955.0	126,767.0	63,383.5			
46	1,150,000	1,115,000～	1,175,000	113,850.0	56,925.0	133,745.0	66,872.5			
47	1,210,000	1,175,000～	1,235,000	119,790.0	59,895.0	140,723.0	70,361.5			
48	1,270,000	1,235,000～	1,295,000	125,730.0	62,865.0	147,701.0	73,850.5			
49	1,330,000	1,295,000～	1,355,000	131,670.0	65,835.0	154,679.0	77,339.5			
50	1,390,000	1,355,000～		137,610.0	68,805.0	161,657.0	80,828.5			

注．都道府県別に健康保険料率は異なる。

厚生年金保険料額は，標準報酬月額に一般被保険者は18.3%，基金加入者は13.300%～15.900%をそれぞれ乗じた額。

7．主な減価償却資産の耐用年数（抜粋） （減価償却資産の耐用年数等に関する省令による）

種　類	構造または用途	細　目	耐用年数
建　物	鉄骨鉄筋コンクリート造・鉄筋コンクリート造のもの	事務所 住宅 店舗 工場用・倉庫用のもの（一般用）	50年 47 39 38
	木造・合成樹脂造のもの	事務所 店舗・住宅	24 22
	木造モルタル造のもの	事務所 店舗・住宅	22 20
器具・備品	家具・電気機器	事務机・事務いす，キャビネット 　主として金属製のもの 　その他のもの 陳列だな・陳列ケース 　冷凍機付・冷蔵機付のもの 　その他のもの 室内装飾品 　主として金属製のもの 　その他のもの 電気冷蔵庫・電気洗濯機 ラジオ・テレビ	 15 8 6 8 15 8 6 5
	事務機器・通信機器	複写機・金銭登録機・タイムレコーダ 電話設備その他の通信機器 　デジタル構内交換設備およびデジタルボタン電話設備 　その他のもの パーソナルコンピュータ（サーバー用のものを除く）	5 6 10 4
	看板・広告器具	マネキン人形・模型	2
車両・運搬具	運送事業用・貸自動車業用・自動車教習所用のもの	自動車（2輪・3輪自動車を含み，乗合自動車を除く） 　小型車（貨物車は積載量が2トン以下，その他のものは総排気量が2ℓ以下のもの） 　大型乗用車（総排気量が3ℓ以上のもの） 　その他のもの 乗合自動車 自転車・リヤカー	 3 5 4 5 2
	一般用のもの （特殊自動車・上記のものを除く）	自動車（2輪または3輪自動車を除く） 　小型車（総排気量が0.66ℓ以下のもの） 　貨物自動車 　　ダンプ式のもの 　　その他のもの 2輪または3輪自動車 自転車	 4 4 5 3 2

(1) 減価償却資産の定額法償却率表

耐用年数	償却率	耐用年数	償却率	耐用年数	償却率	耐用年数	償却率
		16	0.063	31	0.033	46	0.022
2年	0.500	17	0.059	32	0.032	47	0.022
3	0.334	18	0.056	33	0.031	48	0.021
4	0.250	19	0.053	34	0.030	49	0.021
5	0.200	20	0.050	35	0.029	50	0.020
6	0.167	21	0.048	36	0.028		
7	0.143	22	0.046	37	0.028		
8	0.125	23	0.044	38	0.027		
9	0.112	24	0.042	39	0.026		
10	0.100	25	0.040	40	0.025		
11	0.091	26	0.039	41	0.025		
12	0.084	27	0.038	42	0.024		
13	0.077	28	0.036	43	0.024		
14	0.072	29	0.035	44	0.023		
15	0.067	30	0.034	45	0.023		

※**定額法による計算式**（1年間事業に使用と仮定した場合）
　年間の減価償却費＝取得価額×耐用年数に応じた定額法の償却率
　　注．資産区分のうち，建物，建物付属設備・構築物についての計算は定額法のみ。

(2) 減価償却資産の定率法償却率表
（減価償却資産の耐用年数等に関する省令 別表第十）

耐用年数	償却率	改定償却率	保証率	耐用年数	償却率	改定償却率	保証率
				11	0.182	0.200	0.05992
2年	1.000	—	—	12	0.167	0.200	0.05566
3	0.667	1.000	0.11089	13	0.154	0.167	0.05180
4	0.500	1.000	0.12499	14	0.143	0.167	0.04854
5	0.400	0.500	0.10800	15	0.133	0.143	0.04565
6	0.333	0.334	0.09911	16	0.125	0.143	0.04294
7	0.286	0.334	0.08680	17	0.118	0.125	0.04038
8	0.250	0.334	0.07909	18	0.111	0.112	0.03884
9	0.222	0.250	0.07126	19	0.105	0.112	0.03693
10	0.200	0.250	0.06552	20	0.100	0.112	0.03486

　注．平成24年4月1日以降に取得された減価償却資産に適用。
　　　別表第十には，耐用年数100年までの計数が掲げられている。

※**定率法による計算式**（1年間事業に使用と仮定した場合）
　年間の減価償却費＝未償却残高（取得価額－償却累計額）×耐用年数に応じた定率法の償却率
　　注．償却費が保証額（取得価額×保証率）を下回る年度から，定額法（改定取得価額×改定償却率）に切り替わる。

8．雇用保険料率

（雇用保険法による。2019年4月1日現在）

事業の種類	保険料率	事業主負担率	被保険者負担率
一般の事業	9/1000	6/1000	3/1000
農林水産・清酒製造の事業	11/1000	7/1000	4/1000
建設の事業	12/1000	8/1000	4/1000

　注．雇用保険の被保険者負担分は，労働者（被保険者）に支払われた賃金額に被保険者負担率をかけて算定。
　　　この被保険者負担率については，事業主は，労働者に賃金を支払う都度，その賃金額に応ずる被保険者負担額を，賃金から控除する。

9．印紙税率（抜粋）

(印紙税法による。2019年4月1日現在)

番号	課税物件	収入印紙の金額
(1)	1．不動産・鉱業権・無体財産権・船舶・航空機または営業の譲渡に関する契約書 2．地上権または土地の賃借権の設定または譲渡に関する契約書 3．消費貸借に関する契約書 4．運送に関する契約書（用船契約書を含む）	契約金額が1万円未満　　　　　　　　　　非課税 〃　　1万円以上　　10万円以下　　200円 〃　　10万円をこえ　50万円以下　　400円 〃　　50万円をこえ　100万円以下　1,000円 〃　　100万円をこえ　500万円以下　2,000円 〃　　500万円をこえ　1,000万円以下　1万円 〃　　1,000万円をこえ　5,000万円以下　2万円 〃　　5,000万円をこえ　1億円以下　　6万円 〃　　1億円をこえ　5億円以下　　10万円 〃　　5億円をこえ　10億円以下　　20万円 〃　　10億円をこえ　50億円以下　　40万円 〃　　50億円をこえるもの　　　　　　60万円 契約金額の記載がないもの　　　　　　　200円
(3)	約束手形または為替手形	手形金額が10万円未満　　　　　　　　　非課税 〃　　10万円以上　　100万円以下　　200円 〃　　100万円をこえ　200万円以下　　400円 〃　　200万円をこえ　300万円以下　　600円 〃　　300万円をこえ　500万円以下　1,000円 〃　　500万円をこえ　1,000万円以下　2,000円 〃　　1,000万円をこえ　2,000万円以下　4,000円 〃　　2,000万円をこえ　3,000万円以下　6,000円 〃　　3,000万円をこえ　5,000万円以下　1万円 〃　　5,000万円をこえ　1億円以下　　2万円 〃　　1億円をこえ　2億円以下　　4万円 〃　　2億円をこえ　3億円以下　　6万円 〃　　3億円をこえ　5億円以下　　10万円 〃　　5億円をこえ　10億円以下　　15万円 〃　　10億円をこえるもの　　　　　　20万円
	上記のうち，一覧払いの手形，日本銀行または銀行その他政令で定める金融機関を振出人および受取人とする手形	手形金額が10万円以上　　　　　　　　　200円
	社債等を担保として日本銀行が行う買入オペレーションの対象手形	200円
(4)	株券・出資証券・社債券・証券投資信託または貸付信託の受益証券	券面金額が500万円以下　　　　　　　　　200円 〃　　500万円をこえ　1,000万円以下　1,000円 〃　　1,000万円をこえ　5,000万円以下　2,000円 〃　　5,000万円をこえ　1億円以下　　1万円 〃　　1億円をこえるもの　　　　　　　2万円
(6)	定款（原本に限る）	4万円
(7)	継続的取引の基本となる契約書（契約期間の記載のあるもののうち，当該契約期間が3か月以内であり，かつ，更新に関する定めのないものを除く）	4,000円
(8)	預貯金証書	200円
(9)	貨物引換証・倉庫証券・船荷証券	200円
(10)	保険証券	200円
(13)	債務の保証に関する契約書（主たる債務の契約書に併記するものを除く）	200円
(14)	金銭または有価証券の寄託に関する契約書	200円
(16)	配当金領収証または配当金振込通知書	配当金額が3,000円未満　　　　　　　　非課税 〃　　3,000円以上　　　　　　　　　　200円

⒄	1．売上代金にかかわる金銭または有価証券の受取書	受取金額が5万円未満 〃　　　100万円以下 〃　　　100万円をこえ　200万円以下 〃　　　200万円をこえ　300万円以下 〃　　　300万円をこえ　500万円以下 〃　　　500万円をこえ　1,000万円以下 〃　　　1,000万円をこえ　2,000万円以下 〃　　　2,000万円をこえ　3,000万円以下 〃　　　3,000万円をこえ　5,000万円以下 〃　　　5,000万円をこえ　1億円以下 〃　　　1億円をこえ　2億円以下 〃　　　2億円をこえ　3億円以下 〃　　　3億円をこえ　5億円以下 〃　　　5億円をこえ　10億円以下 〃　　　10億円をこえるもの	非課税 200円 400円 600円 1,000円 2,000円 4,000円 6,000円 1万円 2万円 4万円 6万円 10万円 15万円 20万円
	2．金銭または有価証券の受取書で1．に掲げる受取書以外のもの		200円
		上記のうち，受取金額が5万円未満および営業に関しないもの	非課税
⒅	預貯金通帳，保険料通帳	1年ごとに	200円
⒆	消費貸借通帳，請負通帳，有価証券の預り通帳，金銭の受取通帳など	1年ごとに	400円
⒇	判　取　帳	1年ごとに	4,000円

10．郵便・電報関係諸料金（抜粋）

（郵便法による。2024年10月1日現在）

(1) 郵　便 〔消費税込み〕

(ア) 通常郵便料金

種類	内　　　容	重　　量	料金
第一種	定　形 (9×14)cm以上(12×23.5)cm以下で厚さが1cmまでのもの	50gまで	110円
	定形外（規格外） 最大の大きさ 長さ60cm 長さ＋幅＋厚さ＝90cm	50gまで	260円
		100gまで	290円
		150gまで	390円
		250gまで	450円
		500gまで	660円
		1kgまで	920円
		2kgまで	1,350円
		4kgまで	1,750円
	郵便書簡（ミニレター）	25gを超えると定形外扱いとなります	85円
	郵便区内特別 特別料金① 最大25cm×34cm	定形 50gまで	96円
		定形外 50gまで	128円
		100gまで	164円
		150gまで	226円
		250gまで	274円
	特別料金④ ※Ⅰ 最大25cm×34cm	定形 50gまで	81円
		定形外 50gまで	103円
		100gまで	130円
		150gまで	177円
		250gまで	212円

第二種	通常はがき	2g以上6gまで	85円
	往復はがき	4g以上12gまで	170円
第三種	下記以外	50gまで	63円
		50gを超え50gごとに	8円増
	低料 毎月3回以上発行する新聞紙（※Ⅱ）	50gまで	42円
		50gを超え50gごとに	6円増
	心身障がい者団体の発行する定期刊行物	毎月3回以上発行する新聞紙 50gまで	8円
		50gを超え50gごとに	3円増
		その他 50gまで	15円
		50gを超え50gごとに	5円増
第四種	通信教育	100gまで	15円
		100gを超え100gごとに	10円増
	点字・特定録音物等（※Ⅲ）	3kgまで	無料
	植物種子等	50gまで	73円
		75gまで	110円
		100gまで	130円
		150gまで	170円
		200gまで	210円
		300gまで	240円
		400gまで	290円
		400gを超え1kgまで100gごとに	52円増
	学術刊行物	100gまで	37円
		100gを超え100gごとに	26円増

（※Ⅰ）「郵便区内特別：特別料金④」は，1,000通以上，形状重量が同一，同一郵便区内のみ等を条件とする。
（※Ⅱ）発行人または売りさばき人から差し出されるもの。その1部又は1日分。
（※Ⅲ）盲人用の録音物又は点字用紙を内容とする郵便物で，日本郵便株式会社の指定する施設から又は施設あてに差出すものに限り無料。

(イ) **内国郵便特殊取扱料金**（通常郵便物について，基本料金に加算）

種類	区別	段階	料金
書留	現金	損害要償額10,000円まで 10,000円をこえ5,000円までごとに	480円 11円増
書留	現金以外	損害要償額100,000円まで 100,000円をこえ50,000円までごとに	480円 23円増
書留	簡易書留	損害要償額50,000円まで	350円
速達	通常郵便物	250gまで 1kgまで 4kgまで	300円 400円 690円
配達証明	配達した月日を証明するもの	差し出しの際 差し出し後（請求期間1年）	350円 480円
内容証明	どういう内容の文書を差し出したかを証明するもの	謄本1枚 以上1枚増すごとに	480円 290円増

(ウ) **ゆうパック（郵便小包）料金**　東京より発送の場合

あて先＼サイズ	東京	北海道	東北 関東 信越 北陸 東海	近畿	中国 四国	九州	沖縄
60	820円	1,410円	880円	990円	1,150円	1,410円	1,450円
80	1,130円	1,710円	1,200円	1,310円	1,440円	1,710円	1,810円
100	1,450円	2,020円	1,500円	1,620円	1,780円	2,020円	2,160円
120	1,770円	2,340円	1,830円	1,940円	2,080円	2,340円	2,490円
140	2,120円	2,680円	2,170円	2,300円	2,440円	2,680円	2,860円
160	2,450円	3,010円	2,500円	2,610円	2,750円	3,010円	3,180円
170	3,000円	4,140円	3,070円	3,750円	3,890円	4,140円	4,350円

注1．サイズは縦・横・高さの合計（cm）。重さは25kgまで。
2．持込割引は1個につき120円，同一あて先割引は1個につき60円，複数口割引は1個につき60円を割引。
3．保冷サービスを利用する場合，上記料金に保冷料金（60サイズ225円，80サイズ360円など）を加算。
4．聴障がい者用ゆうパック・点字ゆうパック

サイズ	60	80	100	120	140	160	170
運賃額	100円	210円	320円	420円	520円	630円	730円

(エ) **ゆうメール（旧冊子小包）料金**
（冊子とした印刷物，その他印刷物（CDやDVD等の電磁的記録媒体を含む）内容の小包郵便物）

重量	150gまで	250gまで	500gまで	1kgまで
規格内　全国均一	180円	215円	310円	360円

注．規格内は，長辺34cm以内，短辺25cm以内，厚さ3cm以内および重量1kg以内のもの。

(オ) 郵便振替料金

区分 払込金額	通常払込み		電信払込み	払込専用カードによる払込み	
	窓　口	ATM		窓　口	ATM
50,000円未満	203円（122円）	152円（71円）	550円	220円	125円
50,000円以上	417円（336円）	366円（285円）	770円	440円	345円

注1．郵便振替口座の開設料は無料。
　2．（　）内の料金は振替MTサービス利用の料金。
　3．ATMでは，国等への払込みを除き，以下の払込みは取り扱えない。
　　　1．10万円を超える現金による払込み
　　　2．10万円を超える本人確認が済んでいない総合口座からの払込み

(2) 電　　報（電報サービス契約約款による。2023年2月1日現在）
　電　報　料（税込）

電報の種類	料　　　　　金	
Web申し込み	1ページ目（300文字[30文字×10行]）	1,320円
	2ページ目（420文字[30文字×14行]）から	330円
電話申し込み	1ページ目（300文字[30文字×10行]）	1,760円
	2ページ目（420文字[30文字×14行]）から	330円

11. 普通倉庫保管料率（抜粋）〔消費税別〕　（東京N社の例による）

(1) 普通倉庫保管料基本料率（1期料率）（2006年4月1日現在）　（単位：円）

分類	品	目	A地区 従価率 1,000円につき	A地区 従量率 1tにつき	B地区 従価率 1,000円につき	B地区 従量率 1tにつき	C地区 従価率 1,000円につき	C地区 従量率 1tにつき
穀飼料	米	国内産米 輸入米	0.79 1.45	230 230	0.73 1.33	210 210	0.64 1.14	180 180
	麦	国内産麦 輸入麦	0.79 0.79	170 210	0.73 0.73	160 190	0.64 0.64	137 160
	豆類	コーヒー・ココア豆 その他	2.04 2.66	438 300	1.89 2.45	410 280	1.73 2.28	370 250
	粉類		1.58	247	1.45	230	1.35	210
	飼料ミール類		1.83	320	1.68	300	1.58	270
農林水産品	木材		1.10	320	1.01	300	0.95	274
	水産品		1.71	850	1.59	790	1.48	720
塩・砂糖類	撒塩		0.95	90	0.88	80	0.85	74
	砂糖		1.71	380	1.59	350	1.48	320
食料工業品	かん詰		2.04	342	1.89	320	1.73	290
繊維製品	織物・同製品・毛糸		1.23	550	1.18	510	1.07	470
	撒扱織物・糸		1.23	970	1.18	890	1.07	820
	綿・合化繊・その他糸		1.23	440	1.18	400	1.07	370
繊維原料	生糸		0.88	470	0.80	440	0.74	400
	合繊綿・麻類		1.25	247	1.18	230	1.07	210
紙・パルプ類	紙類		1.71	500	1.59	460	1.48	420
金属・機械類	鉄材・鉄製品		1.71	152	1.59	140	1.48	130
	自動車・車輌		1.73	550	1.59	510	1.46	470
	器具・部品	家庭用電気 事務用・精密機械類 その他	2.00 2.53 2.66	420 940 810	1.89 2.32 2.45	390 870 740	1.73 2.13 2.28	350 800 685
肥料類	化学肥料		2.37	160	2.18	140	2.00	140
化学工業品	薬品	医薬品 その他	1.67 2.04	570 390	1.54 1.89	520 360	1.40 1.73	485 330
	油脂・ろう類		2.66	700	2.45	650	2.28	590
窯業品	板ガラス		1.71	542	1.59	500	1.48	464
鉱産品	鉱産品		1.71	400	1.59	370	1.48	340
雑品	雑品		4.38	580	4.07	530	3.73	490

注．請求一口の保管料総額が1,000円に満たないときは1,000円とする。

(2) 普通倉庫・サイロ倉庫保管料級地表

(2006年4月1日現在)

都道府県	A 地 区	B 地 区	C地区	都道府県	A 地 区	B 地 区	C地区
北海道	札幌・小樽・石狩	函館・室蘭・帯広・釧路・旭川・苫小牧・留萌	その他	三 重	四日市・川越・朝日	鈴鹿・津・松阪・桑名・伊勢・木曾岬	その他
青 森		青森・八戸・弘前	〃	岐 阜	岐阜・大垣・羽島・各務原・岐南・柳津・穂積・笠松	多治見	〃
秋 田		秋田・男鹿	〃	新 潟		新潟・上越・長岡	〃
岩 手		盛岡・矢巾	〃	富 山		富山・高岡・新湊	〃
山 形			全 県	石 川		金沢・七尾・小松・野々市	〃
宮 城	仙台・塩釜・多賀城	名取・岩沼・七ヶ浜・石巻	その他	福 井		福井	〃
福 島		福島・いわき・郡山・会津若松	〃	滋 賀		大津・長浜・栗東・甲西・五個荘・高月	〃
群 馬		高崎・前橋・桐生・伊勢崎・太田・館林・大間々・邑楽・大泉	〃	京 都	京都・向日・長岡京・久御山	舞鶴・宇治・城陽・八幡	〃
栃 木		宇都宮・小山・足利	〃	奈 良	奈良・大和郡山・天理	大和高田・五条・桜井・新庄・橿原	〃
茨 城		水戸・土浦・日立・鹿島・神栖・波崎	〃	和歌山		和歌山・海南・田辺・湯浅・広川	〃
埼 玉	大宮・浦和・川口・戸田・蕨・与野・和光・上尾・川越・所沢・草加・春日部・岩槻・飯能・新座・朝霞・志木・入間・鳩ヶ谷・三郷・三芳・八潮・越谷・狭山	鴻巣・熊谷・深谷・本庄・桶川・久喜・北本・吹上・岡部・羽生・行田・児玉	〃	大 阪	大阪・堺・高槻・吹田・摂津・茨木・守口・大東・東大阪・八尾・門真・泉大津・岸和田・貝塚・富田林・羽曳野・枚方・四条畷・和泉・松原・寝屋川・柏原・泉佐野・箕面・藤井寺・高石・豊中・忠岡・美原	その他	
千 葉	千葉・船橋・松戸・柏・市原・我孫子・野田・市川・袖ケ浦・四街道・八千代・佐倉	習志野・銚子・木更津・館山・八街	〃	兵 庫	神戸・西宮・尼崎・明石・伊丹・川西	姫路・加古川・高砂・播磨・稲美	その他
東 京	区部・武蔵野・三鷹・八王子・立川・青梅・田無・小金井・町田・調布・稲城・東久留米・昭島・府中・日野・国立・多摩	その他（島しょを除く）	島しょ	岡 山		岡山・倉敷	〃
				広 島	広島・府中	呉・尾道・福山・海田・坂・向島	〃
神奈川	横浜・川崎・横須賀・逗子・鎌倉・藤沢・茅ヶ崎・平塚・厚木・相模原・大和・座間・海老名・伊勢原・寒川・綾瀬・大磯	小田原・南足柄・秦野・開成・大井・愛川	その他	鳥 取			全 県
				島 根			〃
				山 口	下関		その他
				徳 島		徳島・鳴門	〃
静 岡	清水	静岡・浜松・沼津・三島・富士・焼津・藤枝・磐田・袋井・豊田	〃	香 川		坂出・高松・丸亀	〃
				愛 媛		新居浜・松山・今治	〃
				高 知		高知	〃
山 梨		甲府・富士吉田・大月・都留・塩山・山梨・石和・甲西・増穂・市川大門・田富	〃	福 岡	福岡・北九州・粕屋・志免		〃
				佐 賀		佐賀・鳥栖	〃
長 野		長野・松本・岡谷・上田・塩尻・小諸・須坂・佐久	〃	長 崎		長崎・佐世保・諫早・大村	〃
				熊 本		熊本	〃
				大 分		大分・別府・中津	〃
愛 知	名古屋・東海・一宮・小牧・岩倉・大府・知多・稲沢・津島・江南・春日井・尾張旭・木曽川・豊山・西春・新川・西枇杷島・師勝・清洲・大治・大口・飛島	豊橋・岡崎・蒲郡・半田・豊田・安城・刈谷・知立・尾西・豊川・幸田	〃	宮 崎		宮崎・都城	〃
				鹿児島		鹿児島・名瀬	〃
				沖 縄	那覇・浦添・沖縄	平良・石垣	〃

12. 普通倉庫荷役料率〔消費税別〕

(1) 普通倉庫荷役料基本料率（1期料率）（2006年4月1日現在）

（1tにつき，単位：円）

分類	品目		A地区	B地区	C地区	D地区	E地区
ユニタイズ貨物	コンテナ	実入	590	530	510	470	430
		空	500	450	440	400	370
	ノックダウン自動車・完成車（重量5トン未満かつ容量20トン未満のもの）		690	620	600	560	510
	完成車（重量5トン以上又は容量20トン以上のもの）		1,040	940	910	840	770
	パレタイズ貨物・バンパック・バッグコンテナ・プレスリング		890	850	830	760	700
包装品	袋物（紙・ビニール・化合繊・綿製袋入）		1,380	1,250	1,210	1,110	1,020
	袋物（紙・ビニール袋入）	米・麦・砂糖・塩	1,170	1,050	1,020	940	870
	袋物（麻袋入）	ふすま・ミール・ビート・パルプ・メイズ・マイロ・豆類・砂糖・米・麦	980	880	860	790	730
	たる物	葉たばこ	820	730	720	660	610
	ベール物	葉たばこ	1,010	910	890	820	750
		その他のベール物（綿花・羊毛・麻類・合化繊綿・石綿・生ゴム・パルプ）	1,240	970	940	870	800
	板ガラス		1,540	1,380	1,350	1,240	1,140
	生糸		1,700	1,530	1,490	1,370	1,260
	雑貨類・機械類（1個当たり5トン未満のもの）		1,280	1,200	1,170	1,080	990
	農水産物・製茶・コルク		1,100	990	960	890	820
	機械類（1個当たり5トン以上のもの）		1,040	940	910	840	770
有姿貨物	タイヤ		830	740	720	660	610
	巻取紙（内地産）		930	830	810	740	680
	木材	原木 南洋材・米国材	810	750	730	670	620
		原木 北洋材	800	720	690	640	590
		製材	830	750	730	670	620
	非鉄金属類（半製品・銑鉄・地金）		1,300	1,160	1,130	1,040	960
	鋼材	一般鋼材（口径12インチ未満の鋼管を含む）	990	890	870	800	730
		鋼管（口径12インチ以上のもの）・コイル	850	760	740	680	620
	石材		900	810	780	720	660
撒貨物	燐礦石・肥料		900	750	720	660	610
	鉱物・土石		1,060	960	930	860	790
	砂糖		830	750	730	670	620
	塩		770	690	680	630	570
その他	繊維類（撒扱）		2,380	2,140	2,110	1,940	1,790
	紙類（撒扱）		1,930	1,730	1,710	1,570	1,450
	家庭用電気・ガス石油器具		990	890	880	810	750

(2) 倉庫荷役料級地表

(2006年4月1日現在)

都道府県	A地区	B地区	C地区	D地区	E地区	都道府県	A地区	B地区	C地区	D地区	E地区
北海道			札幌・石狩	函館・小樽・室蘭・釧路・留萌・旭川・帯広・苫小牧	その他	岐阜			岐阜・大垣・羽島・各務原・笠松・岐南・柳津・穂積	多治見	その他
青森				青森・弘前・八戸	〃	新潟				新潟・上越・長岡	〃
秋田				秋田・男鹿	〃	富山				富山・高岡・新湊	〃
岩手				盛岡・矢巾	〃	石川				金沢・七尾・小松・野々市	〃
山形					全県	福井				福井・敦賀	〃
宮城			仙台・多賀城・塩釜	名取・岩沼・石巻・七ヶ浜	その他	滋賀				大津	〃
福島				福島・郡山・いわき・会津若松	〃	京都			京都・向日・長岡京	舞鶴・宇治・城陽・八幡・久御山	〃
群馬				前橋・高崎・桐生・伊勢崎・館林・太田・大間々・邑楽・大泉	〃	奈良			奈良・大和郡山・天理	桜井・大和高田・五条・橿原・新庄	〃
栃木				宇都宮・足利・小山	〃	和歌山				和歌山・海南・田辺・湯浅・広川	〃
茨城				水戸・土浦・日立・鹿島・神栖・波崎	〃	大阪	大阪・堺・泉大津			吹田・富田林・羽曳野・大東・八尾・東大阪・岸和田・貝塚・茨木・高槻・守口・摂津・門真・豊中・枚方・四条畷・和泉・松原・寝屋川・柏原・泉佐野・箕面・藤井寺・高石・忠岡・美原	その他
埼玉			浦和・大宮・川口・与野・蕨・戸田・和光・上尾・川越・北本・羽生・所沢・草加・春日部・岩槻・飯能・新座・朝霞・志木・入間・鳩ヶ谷・三郷・八潮・越谷・狭山・三芳	熊谷・深谷・鴻巣・本庄・桶川・久喜・吹上・岡部・児玉	〃	兵庫		神戸		西宮・尼崎・明石・川西・伊丹	その他
						岡山				岡山・倉敷	その他
千葉			千葉・船橋・松戸・柏・市原・我孫子・野田・市川・四街道・八千代・佐倉・袖ヶ浦	習志野・銚子・木更津・館山・八街	〃	広島			広島・府中	呉・福山・尾道・向島・海田・坂	〃
東京	島しょを除く東京都				島しょ	鳥取					全県
						島根					〃
神奈川	横浜・川崎		横須賀・逗子・厚木・鎌倉・藤沢・茅ヶ崎・平塚・相模原・大和・海老名・伊勢原・座間・綾瀬・寒川・大磯	その他		山口		下関		宇部・小野田	その他
						徳島				徳島・鳴門	〃
						香川				坂出・高松・丸亀	〃
静岡			清水	沼津・静岡・浜松・三島・富士・焼津・藤枝・磐田・袋井・豊田・可美	その他	愛媛				新居浜・松山・今治	〃
						高知				高知	〃
山梨				甲府	〃	福岡	北九州門司	北九州門司を除く	福岡・苅田・粕屋・志免	久留米・大牟田	〃
長野				長野・松本・上田・岡谷・塩尻・小諸・須坂・佐久	〃	佐賀				唐津・佐賀・鳥栖	〃
愛知		名古屋・東海	一宮・小牧・岩倉・大府・知多・稲沢・津島・江南・春日井・尾張旭・弥富・木曽川・豊山・西春・新川・西枇杷島・師勝・清洲・大口・大治・飛島	豊橋・岡崎・半田・蒲郡・豊田・安城・刈谷・知立・尾西・豊川・幸田	〃	長崎				長崎・佐世保・大村・諫早・小佐々	〃
						熊本				熊本	〃
						大分				大分・別府・中津	〃
						宮崎				宮崎・都城	〃
						鹿児島				鹿児島・名瀬	〃
三重			四日市・川越・朝日	津・松阪・鈴鹿・伊勢・桑名・木曽岬	〃	沖縄				那覇・浦添・沖縄	平良・石垣	〃

13. 火災保険の基本料率

(A社資料による。2006年4月1日現在)

一般物件 (保険金額1,000円につき，単位：円)

県・都市名		等地	特級 建物	特級 動産	1級	2級	3級	4級	県・都市名		等地	特級 建物	特級 動産	1級	2級	3級	4級
北海道	札幌市	1	0.42	0.57	0.76	1.46	2.40	2.84	滋賀県			0.31	0.46	0.56	0.94	1.80	2.02
		2	0.52	0.78	0.96	2.19	3.38	3.98	京都府			0.31	0.46	0.56	0.94	1.80	2.02
	旭川・釧路	1	0.46	0.68	0.84	1.83	2.95	3.55	大阪府	大阪市	1	0.31	0.46	0.56	0.94	1.80	2.02
		2	0.52	0.78	0.96	2.19	3.38	3.98			2	0.37	0.52	0.65	1.35	2.18	2.51
	函館・帯広		0.46	0.63	0.76	1.67	2.67	3.22			3	0.42	0.57	0.76	1.46	2.40	2.84
	室蘭・苫小牧		0.46	0.68	0.86	1.88	3.05	3.60		その他		0.42	0.57	0.76	1.46	2.40	2.84
	その他		0.52	0.78	0.96	2.19	3.38	3.98	奈良県			0.42	0.57	0.76	1.46	2.40	2.84
青森県			0.52	0.78	0.96	2.19	3.38	3.98	和歌山県			0.34	0.51	0.61	1.27	2.16	2.40
岩手県			0.37	0.52	0.65	1.35	2.18	2.51	兵庫県	神戸市	1	0.31	0.46	0.56	0.94	1.80	2.02
宮城県			0.32	0.49	0.59	1.20	2.06	2.29			2	0.31	0.46	0.56	1.15	1.96	2.18
秋田県			0.46	0.68	0.86	1.88	3.05	3.60			3	0.42	0.57	0.76	1.46	2.40	2.84
山形県			0.37	0.52	0.65	1.35	2.18	2.51		その他		0.42	0.57	0.76	1.46	2.40	2.84
福島県			0.37	0.52	0.65	1.35	2.18	2.51	鳥取県			0.44	0.61	0.76	1.54	2.52	2.98
新潟県			0.42	0.57	0.76	1.46	2.40	2.84	島根県			0.44	0.61	0.76	1.54	2.52	2.98
茨城県			0.37	0.52	0.65	1.35	2.18	2.51	岡山県			0.44	0.61	0.76	1.54	2.52	2.98
栃木県			0.37	0.52	0.65	1.35	2.18	2.51	広島県	広島市	1	0.39	0.54	0.69	1.42	2.29	2.64
群馬県			0.37	0.52	0.65	1.35	2.18	2.51			2	0.46	0.68	0.86	1.88	3.05	3.60
埼玉県			0.34	0.51	0.61	1.27	2.16	2.40		その他		0.44	0.61	0.76	1.54	2.52	2.98
千葉県			0.37	0.52	0.65	1.35	2.18	2.51	山口県			0.40	0.57	0.72	1.46	2.40	2.76
山梨県			0.31	0.46	0.56	1.15	1.96	2.18	徳島県			0.42	0.57	0.76	1.46	2.40	2.84
長野県			0.31	0.46	0.56	1.15	1.96	2.18	香川県			0.37	0.52	0.65	1.35	2.18	2.51
東京都	区部	1	0.31	0.46	0.56	0.94	1.80	2.02	愛媛県	松山市		0.42	0.57	0.76	1.46	2.40	2.84
		2	0.37	0.52	0.65	1.35	2.18	2.51		その他		0.46	0.63	0.76	1.67	2.67	3.22
	その他		0.31	0.46	0.56	0.94	1.80	2.02	高知県			0.46	0.63	0.76	1.67	2.67	3.22
神奈川県	横浜市	1	0.31	0.46	0.56	1.04	1.96	2.18	福岡県	北九州市	1	0.46	0.63	0.76	1.60	2.64	3.12
		2	0.44	0.61	0.76	1.54	2.52	2.98			2	0.52	0.78	0.96	2.19	3.38	3.98
	その他		0.31	0.46	0.56	1.04	1.96	2.18		その他		0.46	0.63	0.76	1.60	2.64	3.12
静岡県	静岡・浜松		0.31	0.46	0.56	1.15	1.96	2.18	佐賀県			0.34	0.51	0.61	1.27	2.16	2.40
	その他		0.37	0.52	0.65	1.35	2.18	2.51	長崎県			0.46	0.68	0.84	1.83	2.95	3.55
富山県			0.34	0.51	0.61	1.27	2.16	2.40	熊本県	熊本市		0.34	0.51	0.61	1.27	2.16	2.40
石川県			0.34	0.51	0.61	1.27	2.16	2.40		その他		0.39	0.54	0.69	1.42	2.29	2.64
福井県			0.34	0.51	0.61	1.27	2.16	2.40	大分県			0.46	0.68	0.84	1.83	2.95	3.55
愛知県	名古屋市		0.31	0.46	0.56	0.94	1.80	2.02	宮崎県			0.46	0.63	0.76	1.60	2.64	3.12
	その他		0.31	0.46	0.56	1.15	1.96	2.18	鹿児島県			0.46	0.63	0.76	1.60	2.64	3.12
岐阜県			0.31	0.46	0.56	1.15	1.96	2.18	沖縄県			0.52	0.78	0.96	2.19	3.38	3.98
三重県			0.31	0.46	0.56	1.04	1.96	2.18									

14. 火災保険一般物件の建物構造の級別（抜粋）

（A社資料による。2006年4月1日現在）

構造級別	規　　　　　定　（一般建物）
特級	建物の主要構造部のうち，柱，はり，床，屋根および小屋組がコンクリート造で，外壁のすべてが下記のいずれかに該当する建物 　(a) コンクリート造　(b) コンクリートブロック造　(c) れんが造　(d) 石造
1級	1．建物の主要構造部のうち，柱，はり，および床がコンクリート造または鉄骨を耐火被覆したもので組み立てられ，屋根，小屋組（最上階のはりを含む。）および外壁のすべてが不燃材料で造られた建物 2．建物の主要構造部のうち，柱，はりおよび床が木材または鉄骨を防火被覆したもので組み立てられ，外壁のすべてが不燃材料または準不燃材料で造られもしくは被覆された建物。ただし，外壁，柱，はりおよび床については，通常の火災時の加熱に1時間以上耐える性能を有するものに限る。
2級	1．外壁のすべてが下記のいずれかに該当する建物 　(a) コンクリート造　(b) コンクリートブロック造　(c) れんが造　(d) 石造 2．土蔵造建物 3．鉄骨造建物で，外壁のすべてが下記のいずれかに該当する建物 　(a) 不燃材料または準不燃材料で造られたもの　(b) 不燃材料で被覆されたもの 4．建物の主要構造部のうち，柱，はりおよび床が木材または鉄骨を防火被覆したもので組み立てられ，外壁のすべてが不燃材料または準不燃材料で造られもしくは被覆された建物。ただし，外壁，柱，はりおよび床については，通常の火災時の加熱に45分以上耐える性能を有するものに限る。
3級	1．木造建物で，1級および2級に該当しない建物のうち，外壁のすべてが下記のいずれかに該当する建物 　(a) 不燃材料または準不燃材料で造られたもの 　(b) 不燃材料で被覆されたもの 2．鉄骨造建物で，1級および2級に該当しない建物。ただし外壁が木板張，プラスチック板張または布張のものを除く。
4級	特級，1級，2級および3級に該当しない建物

注．一つの建物が構造級別を異にする2以上の部分からなるときは，そのうち最劣級の構造級別をもってその建物全体の級別とする。

15. 火災保険地域別明細表（抜粋）

（A社資料による。2006年4月1日現在）

町・丁目・番地(番)その他の表示	等地	町・丁目・番地(番)その他の表示	等地	町・丁目・番地(番)その他の表示	等地
東　京　都　区　内		中央区日本橋喰町1・2丁目	2	大　阪　市	
千代田区大手町1～2丁目	1	日本橋箱崎町	1	北区梅田1～3丁目	3
丸の内1～3丁目	1	日本橋横山町	2	曽根崎新地1・2丁目	3
高速道路8号線高架下	2	日本橋堀留町1～2丁目	2	曽根崎1・2丁目	3
有楽町1～2丁目	1	日本橋室町1丁目4	1	芝田1・2丁目	3
		〃 その他	2	堂島1～3丁目	3
中央区京橋1丁目1～14	2	2～4丁目	2	浪速区	3
15～19	1	八重洲1～2丁目	2	中央区北浜1丁目	2
銀座1～5丁目	2	港　区東新橋1～2丁目	2	2～4丁目	1
月島1～4丁目	1	台東区秋葉原	2	船場中央1・2丁目	2
日本橋1丁目1～13	2	浅草1～4丁目	2	3丁目	3
14～21	1	5～7丁目	1	4丁目	2
日本橋大伝馬町	2			本町4丁目	2
日本橋小網町	1			宗右衛門町	3
日本橋小伝馬町	2			難波1～5丁目	2

16. 国内運送保険標準料率（抜粋）

(損害保険会社の例による。2006年4月1日現在)

(1) 保険の目的別条件および標準基本料率表（陸上輸送）

（保険金額100円につき，単位：銭）

	保険の目的	条件	基本料金 鉄道便，郵便，航空便	自動車便
(イ)	一般貨物	特定危険担保	0.4	自動車便料率表（その1）による。
(ロ)	天然繊維，化学繊維，繊維製品およびその他類似のもの	特定危険担保	0.2	自動車便料率表（その2）による。
(ハ)	ばら積貨物並びに塩，生でん粉，ほろ，屑紙類，石炭，コークス，鉱石，石材，スクラップ，ダライ粉，木炭，煉炭，原木，素材，製材，竹，中古容器類およびその他類似のもの	特定危険担保	0.3	自動車便料率表（その3）による。

(2) 自動車便標準基本料率（保険金額100円につき，単位：銭）

(ア) 自動車便料率表（その1） 保険の目的(イ)の貨物

① 日本各地相互間〔ただし，②を除く〕

区域	区内率				
北海道	0.7	北海道			
東北 関東	0.7	3.6	東北・関東		
中部 近畿	0.7	4.4	1.3	中部・近畿	
中国 九州 四国	0.7	4.4	2.2	1.3	中国・九州・四国

② 300km以下および発送地，到着地を管轄する都，府，県，北海道支庁の行政庁所在地相互間の距離が300km以下の輸送の場合………0.7

(イ) 自動車便料率表（その2） 保険の目的(ロ)の貨物

① 日本各地相互間〔ただし，②を除く〕

区域	区内率				
北海道	0.3	北海道			
東北 関東	0.3	1.5	東北・関東		
中部 近畿	0.3	1.8	0.5	中部・近畿	
中国 九州 四国	0.3	1.8	0.8	0.5	中国・九州・四国

② 300km以下および発送地，到着地を管轄する都，府，県，北海道支庁の行政庁所在地相互間の距離が300km以下の輸送の場合………0.3

(ウ) 自動車便料率表（その3） 保険の目的(ハ)の貨物

① 日本各地相互間〔ただし，②を除く〕

区域	区内率				
北海道	0.4	北海道			
東北 関東	0.4	1.7	東北・関東		
中部 近畿	0.4	2.0	0.5	中部・近畿	
中国 九州 四国	0.4	2.0	0.9	0.5	中国・九州・四国

② 300km以下および発送地，到着地を管轄する都，府，県，北海道支庁の行政庁所在地相互間の距離が300km以下の輸送の場合………0.4

17. 一般貨物自動車運送事業（積合せ）運賃料金表（抜粋）

〔消費税別〕（1999年3月26日　運輸省通達による。）

(1) 積合せ運賃に係る範囲（課税事業者用）

（単位：円）

重量＼距離	50kmまで	100kmまで	150kmまで	200kmまで	250kmまで	300kmまで	350kmまで	400kmまで	450kmまで	500kmまで
10kgまで	690	700	710	710	730	730	740	740	740	740
20 〃	760	780	800	820	830	840	860	860	880	900
30 〃	830	850	860	900	920	940	940	950	980	980
40 〃	910	930	980	1,020	1,050	1,080	1,100	1,150	1,180	1,190
60 〃	980	1,000	1,060	1,110	1,180	1,220	1,260	1,320	1,360	1,380
80 〃	1,110	1,160	1,240	1,320	1,390	1,460	1,530	1,600	1,670	1,740
100 〃	1,260	1,310	1,420	1,520	1,620	1,700	1,790	1,880	1,960	2,040
120 〃	1,400	1,460	1,590	1,710	1,830	1,940	2,020	2,140	2,230	2,310
140 〃	1,550	1,620	1,770	1,920	2,060	2,190	2,300	2,420	2,540	2,660
160 〃	1,690	1,780	1,940	2,120	2,270	2,420	2,550	2,690	2,840	2,960
180 〃	1,820	1,930	2,120	2,320	2,500	2,660	2,800	2,960	3,110	3,270
200 〃	1,900	2,030	2,230	2,420	2,640	2,780	2,900	3,130	3,280	3,400
250 〃	2,200	2,340	2,600	2,860	3,080	3,300	3,500	3,700	3,900	4,110
300 〃	2,540	2,740	3,050	3,330	3,620	3,870	4,130	4,380	4,620	4,870
350 〃	2,860	3,110	3,470	3,780	4,160	4,460	4,710	5,040	5,330	5,580
400 〃	3,220	3,500	3,910	4,330	4,700	5,050	5,380	5,730	6,060	6,400
450 〃	3,550	3,880	4,340	4,790	5,240	5,630	6,010	6,390	6,770	7,160
500 〃	3,900	4,260	4,770	5,230	5,780	6,200	6,610	7,060	7,500	7,900
550 〃	4,240	4,650	5,220	5,770	6,320	6,790	7,260	7,740	8,220	8,690
600 〃	4,580	5,030	5,660	6,200	6,860	7,380	7,890	8,420	8,940	9,460
650 〃	4,920	5,410	6,050	6,740	7,400	7,960	8,520	9,090	9,650	10,220
700 〃	5,260	5,780	6,510	7,220	7,930	8,540	9,140	9,750	10,370	10,980
750 〃	5,610	6,160	6,950	7,700	8,460	9,130	9,780	10,430	11,090	11,740
800 〃	5,940	6,530	7,380	8,180	9,010	9,710	10,400	11,100	11,820	12,500
850 〃	6,280	6,920	7,810	8,670	9,540	10,290	11,030	11,780	12,520	13,260
900 〃	6,620	7,290	8,260	9,150	10,070	10,880	11,660	12,450	13,250	14,040
950 〃	6,960	7,680	8,690	9,630	10,620	11,460	12,290	13,120	13,960	14,800
1,000 〃	7,300	8,050	9,110	10,130	11,160	12,050	12,920	13,790	14,690	15,560
1,000kgをこえ100kgまでごとの加算額　1tをこえ4tまで	430	542	696	838	982	1,072	1,163	1,253	1,345	1,434
4tをこえるもの	210	257	327	386	482	557	626	728	809	880

注１．1,000kmをこえまたは1,000kgをこえる場合の基準運賃の算出にあたっては，それぞれ加算をおこなったあと10円未満の端数を4捨5入する。
　２．本表は，それぞれ下限値を示した。上限値は，約50％増しとなっている。

(2) 割増運賃適用貨物

易損品（引越荷物・ショーケース・楽器類・精密機械など）は2割増。貴重品・高価品・火薬類・発煙品・濃酸類は10割増。

(3) 集貨料または配達料

(ア) 集貨または配達の距離が15kmをこえ，20kmまでの間のものについては，50kgまでを90円以上100円以下とし，50kgまでを増すごとに90円以上100円以下を加算。

550kmまで	600kmまで	650kmまで	700kmまで	750kmまで	800kmまで	850kmまで	900kmまで	950kmまで	1,000kmまで	1,000kmをこえ100kmまでごとの加算額
750	750	760	760	770	770	780	780	780	780	9
910	930	940	950	960	980	990	1,000	1,020	1,030	27
1,000	1,030	1,050	1,070	1,100	1,110	1,140	1,160	1,180	1,190	37
1,240	1,260	1,300	1,340	1,360	1,380	1,420	1,460	1,490	1,520	64
1,430	1,490	1,520	1,560	1,610	1,640	1,690	1,740	1,780	1,810	84
1,800	1,860	1,930	2,000	2,050	2,120	2,180	2,250	2,300	2,370	126
2,120	2,210	2,280	2,370	2,450	2,540	2,620	2,700	2,780	2,860	162
2,430	2,540	2,630	2,730	2,820	2,920	3,020	3,110	3,210	3,310	195
2,780	2,890	3,010	3,120	3,230	3,370	3,480	3,600	3,710	3,820	235
3,100	3,220	3,370	3,500	3,630	3,780	3,910	4,050	4,180	4,310	270
3,420	3,580	3,730	3,880	4,040	4,180	4,340	4,490	4,650	4,800	307
3,600	3,750	3,910	4,070	4,240	4,400	4,570	4,730	4,900	5,060	326
4,300	4,510	4,720	4,920	5,130	5,330	5,530	5,740	5,940	6,140	406
5,120	5,360	5,620	5,860	6,110	6,360	6,610	6,860	7,100	7,350	496
5,910	6,220	6,500	6,800	7,090	7,380	7,680	7,970	8,260	8,550	586
6,740	7,070	7,420	7,760	8,100	8,430	8,770	9,100	9,450	9,780	677
7,540	7,930	8,310	8,700	9,090	9,470	9,850	10,230	10,620	11,000	768
8,350	8,780	9,210	9,630	10,060	10,500	10,920	11,350	11,800	12,220	857
9,160	9,630	10,110	10,580	11,060	11,530	12,000	12,490	12,950	13,430	948
9,970	10,490	11,010	11,530	12,060	12,570	13,090	13,600	14,120	14,640	1,038
10,780	11,340	11,910	12,480	13,030	13,600	14,170	14,730	15,300	15,860	1,130
11,590	12,190	12,810	13,420	14,020	14,630	15,250	15,880	16,460	17,070	1,219
12,400	13,050	13,700	14,370	15,020	15,670	16,330	16,980	17,640	18,290	1,310
13,210	13,900	14,610	15,300	16,000	16,710	17,410	18,100	18,810	19,510	1,400
14,020	14,760	15,500	16,250	16,990	17,740	18,490	19,230	19,980	20,720	1,490
14,820	15,620	16,410	17,190	17,990	18,780	19,570	20,360	21,140	21,940	1,581
15,630	16,460	17,300	18,140	18,980	19,810	20,640	21,480	22,310	23,150	1,670
16,450	17,320	18,210	19,090	19,960	20,850	21,730	22,620	23,490	24,360	1,761
1,526	1,616	1,707	1,798	1,888	1,979	2,070	2,161	2,251	2,342	181
973	1,055	1,135	1,218	1,300	1,381	1,462	1,545	1,626	1,708	162

(イ) 集貨または配達の距離が20kmをこえるものについては，前記(ア)による額に，5kmまでを増すごとに前記(ア)により計算した額を加算する。

(4) **地区割増料**
 (ア) 東京都特別区・大阪市　　50kgまでごとに90円以上100円以下。
 (イ) 札幌市・仙台市・千葉市・船橋市・川崎市・横浜市・相模原市・浜松市・名古屋市・京都市・東大阪市・堺市・尼崎市・神戸市・岡山市・広島市・北九州市・福岡市・熊本市・鹿児島市　　50kgまでごとに60円以上70円以下。

18. 銀行の手数料の例および利子所得についての税金　　（2024年11月1日現在）

(1) **小切手帳（各銀行により異なる）**
　　1冊（50枚つづり）11,000円〔消費税込み〕

(2) **手形帳（各銀行により異なる）**
　　1冊（50枚つづり）11,000円〔消費税込み〕

(3) **預金利子税率**
　　平成25年1月1日から令和19年12月31日までの間に支払を受ける利子等については，利子所得の金額に一律20.315％（所得税・復興特別所得税15.315％，地方税5％）の税率で源泉徴収される。

(4) **少額貯蓄非課税制度**
　　各種障害者手帳の交付者，各種障害年金受給者，各種遺族年金受給者，寡婦年金受給者などが，銀行などを通じて非課税貯蓄申告書を税務署に提出すれば，一定の条件のもとに元本の額が350万円までの預金利子について非課税。

19. 現行主要金利一覧表　　（2019年12月1日現在）

預貯金等の種類	税引前金利	預貯金等の種類	税引前金利
銀　行	％	信　託	％
普通預金	0.001	△金銭信託　　2　年	0.010
△貯蓄預金　10万円型	0.001	5　年	0.015
30万円型	0.001	△ヒ　ッ　ト	0.002
期日指定定期　2年後	0.010	△変動定期預金　2　年	0.011
3年後	0.010	（スプリング）　3　年	0.011
スーパー定期（300万円未満）		郵便貯金	
6か月	0.010	通　常　貯　金	0.001
1　年	0.010	貯　蓄　貯　金　10万円以上	0.001
3　年	0.010	定　額　貯　金　1　年	0.010
（300万円以上）		5　年	0.010
6か月	0.010	定　期　貯　金　1か月	0.010
1　年	0.010	1　年	0.010
3　年	0.010	3　年	0.010
△変動定期預金（300万円未満）		個人向け国債	
3　年	0.010	固　定　3　年　第115回	0.05
（300万円以上）		固　定　5　年　第105回	0.05
3　年	0.010	△変　動　10　年　第117回	0.05

注1．△は変動金利のもの。
　2．銀行はみずほ銀行，信託は三菱UFJ信託銀行の例。国債は財務省HPによる。

20. 自動車路線営業キロ程表（抜粋）　（自貨第132号通達による。（当時，運輸省）（2006年4月1日）

地名	キロ程	地名	キロ程	地名	キロ程	地名	キロ程
（東京から）		上　越	310	甲　府	145	（京都から）	
横　浜	36	富　山	427	松　本	252	鳥　取	216
小田原	91	高　岡	448	（大阪から）		松　江	343
静　岡	196	金　沢	492	神　戸	34	山　口	594
浜　松	276	水　戸	123	姫　路	57	敦　賀	191
豊　橋	314	いわき	228	岡　山	180	（北九州から）	
岡　崎	346	宇都宮	116	倉　敷	197	熊　本	180
名古屋	383	郡　山	241	広　島	346	水　俣	273
四日市	419	福　島	290	岩　国	383	鹿児島	388
大　津	512	仙　台	373	下　関	543	大　分	131
京　都	525	盛　岡	558	北九州	562	延　岡	253
大　阪	576	青　森	771	和歌山	71	宮　崎	340
高　崎	109	長　岡	291	松　山	332		
長　野	229	新　潟	353	徳　島	128		

21. 銀行為替手数料〔消費税込み〕　　　　　　　　　　　　（2025年1月14日現在）

(1) 振込手数料（1件につき）

			当行同一支店宛	当行他店宛	他行宛
ATM	カード	3万円未満	220円	220円	270円
		3万円以上	220円	220円	330円
	現金	3万円未満	550円	550円	880円
		3万円以上	550円	550円	880円
窓口		3万円未満	880円	880円	990円
		3万円以上	880円	880円	990円
インターネットバンキング等		3万円未満	0円	0円	110円
		3万円以上	0円	0円	110円

(2) 代金取立手数料（1件につき）

電子交換所参加	880円
電子交換所不参加	1,210円

注．各銀行により手数料は異なる。

22. 有価証券売買委託手数料　　　　　　　　　　　　（2019年4月1日現在）

【国内株式】

約定代金	基本料率	ホームトレードを利用する場合
20万円以下	2,808円	
20万円超　50万円以下	約定代金の1.4040%	
50万円超　70万円以下	約定代金の1.0800%　+　1,620円	
70万円超　100万円以下	約定代金の0.9288%　+　2,679円	
100万円超　300万円以下	約定代金の0.8640%　+　3,327円	オンライン：左記の20%割引
300万円超　500万円以下	約定代金の0.8316%　+　4,299円	
500万円超　1,000万円以下	約定代金の0.6912%　+　11,319円	
1,000万円超　3,000万円以下	約定代金の0.5616%　+　24,279円	
3,000万円超　5,000万円以下	約定代金の0.2592%　+　114,999円	
5,000万円超	約定代金の0.1080%　+　190,599円	

注．手数料の自由化にともない，取引内容ごとに手数料率が細かく設定されており，上記の例はあくまでも一例である。

付　録

就職活動の心得

▶1 就職活動の概要

❶ 就職活動のスケジュール

　就職活動は，地域や学校によって違いがあるが，採用選考開始期日（全国統一）をもとにした流れは，概ね次のとおりである。

```
4月　就職希望者の登録
　　　第1回就職ガイダンス
　　　就職相談開始
        ↓
5月　第2回就職ガイダンス
　　　就職相談
　　　就職模擬試験・適性検査
        ↓
6月　就職希望職種の決定
　　　企業研究，インターンシップへの参加
　　　就職懇談会への参加，就職斡旋同意書の提出
        ↓
7月　求人票の公開，閲覧
　　　受験企業希望票の提出，選考会議
　　　受験企業の決定，履歴書の作成，面接練習
        ↓
8月　会社説明会への参加（事前に下見）
　　　就職試験対策
　　　調査書の発行申請
        ↓
9月　応募書類の提出（5日から，持参か郵送）
　　　就職試験（16日から）
　　　合否の発表（概ね1週間以内）
```

●注＞これ以降については「8 内定通知・お礼状と入社準備」を参照する。

❷ 就職相談

進路希望が就職に決まったら，**就職ガイダンス**に参加し，担任や学年の先生，進路指導部の就職担当の先生と随時**就職相談**をする。自分の個性や能力，適性を担当の先生方とよく相談し，自分に合った仕事を見つける必要がある。

特に進路指導部の就職担当の先生は，企業の人事担当者と直接会話をしているので，その会社がどんな会社で，どんな人材を欲しがっているかなど，数多くの情報を知っている。また，会社に対しては，自分の学校がどのような特色を持ち，どのような生徒がいるかなどを詳しく伝えている。

したがって，就職相談において特に大切になるのは，自分自身のことを担当の先生方に十分に理解してもらうとともに，自分の希望をはっきりと伝えることである。さらに，会社のことやその業種・業界のこと，具体的な仕事の内容などについて詳しく聞いて十分に理解することである。

■進路指導室・進路資料室の例

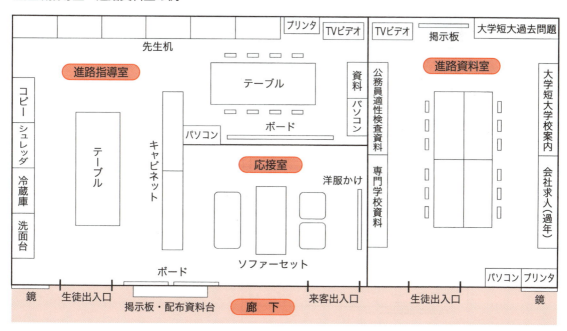

▶2 求人票の見方と企業研究

❶ 求人票の見方

高卒用求人票は，一般的に次のような形式である。

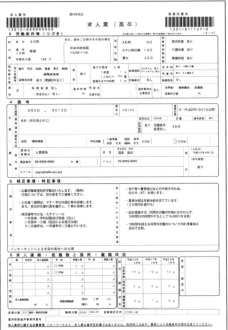

❶求人者　［所在地］本社の所在地。
　　　　　［就業場所］実際に勤務する場所。本社の所在地と異なる場合がある。
　　　　　［創業］歴史ある会社と新しい会社の比較が可能。
　　　　　［資本金］資本金の多い会社は規模が大きく，比較的安定。
　　　　　［就業規則］就業規則のない会社は要注意。
❷就業時間・休日等　［就業時間・休憩時間］毎日のことなので労働条件の中でも大切。
　　　　　　　　　　［交替制］交替制や変形労働時間制は，納得してから希望する。
❸賃金　［基本給］現行賃金の場合には就職時（翌年4月）には変動が予想される。実際の賃金は，手取額の欄を見る。
　　　　［賞与］原則として基本給の計算が基礎。1年目の夏の賞与はほとんど支給されない。
❹作業内容等　入社後の仕事の内容が詳しく書かれている。
❺福利厚生等　［加入保険等］健康・厚生・雇用・労災に○がついていない会社はさけたほうがよい。
❻応募・選考　［選考方法］過去に受験した卒業生の報告書を参考にする。
❼補足事項　他の欄に書けなかったことが書かれている。補足事項をよく読むことで，社員に対する考え方がわかる会社がある。
❽採用・離職状況　離職数が非常に多いときは注意が必要。
❾特記事項　公共職業安定所で指導したり，確認したりしたことで，重要なものが書かれている（例：労働時間の基準外の場合など）。

2　会社案内

　会社案内は，事前に会社の人事担当者が来校して届けてくれたり，求人票に添付されて郵送されてくる。会社案内には，その会社の経歴や業務内容，主要な取引先などの資料が載っている。さらに，会社の様子や社員の写真なども掲載されている場合があるので，じっくり読んでその会社の社風などを研究し，参考にする。また，最近では多くの会社がインターネットのWebページに会社案内などを載せているので，情報収集に活用することができる。

3　受験報告書

　卒業生が残してくれた見学報告書や受験報告書には，その会社の概要や就職試験の内容，面接試験の内容など，最も役に立つ重要な資料が載っている。過去数年にわたって見学・受験している企業においては特に重要なポイントになるので，じっくり読んで参考にし，必要事項をメモして活用する。

4　就職懇談会

　就職懇談会は，卒業生・先輩を囲む会，卒業生懇談会・報告会などの名称で実施され，それぞれの会社の様子を卒業生を招いて，直接聞くことができる機会である。先輩たちが，どのようにして会社を選んだのか，就職試験の内容や面接試験の様子，会社の様子や仕事の内容など，現在の状況を含めてリアルタイムに話を聞くことができるチャンスである。積極的に参加してたくさんのことを質問し，自分の受験希望決定に役立てる。

▶3 受験企業の決定と就職試験の概要

❶ 受験企業の決定

1 7月上旬

7月1日以降，**公共職業安定所**(職安，ハローワーク)の承認を受けた求人票が各学校に届く。学校ではそれらを取りまとめ，指定の日(期末試験終了後など)に，就職希望者に対して求人票を公開する。

2 7月中旬

就職希望者は求人票を閲覧し，あらかじめ収集した情報をもとに**受験企業希望票**を提出する。希望票は，本人，保護者が署名・押印し，担任などに提出する。希望票提出後の変更は原則として認められないので，志望先は慎重を期して決定する必要がある。

> ●注＞就職斡旋同意書
> 学校の進路指導部を通して，公共職業安定所からの求人票をもとに就職をする者は，受験企業希望票を提出するのに先立って事前(6月中など)に，就職斡旋同意書を学校長宛に提出する必要がある。

3 7月下旬

提出された受験企業希望票をもとに，学校内で**選考会議**(校内選考などと呼ばれる)がおこなわれる。この選考会議で，企業ごとの学校推薦者が決定し，受験企業が決定する。なお，選考の基準については学校ごとに異なるので注意が必要である。

4 7月下旬～8月

受験企業が決定したら，**履歴書**を作成し，**面接試験**の練習を随時おこなう。特に履歴書の「志望の動機」の記入については，十分に企業研究をしておくことが大切である。また，夏休み中に**会社説明会**(会社見学)が実施されることが多いので，私用は極力控え，いつでも説明会に参加できる態勢をとっておき，必ず下見をする。さらに，就職試験に向けた準備を進めておく必要がある。

2 就職試験の概要

1 書類選考

これは，企業に提出された調査書や履歴書などの書類をもとに，企業の人事担当者によっておこなわれる選考である。

[調査書] 担任の先生が作成する。3年間の学業成績や部活動，委員会活動の内容，所見などが記載されている。

[履歴書] 受験者本人が作成する。履歴や取得した資格，趣味や特技，志望の動機などを記入する。

2 面接試験

就職試験では，必ず面接試験が実施される。会社の人事担当者と直接会って話をする試験である。面接では，第一印象がとても大切である。十分な練習をして，正しいマナーを身につけておく必要がある。また，面接では履歴書にも記入する**志望の動機**と，**自己PR**の比重がとても高くなるので，十分な準備が必要である。

3 適性検査(適性試験)

適性検査には，職業適性や事務的適性をみるための**職業適性検査**と，**性格検査**の2つがある。SPIも適性検査の一種である。就職試験では，主に職業適性検査が実施されることが多い。

4 作文試験

指定された課題について，その場で作文を書く試験である。作文試験は面接試験と同様に，受験者の人柄をみるための試験である。すぐにはなかなか上達しないので，練習を積み重ね，表現力豊かな文章になるように努力する。

5 一般常識試験

高校生として，一般的に身につけておきたい常識を問う試験である。新聞やテレビのニュースなどで知ることができる時事問題や，漢字やことわざ，計算問題や地理の知識など，簡単な学科試験のような分野が出題されることもある。

6 学科試験

国語，地歴・公民，数学，理科，英語など，各教科の内容の試験である。専門高校の受験者に対しては，商業や工業，農業などの専門教科の内容が出題されることもある。

▶4 履歴書の作成

❶ 履歴書の書き方

高卒用履歴書は，全国高等学校統一様式となっており，次のような記入上の注意にしたがっていねいに作成する。

◉ 記入上の注意 ◉

① 用紙は学校から配布される全国高等学校統一様式を用いる。
② 一字一字楷書でていねいに誠意を持って記入する。
③ 黒インク（または黒ボールペン）を使用する。
④ 誤字・脱字のないように，わからない字は必ず辞書で調べる。一字でも間違えたときは，修正液などを使わず，はじめから書き直す。
⑤ 略字は使わず，数字は横書きなので算用数字を使う。ただし，「一丁目」などは町名なので，横書きでも漢数字を使う。
⑥ 写真の裏には，学校名・氏名を必ず記入しておく。また，年齢は書類の提出日現在の年齢とする。
⑦ 志望の動機は，受験企業が決定してから（選考会議後）記入する。

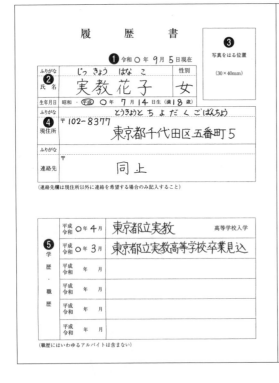

❶履歴書を記入した日ではなく，提出する年月日を書く。

❷氏名欄　氏名は正式な表記で書く。ふりがなはひらがなで漢字の真上に書く。

❸写真　写真は3か月以内に学校またはスタジオで証明書用に撮影したものを用いる。撮影時には上半身正面向きで髪型や服装にも注意する。特に額に髪の毛がかかりすぎると暗い印象を与えてしまうことがあるので注意する。

❹現住所欄　都道府県名は省略しないで書く。

❺学歴・職歴欄　学校名は正式名称を用い，省略記号は使わないこと。アルバイトは職歴には入らないので書かないようにする。

❻資格等欄　今までに取得した資格(簿記，英検，漢検など)を主催団体(日本商工会議所，全国商業高等学校協会など)ごとに記入する。また同じ種類，同じ主催団体の検定資格を2つ以上取得している場合には，原則として最も上級のもののみを記入する。

❼趣味・特技欄　なるべく具体的にわかりやすく記入する。たとえば趣味が読書ならどのようなジャンルの本をよく読むかなどを(　)付きで加えておくのもよい。

❽校内外の諸活動欄　部活動名とともに活動歴(例：第○回高校総体バスケットボール○位入賞)，部内での役職(例：部長，キャプテン)などもあれば加えておく。校内の委員会活動(例：保健委員)やクラス内の係なども原則として校内外の諸活動の欄に記入する。

❾志望の動機欄　下記を参考にしてまとめて記入する。

2 志望の動機の書き方

　履歴書において，企業の採用担当者が最も注目するのは**志望の動機**である。志望の動機は，面接試験においても必ず質問される。面接時の返答が，履歴書の内容と異なっているとおかしいので，必ずメモをとって間違いなく答えられるようにしておく。

1 記入のポイント

　その会社にぜひ入社し，頑張って仕事をしたいという意欲にあふれた文章になるよう心がけ，自分を積極的にアピールする内容となるように工夫をする。

2 まとめ方

・求人票や会社案内をよく読み，その会社の特色や魅力ある部分を整理する。

・その会社のどの部分に魅力を感じ，入社してからどのような仕事をしたいのかをまとめる。

・下書きは，記入欄のスペースにこだわらず，少し長めに書いてみる。

・文章を推敲し，文のつながりに矛盾がないか，誤字がないかを確認しながら整理していく。このとき，担任や学年の先生，進路指導部の就職担当の先生にみてもらい，アドバイスを受けながら完成させる。

▶5 面接試験

1 面接試験の概要

　就職試験の中で，面接試験の占める割合は非常に大きく，採用の最後の決め手が面接であるといっても間違いではない。したがって，面接試験は自分を企業に売り込む最高の機会であるととらえ，明るく，元気に，積極的に受け答えができるように練習を重ねる。

1 面接試験の形式と時間

　面接試験は，受験者が1人で面接官が2～3人位の**個人面接**が多く，時間も15分～20分位が一般的である。また，受験者も複数で面接を受ける**集団面接（グループ面接）**の場合もある。集団面接のときは，順不同で質問を受けたり，考えがまとまった人から手を上げて答えてくださいなどと，個人面接とは異なる場面があり，面接時間も長くなることが多いので注意が必要である。

2 面接試験での質問内容

　企業の人事担当者は面接試験において，会社に対する受験者の意欲や情熱，興味，関心が本物であるかを確認したい。そのため，いろいろな角度から質問をし，その答えから，受験者が意欲的な人物であるか，創造力やチャレンジ精神があるかなどを判断することになる。特に志望の動機や自己PRについては，自分の意欲を表現できるので十分な準備をする。

■質問例
・自宅から当社までどのようにして来ましたか。
・自己紹介をかねて，自己PRを1分程度でしてください。
・あなたのセールスポイントは何ですか。
・あなたの学校の校風とはどのようなものですか。
・高校生活で一番印象に残っていることは何ですか。
・どんな資格を持っていますか。
・あなたが当社を志望した動機は何ですか。
・どんな社会人になりたいですか。
・最後に当社について何か聞きたいことはありませんか。

2 面接試験のマナー

1 身だしなみのマナー
　面接では第一印象がとても重要である。高校生らしさが感じられるような身だしなみを心がける。

2 控え室のマナー
　面接が始まる前に控え室のなかでうろうろしたり，席を立って歩きまわったりしないようにする。他の受験者にむやみに話しかけたりすることは慎む。また，控え室以外でも廊下でおしゃべりをしたりすることは慎む。

3 入室時のマナー
①面接室に入るときには，必ずノックをし，「どうぞ」とか「はい」という応答があったら静かにドアを開け，「失礼いたします。」とあいさつをしてから入室する。
②ドアの開け閉めは静かにおこなう。
③受験者用の椅子のところまで静かに歩き，椅子の左側に姿勢を正して立ち，あらためて面接官に礼をする。
④しっかりと背筋を伸ばした姿勢で，学校名と氏名（必要に応じて受験番号など）を名乗り，面接官から「どうぞお座りください。」と声をかけられてから，「はい，失礼いたします。」と言って着席する。

4 面接中のマナー
①椅子にはなるべく深く腰掛け，上体をまっすぐ伸ばして座る。背もたれに寄りかかるようなだらしない格好はしないように注意する。
②面接中は常に面接官のほうに顔を向け，相手の目（またはネクタイのあたり）を見ながら話すように心がける。
③面接中に目をきょろきょろさせたり，手や足をもじもじ動かしたり，すぐに髪に手をやったりするのは落ち着きのない印象を与えてしまうため，避ける。
④面接中にすぐ下を向いたりすると暗く消極的な印象を与え，逆にいつも歯を見せてにやにやしていてもしまりのない印象を与えてしまう。面接中は常に自然でさわやかな笑顔を心がける。

5 退室時のマナー
①面接が終わって，面接官から「はい結構です。」と言われたら，「はい。」と言って立ち上がる。椅子の横に立って「ありがとうございました。」と言って礼をする。
②入室時と同じ要領で退室する。退室するときには「失礼いたしました。」とあいさつしてから退室する。

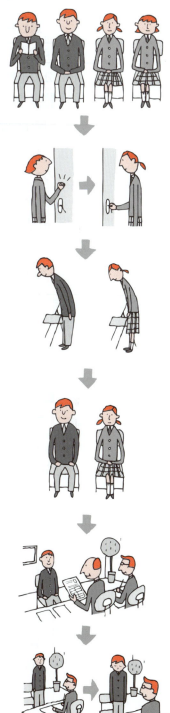

▶6 試験対策

❶ 適性検査

　適性検査に対しては，事前に特別な対策を立てる必要はないが，今までに検査を受けたことがない場合は，就職試験の前に実際に検査を受け，自分の進路選択のための資料とすることも重要である。

1 職業適性検査

厚生労働省編／一般職業適性検査

　高校生が受験する就職試験で最も多く用いられている。職業に関するいろいろな能力を11種類の問題から構成されるペーパーテストによって調べ，それを13職業領域，40適性職業に照らして，H（基準を満たしている）・m（基準をほぼ満たしている）・L（基準を満たしていない）の3つの段階で表すものである。

職業群別適性検査

　田研式事務的職業適性検査（おもに普通高校・商業高校の生徒向け）と田研式機械的職業適性検査（工業高校の生徒向け）などがある。これらの検査は，照合・分類・計算・語彙の4種類の問題から構成されるペーパーテストで，結果は偏差値によって5段階で表される。

2 性格検査

内田クレペリン検査

　1桁の数字を連続して加算する作業によって行う検査である。検査結果から，作業の処理能力や習熟度，順応度や性格，行動などを判定する。

YG（谷田部ギルフォード）性格検査

　連続する質問に「はい」「いいえ」「どちらともいえない」と回答させることによっておこなう検査である。検査結果から，情緒の安定性や社会適応性，衝動性，活動性，主導性などを判定する。

●参 考●［総合適性検査　SPI，SPI 2 (synthetic personality inventory)］

　SPIは，能力適性と性格適性の2つの側面から，総合的に受験者の資質を測定・評価するために利用される総合適性検査である。SPIは，2002年に大幅に改定されてSPI 2となった。高校生向けにはSPI 2 ーHがあり，能力70分・性格約40分の約110分で実施される。就職試験で出題されるときは，事前に市販の問題集などで練習しておく必要がある。

2 作文試験

　就職試験における**作文試験**は，面接試験を補う性格を持っている。面接試験の質問と同じような内容の課題(テーマ)で作文を出題する場合が多い。この意味で，大学入試の小論文などとはやや性格が異なる。

1 作文試験の形式

　作文試験の字数は，400字詰め原稿用紙で2～3枚が平均的で，時間も30分から，長いところで90分程度とまちまちである。

2 作文試験の課題(テーマ)

　作文試験では，まず課題が与えられ，それについて作文をするのが一般的である。課題の内容を毎年変更する企業もあるが，例年同じ課題を出題している企業も多いので，卒業生の受験報告書などを参考にするとよい。

■課題の例
- 私の夢，私の夢と希望，私の抱負
- 学校生活で得たもの，学校生活で学んだもの
- 社会人になるにあたっての心構え，抱負，社会人としての責任
- 最近印象に残ったこと，最近関心を持っている事柄
- 毎日の生活の中で心がけていること
- 当社を志望した理由，当社に入ってやりたいこと
- 私の将来，5年後の私，10年後の私

3 一般常識試験・学科試験

1 一般常識試験

　時事問題や漢字，計算問題など簡単な**学科試験**のような内容が出題されることもある。出題の大部分は，国語・社会・数学・英語などの基礎的な問題であるが，特に漢字の読み取り・書き取りは必須なので，問題集で準備するか，漢字能力検定試験などの勉強と連動させることも考えられる。

　また，時事問題については，日ごろから新聞をよく読み，テレビのニュースを見る習慣を身につける。

2 学科試験

　各教科の内容の試験である。専門高校の受験者に対しては，商業や工業，農業などの専門教科の内容が出題されることもある。いずれの内容も，出題傾向を調べ，対策を考えることが重要である。卒業生の受験報告書などを参考に，市販の問題集などを使って準備する。

▶7 就職試験前日と当日の心構え

❶ 就職試験前日まで

■1 試験会場の下見

　試験会場は，必ず事前に下見をする。当日と同じ時刻に出発し，交通機関の混み具合やかかる時間を確認する。試験当日が平日なら平日に，休日なら休日の同じ時間帯で下見をすることが望ましい。

■2 健康・体調管理

　試験当日に体調が悪いと，筆記試験だけではなく，面接試験にも影響が出てくる。病気の場合は，早めに医師の診察を受けること。また，直前になって早寝早起きをしようとしてもなかなか難しいので，早くから生活のリズムを確立しておく。

■3 制服や頭髪の確認

　制服は，早めに修繕やクリーニングをしておく。また，頭髪は面接試験での第一印象を決定付ける重要なポイントなので，きちんと整えておく。

■4 持参品の準備

　当日の持ち物は最小限にとどめ，なるべく軽くする。筆記用具については，適性検査などがある場合に備えて，HB以上の鉛筆を用意しておく。

❷ 就職試験当日

■1 当日の朝

　予定した時刻に起床し，朝食は消化のよいものにする。持ち物を確認し，万一のために，昼食代と予備の交通費を持参する。印鑑も忘れずに持参する。会場には，遅くとも30分前には到着できるように早めに出発する。

■2 試験会場

　会社の建物に入ったときから就職試験は始まっている。試験担当の社員だけでなく，その他の社員も受験生をみている。試験会場を出るまで気を緩めず，マナーには十分気をつける。

■3 試験終了

　すぐに学校の進路指導部の就職担当の先生，担任の先生に連絡を入れ，試験の内容等について簡潔に報告をする。後日，受験報告書を正確に記入できるよう，必ずメモを取っておくこと。

▶8 内定通知・お礼状と入社準備

❶ 内定通知書とお礼状

　合格の通知を受けることを**内定**という。試験終了後，遅くても1週間後くらいには結果が通知される。**内定通知書**は，学校に届く場合，自宅に届く場合，両方に届く場合と会社によって異なる。自宅に届いたときは，すぐに進路指導部の就職担当の先生や担任の先生に連絡し，お礼をいう。学校に内定通知書が届き，連絡を受けた場合も同様である。その後，面接練習や作文練習，補習授業などでお世話になった先生方にも結果を報告し，きちんとお礼をいう。

　内定通知書には，**入社承諾書**が同封されていることが多いので，承諾書を返送するときに合わせて，会社宛に**お礼状**を作成し，同封して送る。なお，承諾書以外の書類を返送するような指示があった場合には，必ず就職担当の先生に相談する。

●**注**＞封筒の作成方法はp.24参照。

拝啓　○○の候　貴社ますますご清栄のこととお慶び申し上げます
　さてこの度は採用内定のご通知をいただき心より御礼申し上げます　この上は残り少ない高校生活を有意義に過ごしよき社会人として活躍できるよう努力いたします
　なお入社承諾書を同封いたしますのでお受け取り下さいませ
　まずは取り急ぎ御礼申し上げます
敬具

○○年○月○日
○○県立○○商業高等学校
○○○○

○○株式会社
○○部長　○○○○様

■お礼状の例

❷ 入社準備

　内定が出てから実際に就職するまで，長い人で約半年もの準備期間がある。この期間を有効に活用し，4月から社会人としてスタートできるように準備をする。学校生活においては気を緩めず，きちんと勉強を続ける。仕事に必要な，あるいは役に立つ資格の取得や試験へ挑戦する。また，積極的に新聞を読み，世の中の情勢について常に情報を入手しておく。

　さらに，社会人としての心得，身だしなみや言葉づかいなどの基本的なマナー，お客様との応対時のマナーなどのビジネスマナーを身につけるように，毎日規則正しい生活を心がける。

さくいん

書類・帳簿類

■あ■
- 預かり証……………………………151
- 案内状………………………………26
- 印鑑届………………………………91
- 受取手形記入帳……………133, 135
- 受払日報……………………………172
- 売上帳………………………48, 117, 132
- 売掛金元帳…………………48, 57, 117, 132
- 売渡申込書…………………………131
- 運送保険引受証……………………159
- 運送保険申込書……………………114
- 営業日誌……………………………86
- お礼状………………………………231

■か■
- 買掛金元帳………………51, 54, 102, 124
- 開店披露状…………………………95
- 学習進度表（検印表）………………87
- 火災保険証券……………………92, 157
- 火災保険申込書……………………93
- 火災保険料領収証…………………92
- 貨物記入票………………………161, 166
- 貨物出庫指図書……………………112
- 貨物出庫伝票………………………166
- 貨物代表証券……………………105, 125
- 期首貸借対照表……………………88
- 寄託貨物受取証……………………113
- 寄託申込書………………………106, 126
- 求人票………………………………220
- 銀行取引約定書……………………150
- 銀行日計表…………………………154
- 倉荷証券…………………105, 125, 162
- 倉荷証券受取書……………………127
- 倉荷証券台帳………………………162
- 倉荷証券の裏書き…………………131
- 見学報告書…………………………221
- 現金出納帳………………49, 55, 59, 89
- 合計残高試算表…………………34, 139
- 小切手……………………………53, 59, 93
- 小切手・手形用紙受取書……………91
- 小切手用紙受取書…………………90

■さ■
- 仕入計画表…………………………97
- 仕入帳……………………51, 102, 123

- 仕入取引計画表……………………121
- 資金運用表…………………………99
- 資金繰表……………………………98
- 試算表………………………………63
- 支払手形記入帳……………104, 134
- 集計票………………………………153
- 収入印紙……………………………104
- 祝賀状………………………………27
- 受験企業希望票……………………222
- 受験報告書…………………………221
- 受信簿……………………………28, 94
- 出荷案内状…………………………46
- 出金伝票………………………48, 54, 58
- 商品有高帳
  …………………48, 52, 102, 117, 124, 132
- 商品カード………………………102, 123
- 仕訳集計表…………………………60
- 請求書………………………47, 116, 132
- 精算表……………………………63, 141
- 線引小切手…………………………90
- 総勘定元帳………………………60, 66
- 送金案内状………………………53, 118
- 送金礼状…………………………56, 118
- 倉庫料金請求書…………………112, 166
- 倉庫料金領収証……………………166
- 送品案内状…………………………115
- 損益計算書………………………68, 142

■た■
- 貸借対照表………………34, 69, 143
- 縦書き封筒…………………………24
- 棚卸表………………………………140
- 着荷案内状…………………………50
- 注文請書……………43, 45, 111, 122
- 注文書……………………………43, 122
- 注文状………………………………42
- 注文礼状……………………………44
- 調査書………………………………223
- 帳票…………………………………31
- 通信文書……………………………22
- 定期預金証書………………………149
- 定期預金担保差入証書……………150
- 定期預金入金伝票…………………148
- 当座勘定規定書……………………90

- 当座勘定入金票……………………91
- 当座勘定元帳………………………148
- 当座預金出納帳………55, 57, 59, 91

■な■
- 内定通知書…………………………231
- 荷主印鑑票………………………106, 125
- 入庫報告書…………………………105
- 入社承諾書…………………………231
- 納品書………………………47, 101, 116, 132

■は■
- 売買契約書…………………………101
- 発信簿……………………………29, 94
- 発送申込書………………………115, 169
- 販売計画表…………………………97
- 販売取引計画表……………………109
- 販売費及び一般管理費元帳
  ………………………………49, 55, 58
- フォームレター……………………30
- 物品受領書
  …………47, 51, 103, 116, 124, 132
- 振替伝票……………47, 51, 54, 57, 58
- 振替伝票(決算整理仕訳)……………64
- 振替伝票(決算振替仕訳)……………65
- 振込依頼書………………………54, 129
- 振込金受取書………………………152
- 保険料領収証……………………156, 158
- 補助簿………………………………67

■ま■
- 見積案内状…………………………40
- 見積依頼書………………………39, 120
- 見積依頼状…………………………38
- 見積書……………………41, 110, 121

■や■
- 約束手形……………………………104
- 横書き封筒…………………………25

■ら■
- 領収証………………………56, 119, 133
- 履歴書……………………222, 223, 224

その他

■英数■

- 5W1H……21
- SPI……223, 228

■あ■

- あいさつ……9
- 後付け……23
- 粗利益……73
- 安全性の分析……71
- 一件一葉主義……21
- 一般書留……25
- 一般常識試験……223, 229
- 印章の種類と押印……23
- 受付印……28
- 売上総利益……73
- 売上高経常利益率……73
- 売上高純利益率……73
- 売上高総利益率……73
- 売上高利益率……73
- 運送会社……167
- 運送保険契約……157
- おじぎ……9

■か■

- 会社案内……221
- 会社説明会……222
- ガイド……29
- 火災保険契約……155
- 学科試験……223, 229
- 上座……15
- 為替業務……151
- 簡易書留……25
- 簡潔主義……21
- 勘定科目……33, 89
- 管理部……81, 170
- 機関商業……81, 146
- 期末業務……138
- キャビネット……29
- 銀行……146
- 経営計画……96
- 経営分析……70, 138
- 敬語……11
- 経常利益……73
- 決算……70, 138
- 決算事務……62
- 決算手続き……138
- 現金書留……25
- 謙譲語……12

- 公共職業安定所……222
- 広告・宣伝活動……108
- 小売商……170
- 固定資産回転率……74
- 固定長期適合率……76

■さ■

- 財務諸表……70, 142
- 財務諸表の作成……138
- 作文試験……223, 229
- 仕入計画……96
- 資金計画……96
- 自己資本……73
- 自己資本比率……77
- 自己資本利益率……73
- 市場調査……108
- 自動車貨物運送……167
- 下座……15
- 社交文書……26
- 収益性の分析……71
- 集計表……33
- 就職ガイダンス……219
- 就職懇談会……221
- 就職相談……219
- 主要簿……33
- シュレッダ……29
- 消費税……36
- 商品回転率……75
- 情報……20
- 職業適性検査……223, 228
- 性格検査……223, 228
- 生産者……170
- 席次……15
- 倉庫会社……160
- 総資本……72
- 総資本回転率……74
- 総資本利益率……72
- 損益分岐点……75
- 損益分岐点図表……75
- 損益分岐点分析……75
- 尊敬語……11

■た■

- 短文主義……21
- チェックライタ……104
- 帳簿組織……33, 89
- 定期預金……148
- ていねい語……12

- 電信扱い……129
- 伝票……33
- 当期純利益……73
- 当座貸越……149
- 当座取引……90
- 当座比率……76
- 当座預金……146
- 取引文書……26

■な■

- 内定……231
- 二重敬語……11

■は■

- バーチカルファイリング……29
- 媒体……20
- バインダファイリング……29
- 販売計画……96
- ファイリングシステム……29
- フォルダ……29
- 負債比率……77
- 文書……20
- 文書扱い……129
- 文書主義の原則……20
- 文書の構成要素……21
- 保険……92
- 保険会社……155
- 補助簿……33
- ボックスファイリング……29
- ホリゾンタルファイリング……29
- 本文……23

■ま■

- 前付け……22
- 身だしなみ……8
- 面接試験……222, 223, 226

■や■

- 郵便局……171

■ら■

- 利益計画……96
- 流動資産回転率……74
- 流動比率……76

■わ■

- ワンライティングシステム……31

■編修（五十音順）

元東京都立江東商業高等学校教諭
小倉俊悦

東京都立千早高等学校教諭
親泊寛昌

埼玉県立白岡高等学校教諭
早乙女和宏

元神奈川県立小田原城東高等学校長
佐藤有甲

元拓殖大学教授
清水希益

大阪市立視覚特別支援学校教頭
田添幹康

元千葉県立千葉商業高等学校長
古市義策

■協力（五十音順）

元埼玉県立深谷商業高等学校教諭
古川治男

埼玉県立鴻巣高等学校教諭
渡辺義之

ほか1名

表紙デザイン───難波邦夫
本文基本デザイン──㈱オーク

写真・資料提供──株式会社広済堂ネクスト

総合実践

企業取引を学ぶ　三訂版

■
Ⓒ著作者　清水希益
　　　　　ほか6名（別記）
●発行者　実教出版株式会社
　　　　　代表者　小田　良次
　　　　　東京都千代田区五番町5
●印刷者　株式会社　広済堂ネクスト
　　　　　代表者　挽地　信孝
　　　　　東京都港区芝浦1丁目2番3号

■
●発行所　実教出版株式会社
　　　　　〒102-8377　東京都千代田区五番町5
　　　　　電話〈営業〉（03）3238-7777
　　　　　　　〈編修〉（03）3238-7332
　　　　　　　〈総務〉（03）3238-7700
　　　　　https://www.jikkyo.co.jp/

●発行者の許諾なくして本書の内容の一部分なりとも他に転載することを禁ずる。

002502018

ISBN 978-4-407-34700-5

資料-3　身だしなみのCHECKリスト

身だしなみは第一印象を決定づける重要な要素である。進学や就職のための面接試験など，いざというときにあわてないように，日頃の学校生活から注意しておく必要がある。高校生らしい清潔感やまじめさが感じられる身だしなみになっているかどうか，チェックリストを使って，確認してみよう。

- □ 清潔で，高校生らしい髪型にきちんととかす
- □ 染髪をしない
- □ 無精ひげをそる
- □ ネクタイをきちんとむすぶ
- □ フケに注意
- □ 清潔なシャツ
- □ 上までボタンをする
- □ 校章をきちんとつける
- □ ボタンをきちんとかける
- □ つめは切る
- □ 太すぎない細すぎない
- □ くずしたはき方をしていないか
- □ すりきれていないか
- □ くるぶしが見えていないか
- □ プレスする
- □ 落ち着いた型のものか
- □ 磨いてあるか
- □ かかとを踏んだ跡はないか
- □ 長い髪はまとめる
- □ 化粧はしない
- □ リボンをきちんと結ぶ
- □ マニキュアはしない
- □ つめは切る
- □ 長すぎない短すぎない

- □ 汚れていないか
- □ 飾り物ははずす
- □ 電源を切る
- □ かばんのなかにしまう（ポケットには入れない）

資料-4 就職活動のスケジュール＆CHECKリスト

- 就職活動は、自分の人生を決めるための、長期間にわたる重要な活動である。やり忘れていることはないか、ボックスにチェックマークを入れながら進度を確認し、就職活動を乗り切ろう。
- このスケジュールは一例である。自分の学校のスケジュールは、担任の先生や進路指導の先生に確認しておこう。

1 3年生の4月頃　自分を知る
自分の個性や適性を理解し、何に向いているのか、何がやりたいのか考えよう。

☐ 適性検査　☐ 自己分析のまとめ

4 3年生の5月頃　就職相談をする
どのような仕事に就きたいのか、またどのような仕事に向いているのか、先生に相談しよう。

☐ 就職相談日（　　月　　日）

5 3年生の6月頃　インターンシップに参加する
企業とはどういうところか、またそこではどういう仕事をしているのか、インターンシップを通じて理解しよう。

☐ インターンシップの申し込み（企業名　　　　　）
☐ 事前準備　☐ 実習日誌　☐ 礼状

8 3年生の7～9月頃　入社試験の準備をする
提出書類を準備し、学科試験、面接、作文など、就職を希望する企業に合った試験対策を練ろう。

提出書類
☐ 履歴書 ── ☐ 受験用写真撮影　　　☐ 履歴書記入練習
　　　　　　 ☐ 履歴書の書き方を確認
☐ 調査書 ── ☐ 調査書の発行申請

試験対策
☐ 面接試験 ── ☐ 話し方・聞き方の練習　☐ 志望動機のまとめ
　　　　　　　 ☐ 自己PRの練習　　　　　☐ 模擬面接
☐ 作文試験 ── ☐ 書き方の練習
　　　　　　　 ☐ テーマ別作文練習
☐ 適性試験　☐ SPI　☐ 一般常識試験　☐ 学科試験

☐ 企業への出願（9月5日～）　☐ 受験通知状、受験票の受け取り（試験日　　月　　日）
☐ 入社試験前日の準備 ── ● 制服・髪型　☐ 制服の修理・クリーニング　☐ 整髪
　　　　　　　　　　　　 ● 持ち物　☐ 文房具　☐ 印鑑　☐ 受験票
　　　　　　　　　　　　　　　　　 ☐ 当日の提出書類

2 3年生の4月頃 仕事について調べる
社会にはどんな仕事があるのか，働くということはどういうことなのか考えよう。

- ☐ 興味のある仕事を調べる
- ☐ 社会に出るための心得を学ぶ

3 3年生の4月頃 就職活動のスケジュールをたてる
就職活動のスケジュールをたててみよう。

- ☐ 就職希望登録　☐ 就職ガイダンス（　　月　　日）
- ☐ 就職相談（　　月　　日）　☐ 就職模擬試験（　　月　　日）

6 3年生の6月頃 企業研究をする
求人票や会社案内などを見て，自分に合った企業を研究しよう。

- ☐ 求人票からまとめる　☐ 受験報告書からまとめる
- ☐ 会社案内からまとめる　☐ 就職懇談会からまとめる

7 3年生の7月頃 希望する企業を決める
先生や保護者と相談して，就職を希望する企業を決めよう。

- ☐ これまでの学習結果をまとめる
  （志望企業名　　　　　　　　　）

9 3年生の9月頃 入社試験を受ける（9月16日〜）
試験には万全の体調でのぞもう。

- ☐ 服装などの身だしなみを確認
- ☐ 受験報告書の作成

10 3年生の9〜10月頃 内定を受ける
内定後も気をゆるめずに生活しよう。

- ☐ 内定通知の受け取り　☐ 礼状
- ☐ 承諾書の返送

卒業

入社